ALEXANDRA KOLLONTAÏ

Du même auteur

Réforme et Révolution chez les musulmans de l'Empire russe, Paris, Presses FNSP, 1966.

Le Marxisme et l'Asie (en coll. avec Stuart Schram), Paris, A. Colin, 1966.

La Politique soviétique au Moyen-Orient, Paris, Presses FNSP, 1976.

L'Empire éclaté, Paris, Flammarion, 1978. (Prix Aujourd'hui.)

Lénine, la révolution et le pouvoir, Paris, Flammarion, 1979.

Staline, l'ordre par la terreur, Paris, Flammarion, 1979.

Le Pouvoir confisqué, Paris, Flammarion, 1980.

Le Grand Frère, Paris, Flammarion, 1983.

La déstalinisation commence, Paris-Bruxelles, Complexe, 1986.

Ni paix ni guerre, Paris, Flammarion, 1986.

Le Grand Défi, Paris, Flammarion, 1987.

Le Malheur russe. Essai sur le meurtre politique, Paris, Fayard, 1988.

La Gloire des nations, Paris, Fayard, 1992.

L'URSS, de la Révolution à la mort de Staline (1917-1953), Paris, Seuil, « Points-Histoire », 1993.

The Nationality Question in the Soviet Union and Russia, Oslo, Scandinavian University Press, 1995.

Nicolas II. La transition interrompue, Paris, Fayard, 1996.

Lénine, Paris, Fayard, 1998.

La Russie inachevée, Paris, Fayard, 2000.

Catherine II, Paris, Fayard, 2002.

L'Impératrice et l'Abbé, un duel littéraire inédit entre Catherine II et l'abbé Chappe d'Auteroche, Paris, Fayard, 2003.

L'Empire d'Eurasie, une histoire de l'Empire russe de 1552 à nos jours, Paris, Fayard, 2005.

Alexandre II : le printemps de la Russie, Paris, Fayard, 2008.

La Russie entre deux mondes, Paris, Fayard, 2010.

Des siècles d'immortalité : l'Académie française, 1635-..., Paris, Fayard, 2011.

Les Romanov : une dynastie sous le règne du sang, Paris, Fayard, 2013.

Six années qui ont changé le monde : 1985-1991, la chute de l'Empire soviétique, Paris, Fayard, 2015.

Le Général de Gaulle et la Russie, Paris, Fayard, 2017.

La Russie et la France : de Pierre le Grand à Lénine, Paris, Fayard, 2019.

Hélène Carrère d'Encausse
de l'Académie française

ALEXANDRA KOLLONTAÏ

La Walkyrie de la Révolution

Fayard

Couverture : Le Petit Atelier
Alexandra Mikhaïlovna Kollontaï, 1910.

ISBN : 978-2-213-72124-8

Dépôt légal : novembre 2021

À la mémoire de mon collègue et ami
Richard Pipes (1923-2018), incomparable
historien de la révolution russe

En guise d'ouverture

Alexandra Kollontaï. Qui en 2021 a jamais entendu ce nom ? À peu près personne. Et pourtant, quelle gloire elle connut il y a un siècle ! *L'Illustration*, revue prestigieuse qui entre les deux guerres mondiales fut en France un très influent moyen d'information, en donne un éclatant témoignage. Le numéro du 20 septembre 1924 comporte une page qui fit alors sensation. Intitulé « La première femme ambassadeur », un article annonçant la nomination d'Alexandra Kollontaï comme ambassadeur des Soviets en Norvège précisait que jamais dans le monde une femme n'avait accédé à de telles fonctions. Conclusion : « L'événement marquera une date dans l'histoire du féminisme international. »

Certes, depuis lors, quelques féministes ont consacré des études à cette personnalité oubliée, mais leurs travaux n'ont pas suffi à éveiller les curiosités. La plupart des dictionnaires eux-mêmes passent son nom sous silence. Seule exception notable, l'imposant *Dictionnaire des œuvres politiques** publié à la fin du siècle dernier par d'éminents universitaires à l'intention non seulement des étudiants mais d'un large public. Une longue rubrique y présente « la haute personnalité d'Alexandra Kollontaï, théoricienne de l'émancipation féminine, première femme commissaire du peuple dès 1917 et qui devait cette position à l'écho rencontré par ses écrits sur la femme, le principal étant *Les Bases sociales de la question féminine.* Plusieurs écrits postérieurs à octobre 1917 avaient fait d'Alexandra Kollontaï le chantre de l'amour libre. D'autre part, elle avait été à l'origine de l'ouverture de cliniques d'avortement ». Voilà qui est Alexandra Kollontaï : une Russe féministe, proche de Lénine, qui, à l'heure de la révolution de 1917, devient ministre. En Europe occidentale, en France notamment, il faudra attendre des décennies pour qu'une femme accède à cette fonction…

Comment comprendre qu'au début de notre siècle, caractérisé par la progression des femmes dans tous les domaines d'autorité, par la revendication de parité avec les hommes, mais aussi par l'émancipation sexuelle, le nom d'Alexandra Kollontaï reste inconnu ? N'est-elle pas le symbole de toutes les revendications et conquêtes féminines, et surtout du grand basculement moral et politique auquel nous assistons ?

* *Dictionnaire des œuvres politiques*, publié sous la direction de F. Châtelet, O. Duhamel et E. Pisier, Paris, PUF, 1986 (1re édition). Nous empruntons les citations à la troisième édition augmentée de 1995.

La voiture amenant au palais royal de Christiania l'ambassadeur féminin des Soviets en Norvège, Mme Kollontaï, saluée par la garde présentant les armes.

DIPLOMATIE FÉMININE

LA PREMIÈRE FEMME « AMBASSADEUR »

Une information, qui a passé plus ou moins inaperçue parmi les multiples dépêches de l'étranger publiées par les journaux, a annoncé récemment que Mme Kollontaï, promue au grade de « représentante plénipotentiaire » de la République des Soviets à Christiania, avait présenté au roi de Norvège ses lettres de créance. Des photographies, que nous recevons d'un de nos correspondants, soulignent opportunément cet événement, qui marquera évidemment une date dans l'histoire du féminisme international et qu'un autre de nos correspondants commente en ces termes :

La « Carrière » a de tout temps préféré les tristes redingotes boutonnées au froufrou des jupes soyeuses ; elle n'a jamais péché par excès de galanterie. Au total, le beau sexe n'a enregistré que deux diplomates : Mlle Stanciof, fille de l'ancien ministre de Bulgarie, nommée secrétaire de légation, et Mme Alexandra Kollontaï, déléguée, il y a deux ans, comme chargée d'affaires à Christiania et promue aujourd'hui au grade de *polpred*, soit représentante plénipotentiaire de l'Union des Républiques Socialistes des Soviets (U. R. S. S.) auprès de Sa Majesté le roi de Norvège. Le mérite d'avoir créé la première ambassadrice en titre appartient ainsi au camarade Tchitcherine.

Il convient, toutefois, pour être juste de ne pas attribuer cette nomination seulement aux tendances féministes du commissariat des Affaires étrangères.

Pour décapiter l'aile gauche communiste, connue sous le nom d' « opposition ouvrière », le gouvernement soviétique a trouvé dans la carrière diplomatique la ressource d'imposer un exil agréable à quelques frondeurs de marque, tels que Valérien Ossinsky, envoyé à Stockholm, — et dont *L'Illustration* a publié la photographie en habit et cravate blanche, — et Mme Alexandra Kollontai, envoyée à Christiania. Il n'a pas eu, du reste, à s'en repentir. Mme Kollontaï est parvenue à négocier la reconnaissance du Kremlin par la Cour royale ; elle a mis fin au conflit de Spitzberg ; elle a même réussi à obtenir la garantie de l'Etat norvégien pour l'achat à crédit du hareng de Bergen et de Trondhjem, très apprécié au pays des Soviets.

On ne résiste pas à la diplomatie de Mme Kollontaï. A tour de rôle, MM. Berg, Michelet et Movinckel en ont fait l'expérience. Ils ont cru devoir, cependant, froncer le sourcil lorsque la sirène bolchevique, oubliant son rôle officiel, s'est laissé aller à des conférences sur l'amour libre devant la jeunesse universitaire norvégienne.

L'ambassadrice moscovite a beau avoir gaspillé de longues années de sa jeunesse dans les cafés d'émigrés, les parlotes de Kienthal et de Zimmerwald ; elle a beau avoir collaboré au « grand soir » d'octobre, siégé dans les comités d'action directe, signé des proclamations incendiaires et, enfin, à l'apogée de son enthousiasme révolutionnaire, épousé un marin de la flotte baltique, Dybenko, qu'elle a gratifié du titre de commissaire : fille et veuve de général, élégante et gracieuse à souhait, elle a toujours mêlé à son communisme la nostalgie de ses origines et de son éducation. N'a-t-elle pas tenu son premier meeting, après la chute du régime impérial, au printemps de 1917, sur la dunette d'un cuirassé, dans une toilette mauve tendre si impressionnante que les matelots, n'osant traiter de « camarade » une prolétaire aussi bien huppée, l'acclamèrent aux cris de : « Vive Madame » ?

La « Carrière » lui a définitivement permis de faire la révolution en dentelles. Sans rien négliger des agissements souterrains que comportent la propagande, la collaboration clandestine avec les manitous bolcheviks de Norvège, les Scheflo et les Hansen, la lourde charge, enfin, de cumuler la défense des intérêts de la IIIe Internationale avec celle du gouvernement officiel des Soviets, Mme Kollontaï souscrit allégrement aux exigences du protocole et des mondanités. Elle représente avec éclat le « pouvoir des ouvriers et des paysans pauvres ».

Sur ses instances, le commissariat des Affaires étrangères a fini par acquérir à Christiania un immeuble de nature à rendre jalouses bien des légations. Son chapeau et ses fourrures ont fait sensation au dernier cercle de la Cour, à l'occasion de la majorité du prince royal. Tout récemment, on a pu la voir présider à une prise d'armes à bord de l'*Aurora*, le fameux croiseur bolchevik, — celui dont les canons ont eu raison de la résistance de Kerensky, — envoyé par l'Amirauté rouge en croisière dans les ports norvégiens. Et les jours des grands galas communistes, la *polpred*, restée prodigieusement femme, ne dédaigne pas d'épingler, sur des robes venues en droite ligne de la rue de la Paix, les armes prolétariennes — marteau et faucille — en rubis et diamants.

S. de C.

Mme Kollontaï, entrant au palais royal, avec ses lettres de créance, accompagnée par M. Knagenhielm, introducteur des ambassadeurs. — *Photographies Enerét.*

Introduction

« La Russie a déraillé sur le grand train de la civilisation et nul homme ne peut lui faire reprendre la ligne », écrivait Custine dans son célèbre ouvrage *La Russie en 1839*.

En assénant au lecteur ce jugement sans appel, qui installait pour longtemps dans l'opinion européenne une vision déplorable de la Russie, Custine n'avait pas imaginé les changements à venir dans ce pays, ni tenu compte des grands débats qui agitent dès cette époque les élites russes.

Quatre décennies à peine après la publication de *La Russie en 1839*, la Russie ne ressemble plus guère à celle qui y est décrite. Le servage, qui a durablement caractérisé le retard russe, a été aboli en 1861 par Alexandre II. Dans la foulée de ce qui fut une vraie révolution, le « tsar libérateur » multiplie les réformes qui transforment le lourd système bureaucratique russe vilipendé par le marquis. Avec les *zemstvos**, il crée un système d'administration locale qui associe – timidement certes, mais c'est une rupture – la société au pouvoir. Surtout, la réforme de la justice met fin à un système judiciaire archaïque et corrompu, lui substituant une justice qui repose sur deux principes fondamentaux : l'indépendance et la force de la loi, s'imposant avec la même force à chacun, du souverain au dernier de ses sujets. Grâce à cette réforme, la Russie attardée va se trouver alors à l'avant-garde de l'Europe.

Tocqueville avait entrevu dans ses réflexions sur les réformes qu'un système politique engagé sur cette voie devait craindre qu'elles déchaînent des forces imprévisibles pouvant les briser, voire briser l'ensemble du système. L'évolution de la Russie après 1861 témoigne de la justesse de cet avertissement.

Au début des années 1870, le paysage politique russe est très contradictoire. Le système politique caractérisé par l'autocratie n'a pas changé, mais la société a été bouleversée par les réformes. La noblesse est en apparence encore puissante, mais elle a perdu sa place prééminente dans la société et surtout son prestige, dans ses rapports avec la paysannerie d'abord. La noblesse, par l'effet du servage, avait dominé la paysannerie. Celle-ci, dès lors qu'elle est émancipée, ne croit plus en l'autorité naturelle de la noblesse ; elle sait qu'entre ses anciens maîtres et elle tout dépend désormais du rapport de force. La noblesse a aussi perdu son statut intellectuel. Elle se croyait avant-

* Assemblées territoriales de la paysannerie créées par Alexandre II en 1864 pour accompagner l'abolition du servage et alléger le poids de la bureaucratie.

garde et guide du mouvement culturel, mais elle doit céder la place à une nouvelle élite née des réformes. C'est l'*intelligentsia*, phénomène caractéristique de l'histoire russe que Joseph de Maistre avait annoncé. « La Russie est certes menacée, écrivait-il, par la colère des paysans – libérés du servage, ils sont encore privés de la terre – mais bien plus par les *Pougatchev des universités* », c'est-à-dire l'intelligentsia, cette nouvelle classe si bien décrite par Berdiaev : « Elle se rencontre parmi les fils de paysans, de diacres, de petits commerçants, elle remplace la noblesse à la tête de l'intelligentsia et y apporte un esprit et des mœurs différents. »

Le changement social est la toile de fond du débat qui, durant plusieurs décennies, mobilise les élites russes. Au vrai, le débat a commencé bien avant les réformes et le changement social, c'est-à-dire après la révolution manquée de décembre 1825, premier signal d'agitation d'une Russie qui n'était déjà plus le pays immobile décrit pourtant quinze ans plus tard par Custine. Après l'échec des Décabristes, nombreux sont les Russes qui s'interrogent : qu'est la Russie ? Où se situe-t-elle ? Est-elle un pays d'Europe en retard sur elle, mais dont la vocation est de suivre l'Europe et le modèle de développement européen ? Ou bien a-t-elle une destinée propre ? Piotr Tchaadaïev, le plus radical des penseurs russes, que l'on tiendra pour fou, affirma d'abord dans ses *Lettres philosophiques* que la Russie n'est ni d'Occident, ni d'Orient, qu'elle n'a jamais contribué à aucune civilisation, qu'elle est spécifique, aberration historique, sans passé, ni présent, ni avenir. Après ce diagnostic désespérant pour ses compatriotes, Tchaadaïev le nuancera dans l'*Apologie d'un fou*, affirmant que ce pays sans histoire pourrait en tirer avantage. En empruntant à l'Occident son expérience, la Russie pourrait se développer à un rythme si rapide qu'elle dépasserait l'Occident. La pensée de Tchaadaïev va influencer le mouvement slavophile pour qui la spécificité russe, liée à sa vocation spirituelle fondée sur la religion orthodoxe et l'esprit de communauté – *sobornost'* – doit conduire à privilégier un développement s'appuyant sur l'expérience morale et sociale de la Russie que Pierre le Grand avait à tort méprisé.

À la différence des slavophiles, les occidentalistes, amis des Lumières, opposent à une Russie idéale un Occident idéal propre à servir de modèle à la Russie pour la moderniser et lui permettre de participer à l'histoire commune.

Slavophiles et occidentalistes étaient les uns et les autres pétris de romantisme et nourris par la philosophie idéaliste allemande, mais leurs idées perdent du terrain dès le milieu du siècle, tandis que le socialisme se fraye un chemin grâce à l'intelligentsia, dont les rangs vont, avec les années, s'élargir et se radicaliser. Herzen est un remarquable représentant de cette évolution. Issu d'une famille noble, enfant naturel, Herzen est un occidentaliste convaincu, admirateur de Pierre le Grand, mais aussi de George Sand. Après avoir connu la prison, la relégation, il s'installe à Londres, d'où il observe son pays et salue l'apparition « des hommes nouveaux » qui se réunissent clandestinement dans de petits cercles, y débattant de la voie que doit suivre la Russie, font grève et rêvent de transformer radicalement leur pays. Il faut « aller au peuple » leur enjoint Herzen. Les « populistes », Lavrov en tête, vont pour leur part apprendre à leurs disciples qu'aller au peuple signifie « se mêler au peuple », et comment il faut le faire. Au début des années 1870, les Tchaïkovtsy, disciples de Nicolaï Tchaïkovski, répondent à cet appel. Ils seront rejoints par le prince anarchiste Kropotkine. Des cortèges de jeunes populistes se précipitent alors dans les campagnes, armés du *Capital* de Marx, des *Lettres historiques* de Lavrov et des romans de George Sand. Ils vont les lire et les expliquer aux paysans en même temps qu'ils leur disent la raison de leur présence. Ces jeunes idéalistes, parmi lesquels les jeunes filles sont très nombreuses, veulent se mettre au service du peuple parce qu'ils ont une dette à son égard. Ils « vont au peuple » pour se racheter et marquer leur fraternité avec la paysannerie. Ces jeunes gens ne sont pas seulement des « Pougatchev des universités », beaucoup parmi eux sont de jeunes nobles qui se repentent de leurs privilèges et ont pour modèle « le gentilhomme repentant » que l'on retrouvera sous la plume de maints écrivains. Cette « marche au peuple » pour l'éduquer et surtout obtenir son pardon est un aspect de l'histoire russe du XIXe siècle remarquable par sa générosité et son esprit de sacrifice. On n'en trouve guère d'équivalent ailleurs. Ce mouvement aura aussi, mais à un moindre degré, une orientation ouvrière. Les jeunes populistes se rendront parfois dans les usines pour y rencontrer des ouvriers de fraîche date, en réalité des paysans sans terre – les déçus de la réforme de 1861 –, venus à la ville dans l'espoir d'y trouver un moyen de subsister.

Si le projet de Lavrov et de ses disciples était d'éduquer la paysannerie pour qu'elle prenne son destin en main, celui de Bakounine était plus radical : il voulait pousser les paysans à l'insurrection. Bakounine est, comme Herzen, un enfant de la noblesse passionné par la philosophie allemande. Proche de Proudhon, critique de Marx, Bakounine croit à la « nature insurrectionnelle » du paysan russe, en qui il voit un éternel Pougatchev. Et il rêve, tout en fondant l'avenir de la Russie sur cette propension des paysans à la révolte, de créer au-delà d'elle un socialisme paysan et une Internationale paysanne. Enfin, derrière ce cortège d'*intelligenty*, où se mêlent populistes et anarchistes, s'avance celui qui va théoriser toutes les aspirations au changement et en proposer les moyens. Piotr Tkatchev, car c'est de lui qu'il s'agit, incarne les « Pougatchev des universités » annoncés par Joseph de Maistre. Issu de la petite noblesse, il se fait remarquer par son activisme dès son entrée à l'université de Saint-Pétersbourg. Il manifeste, fait grève, prêche la révolte, tâte de la prison avant de se réfugier dans la clandestinité. Et durant tout ce temps, il réfléchit aux expériences, aux projets des populistes et des anarchistes, à leurs conflits et surtout à leurs échecs. Il a, comme tous ses semblables, lu Marx, mais il s'en éloigne pour se concentrer sur la Russie et définir la voie qui convient le mieux à sa spécificité. La Russie est attardée, il le sait, mais c'est ce retard même, il en est convaincu, qui constitue pour elle une chance historique. Il n'y a pas de bourgeoisie russe, Marx l'a constaté, mais contrairement à lui, Tkatchev pense que la Russie n'en a pas besoin, pas plus qu'elle n'a besoin d'attendre le développement du capitalisme. Elle peut, sans passer par ces étapes, s'engager dans la voie de la révolution, à condition d'avoir gagné le peuple à ce projet. Et même si ce peuple est pour l'essentiel paysan – encore une faiblesse selon Marx –, le paysan peut faire la révolution s'il est guidé et encadré. Dès cette époque, Tkatchev propose une théorie de la révolution centrée avant tout sur la prise du pouvoir par des méthodes et des techniques qui permettront non seulement de s'en emparer mais de le conserver.

Avec Tkatchev, le temps des spéculations sur la révolution, la spécificité russe et l'avenir du pays prend fin. Tkatchev entend réconcilier le projet marxiste et la spécificité russe, et passer à l'action en dépit du retard du pays, qui sera rattrapé par des moyens que Marx n'avait pas imaginés. Un certain Lénine, dont nul n'a encore entendu parler, va recueillir l'héritage de Tkatchev et le transformer en action.

Pendant que l'intelligentsia débat si ardemment de la spécificité russe et du rapport de la Russie à la civilisation occidentale nié par Custine, le paysage social russe se transforme. Après la réforme de 1861, de très nombreux paysans, déçus par les conditions mises à l'allocation des terres, ont quitté la campagne pour la ville. Dans le même temps, des ouvriers ont cru que la réforme entraînerait le partage des terres – « le partage noir » – et ils se sont précipités à la campagne pour en bénéficier ; mais revenus de leurs illusions, ils sont repartis vers les usines qu'ils avaient abandonnées. Le développement industriel de la Russie, accéléré depuis 1855 par la volonté du pouvoir de doter le pays d'un réseau ferroviaire à sa dimension, encourage aussi l'exode paysan. Les masses ouvrières, qui se concentrent alors dans quelques villes, sont constituées de mécontents, d'esprits inquiets, prêts à répondre aux appels à la grève et à la sédition ; mais il leur manque encore une conscience de classe. La place est libre pour des agitateurs de toutes sortes, et les grèves leur fournissent un champ d'action illimité. Au milieu des années 1870, la Russie compte un million d'ouvriers qui manifestent au moindre incident, au moindre appel, et se joignent à toute grève qui s'annonce – or elles seront toujours plus nombreuses.

En 1870, la première grève éclate dans l'industrie textile de la capitale et la paralyse. Les populistes, tournés vers la paysannerie, sont mal préparés à aborder le mouvement ouvrier et ses revendications, mais les étudiants y sont au contraire à l'aise et s'engagent sans hésiter à ses côtés. Ils organisent des groupes d'étude, des cercles de lecture pour les ouvriers, et encouragent leurs auditeurs à se lancer dans des actions directes. Participant aux grèves avec les ouvriers auxquels ils se mêlent, ils gagnent leur confiance et exercent sur eux une influence non négligeable. Tkatchev a été, on le voit, entendu et suivi. À la même époque, une première organisation révolutionnaire voit le jour. C'est Terre et Liberté (*Zemlia i Volia**) qui, née dans la capitale, s'étend rapidement vers le sud du pays – Odessa et Kiev en seront des centres importants – et pénètre dans les campagnes. Au sein de *Zemlia i Volia*, les intellectuels et la classe ouvrière vont s'unir pour agir en commun, imaginer des modalités d'action, notamment dans les campagnes où ils en appellent à l'instinct insurrectionnel des paysans, cher à Bakounine. Dans les campagnes, l'inquiétude et l'agitation paysanne sont accrues par la persistance d'anciennes croyances ou d'anciens mythes, parti-

* *Volia* a deux traductions : « volonté » et « liberté », libre arbitre.

culièrement celui du « faux tsar » qui avait permis à Pougatchev de soulever la paysannerie et de mettre en péril la monarchie sous le règne de Catherine II. Dans les années 1870, ce mythe reprend de la force dans la foulée de la réforme du servage. Une rumeur s'est vite propagée dans les campagnes. Le Manifeste d'Alexandre II, qui émancipait les paysans, a exaspéré la noblesse ; elle a réagi en se débarrassant du souverain, probablement en le tuant. Un « faux tsar » aurait pris la place d'Alexandre II. Bakounine et ses disciples ont combattu cette rumeur ; ils voulaient éduquer les paysans, les amener à se révolter en misant sur leur instinct insurrectionnel et leur compréhension de la réalité, et non en jouant de leur crédulité.

Plus on avance dans la décennie, plus on constate la radicalisation du climat politique. L'apparition du Parti *Narodnaia Volia* – La Liberté du peuple – en témoigne. Ce parti a pour programme la liquidation du système monarchique par des moyens terroristes. Les populistes croient aux vertus de la paysannerie, à sa volonté de travailler au progrès du pays. L'intelligentsia, qui dirige les partis nouvellement créés, est convaincue que c'est elle, par ses initiatives et par son héroïsme, qui changera la Russie, et les moyens de le faire sont la terreur, les attentats qui déstabiliseront le système. Quant au peuple, il ne pourra que suivre le mouvement. Dès lors, les attentats contre les hauts dignitaires de la monarchie, puis contre le souverain, vont remplacer les débats. Les années 1880 s'ouvrent sur le meurtre suprême, celui du « tsar libérateur », qui entraîne la fin des illusions réformatrices et donne raison à Tocqueville !

Cette évolution de la réflexion vers la violence pure et la tragédie, les grands écrivains russes l'ont pressentie. Déjà, quelques décennies plus tôt, Pouchkine, dont on retient avant tout l'image du chantre de la grandeur russe, a été celui de la liberté, à laquelle ses amis les Décabristes avaient fait le sacrifice de leurs vies. N'a-t-il pas écrit :

Je veux chanter la liberté du monde
Flétrir le mal sur le trône des rois.

Par la suite, Dostoïevski ou Tolstoï, certes de manière différente, ont suggéré dans toute leur œuvre que la Russie vivait dans une atmosphère inquiète, agitée, dans l'attente d'un avenir imprévisible et du malheur. Tous deux, comme d'autres écrivains, leurs contemporains – Belinski, Pissarev, Tchernichevski –, ont été hantés par le sentiment d'une catastrophe à venir, et à les lire on est impressionné par le caractère prophétique de leurs écrits. Ils pressentent et ils disent, chacun à sa manière, mais tous expriment le même sentiment, que la Russie est au bord d'un abîme, que le XIXe siècle russe sera le siècle de la révolution, celle des esprits, des hommes et du système. Presque tous les écrivains russes partagent alors une vision apocalyptique du destin de leur pays.

Dans cette Russie caractérisée par le retard politique, l'agitation toujours plus radicale des esprits, la rapidité des changements sociaux et la montée de pressentiments angoissants, vont naître deux personnages qui, chacun à leur manière, mais en étant inextricablement liés, vont jouer un rôle central dans l'apocalypse annoncée par tous ceux qui réfléchissent. En 1870, Vladimir Oulianov, le futur Lénine, naît dans une ville de province des bords de la Volga, fort éloignée de l'agitation de la capitale, Simbirsk. Deux ans plus tard, c'est dans la capitale Saint-Pétersbourg que naît Alexandra Kollontaï. Leur rencontre aura lieu trente-cinq ans plus tard, dans une Russie où le pressentiment de la catastrophe sera confirmé par une première révolution, première mise en cause violente de la monarchie. Ce livre se propose d'aller à la rencontre de ces deux personnages, c'est-à-dire de la Russie.

CHAPITRE PREMIER

Une jeunesse privilégiée

Celle qui deviendra Alexandra Kollontaï est née le 19 mars 1872. Cette date, elle le dira souvent, était symbolique, annonciatrice de son destin. Un an plus tôt en effet, le 18 mars 1871, la Commune de Paris triomphait. Et ce n'est pas tout, ajoutera notre héroïne, car ses parents ont pris conscience de son apparition future dans le monde à l'heure même où disparaît la Commune. Cet événement révolutionnaire si bref, si décisif, si douloureux pour Marx et ses disciples, sera donc toujours dans l'esprit d'Alexandra indissociable de sa destinée.

Mais cette coïncidence ne troubla en rien ses débuts dans l'existence, qui furent particulièrement favorisés. Elle est née dans un bel hôtel particulier de la capitale, comme il se doit pour une enfant de la société aristocratique. Son père, Mikhaïl Alexandrovitch Domontovitch, appartenait à une famille noble d'Ukraine, dont les origines, il le rappelait volontiers, « remontaient au XIIe siècle, et qui avait au XIIIe siècle donné un saint à son pays, saint Domont, dont les restes reposent dans un monastère de Pskov »*.

Sans doute les ascendances maternelles n'étaient-elles pas aussi prestigieuses, mais elles ne manquaient pas de qualités pour autant. La mère de notre héroïne, Alexandra Alexandrovna Masalina descendait, d'un côté, d'une famille russe de propriétaires terriens et, de l'autre, d'une famille finnoise. Son grand-père finnois était, selon la légende familiale, un paysan si pauvre qu'il partit pieds nus vers la capitale pour y faire fortune. Il y réussit, léguant à ses descendants le magnifique domaine de Kuusa, situé sur les bords du lac de Finlande. Alexandra Kollontaï revendiqua toujours avec fierté ses origines diverses : sang russe, finnois et même français et allemand.

Alexandra Masalina, sa mère, n'était pas seulement remarquable par ses origines, mais par une destinée romanesque et peu conventionnelle. À peine sortie de l'adolescence, elle avait rencontré à l'Opéra un bel officier qui s'éprit d'elle, lui fit la cour et la demanda en mariage. C'était Mikhaïl Domontovitch. Mais son père s'opposa formellement à une telle union, le soupirant était peu fortuné, donc indigne de sa fille. Il profita de ce que Domontovitch était appelé à guerroyer – on était alors en plein conflit austro-hongrois – pour imposer à sa fille un mari de son choix, un officier d'origine polonaise plus âgé qu'elle, Constantin Mravinski.

* Saint Domont, originaire de Lituanie, avait fui à Pskov. Devenu prince de Pskov sous le nom de Timothée, il épousa une petite-fille d'Alexandre Nevski. Il y est révéré comme saint et enterré dans l'église de la Trinité.

Le mariage « arrangé » sembla d'abord réussi : trois enfants, un garçon et deux filles, naquirent. Mais Alexandra et Mikhaïl Domontovitch ne se résignaient pas à leur séparation. Et quand Domontovitch rentra en Russie couvert de gloire, Alexandra prit ses filles sous le bras et quitta son mari en lui abandonnant leur fils. Furieux, Mravinski s'opposera durablement à la demande de divorce de sa femme. Quelle force de caractère avait cette Alexandra, mère future de notre héroïne ! Une femme divorcée était fort mal vue dans l'Empire ; mais que dire de la réputation d'une femme séparée de son mari, vivant en concubinage et tout près d'enfanter de nouveau ! Elle était l'objet du mépris de toute la société. Domontovitch supplia le Saint-Synode de les aider à régulariser leur situation, invoquant à l'appui de sa demande le saint familial, et il se résigna, avec celle qui allait devenir sa femme, à confesser leur adultère devant une commission spéciale. Le Saint-Synode finira par accorder son pardon alors même qu'Alexandra allait naître. La famille Domontovitch, forte de trois enfants – les deux filles de Mravinski et la nouveau-née – s'installa d'abord dans la maison du frère de Mikhaïl, puis déménagea dans un bel immeuble de fonction, proche de l'école de cavalerie.

Alexandra, appelée dans son enfance par son diminutif, Choura, était non seulement la troisième fille élevée par le couple Domontovitch, mais elle était aussi leur troisième enfant, car deux autres étaient nés avant elle et étaient morts en bas âge. Cela explique qu'Alexandra Alexandrovna ait veillé avec un soin jaloux sur cette enfant tard venue, et que sa sollicitude excessive ait souvent pesé à Choura. La petite fille prit l'habitude de se réfugier auprès de sa gouvernante anglaise, Mrs. Hogdon, pour fuir une mère dominatrice. Elle se sentait surtout proche de son père, dont elle dira plus tard : « L'homme qui eut le plus d'influence sur mon esprit, sur mon développement était mon père. »

Au demeurant, ses parents étaient fort dissemblables, même s'ils partageaient des idées libérales et une vision peu conformiste de l'existence. Alexandra Alexandrovna, la mère de Choura, en donna encore une preuve éclatante lorsque, après son mariage, elle décida de tirer profit de son domaine de Kuusa où la famille passait l'été. Elle y aménagea une exploitation destinée à la production de produits laitiers qu'elle vendait à Saint-Pétersbourg, ce qui choqua profondément la société à laquelle elle appartenait.

Pendant que sa femme s'adonnait à ses activités économiques, la guerre russo-turque venait de commencer, ravageant les Balkans, et Domontovitch s'en fut combattre l'ennemi traditionnel, l'Empire ottoman. Après la signature de la paix de San Stefano en 1878, il resta en Bulgarie pour conseiller et aider ce pays devenu indépendant à mettre en place ses institutions ; il encourageait alors les Bulgares à se doter d'une constitution libérale, ce qui n'était pas conforme aux vues du gouvernement russe. Son rappel en Russie, un an plus tard, sanctionna ce libéralisme jugé inopportun.

L'enfance de Choura sera placée sous le signe de la politique. Elle avait d'abord écouté avec passion les récits de la guerre russo-turque, partagé l'enthousiasme pro-slave de la société russe, puis vu de près la Bulgarie indépendante, où elle avait rejoint son père. Durant l'année qu'elle avait passée à Sofia, Choura fit une rencontre décisive pour le reste de son existence, celle d'une fillette de son âge, Zoia Chadourskaia. Zoia, une enfant particulièrement indépendante d'esprit, très vive, qui sera un modèle pour elle. L'amitié née durant cette année allait se poursuivre toute leur vie. Alexandra Kollontaï dira par la suite que Zoia était, avec son fils, la personne la plus proche d'elle.

Choura s'intéressait à tout ce qu'elle voyait, à tout ce qu'elle entendait, aux événements auxquels son père était associé. Alors qu'elle allait sur ses dix ans, le tsar libérateur fut assassiné. Ce meurtre et ses conséquences firent une impression profonde sur l'enfant. De convictions libérales, ses parents ressentirent durement la disparition d'un souverain qui préparait une réforme politique radicale ; ils savaient qu'un coup fatal avait été porté par là même à leurs espoirs de voir la Russie entrer dans une ère constitutionnelle. Mais le meurtre eut aussi sur leurs vies des conséquences directes. Mravinski, le premier mari d'Alexandra Domontovitch, fut accusé de complicité avec les assassins. Pressé par sa femme d'intervenir en sa faveur, Domontovitch réussit à le sauver de la Sibérie, mais il ne put lui éviter l'exil ni la perte de tous ses droits dans son pays.

Pour l'enfant, l'événement fut source d'impressions très fortes. D'abord, le climat familial en fut affecté, car sa mère, bien que divorcée de longue date, ne put s'empêcher d'embrasser la cause de son ex-mari, de chercher à l'aider par tous les moyens ; elle y mêlera Domontovitch, et les relations du couple se tendirent un moment. Mais aussi, les Domontovitch, par leur relation à Mravinski, devinrent suspects à la société pétersbourgeoise qui, de surcroît, n'avait pas oublié leur liaison adultère, et que choquaient les activités peu conformistes d'Alexandra Alexandrovna. L'enfant ne put qu'être sensible à l'atmosphère de méfiance, voire d'hostilité, qui entoura alors les siens.

Puis la vie reprit son cours. Choura grandissait, elle était bonne élève, se passionnant, comme son père, pour l'histoire et maniant avec aisance plusieurs langues : l'anglais avec sa gouvernante, le français, langue de la société aristocratique, avec sa mère et ses sœurs, l'allemand qu'elle étudiait à cette époque et le finnois parlé à Kuusa durant les étés passés dans la propriété maternelle. Elle était particulièrement attirée par sa demi-sœur Evgenia, dite Jenia, que leur mère poussait à s'engager dans l'enseignement – voie royale alors pour les femmes en Russie. Mais Jenia, très volontaire, entendait se consacrer au chant et elle imposa sa décision. Elle initia Choura à la musique, ce qui contribua à créer une grande complicité entre les deux sœurs, unies dans une même volonté de résister à l'autorité maternelle. Lorsque Choura annonça qu'elle voulait suivre des cours à l'université, elle se heurta à sa mère lui opposant, comme elle l'avait fait pour Jenia, qu'elle devait acquérir des qualifications pour enseigner à de jeunes enfants, et lui répétant que le mariage et la maternité étaient le destin normal d'une femme. Quel changement chez la non conformiste Alexandra ! Elle poussa d'ailleurs l'une des filles de son premier mariage à épouser ce que l'on appellerait un « bon parti », un cousin de son mari, riche et bien né mais beaucoup plus âgé qu'elle. Mariage qui, espérait Alexandra Alexandrovna, servirait de modèle à sa plus jeune fille. Mais Choura entendait décider seule de son existence et de ses choix. Elle allait vite en faire la démonstration.

Alors qu'elle avait quinze ans, elle s'enticha du frère d'une de ses amies, Vania Dragomirov. Vania était le fils d'un ami du général Domontovitch, héros lui aussi de la guerre russo-turque ; l'on conçoit donc que l'amitié avec les enfants Dragomirov ait été encouragée chez les Domontovitch. Cette idylle fut très brève et se termina fort mal, puisque à l'issue d'un rendez-vous marqué, selon les récits d'Alexandra, par un rapide baiser, le jeune Vania mit fin à ses jours. Un coup de pistolet y suffit. La raison de ce suicide est inconnue, mais Choura en fut bouleversée. Ses parents, attentifs à son chagrin, lui offrirent un cheval et l'envoyèrent galoper à Kuusa dans l'espoir de la distraire. Puis constatant que sa fille restait inconsolable, Alexandra l'emmena visiter Stockholm avec une amie. Leur équipée dura deux semaines. L'idée était bonne, le voyage et les distractions locales eurent raison du désespoir de Choura. Mais elle revint alors à son projet d'étudier, et sa mère n'osa plus s'y opposer. Elle éprouvait une curiosité particulière pour l'histoire et la littérature, et elle eut la chance dans ces deux domaines de bénéficier de l'enseignement de maîtres prestigieux grâce aux relations et à la générosité de son père. Il la présenta à l'historien Bestoujev-Rioumine, qui s'intéressa à elle ; et pour la littérature, il demanda à un éminent professeur de l'université de Saint-Pétersbourg, Viktor Ostrogorski qu'il lui donne des leçons particulières. Celui-ci guida ses lectures, lui proposa d'étudier Tolstoï et Tourgueniev, car Choura lui avait d'emblée avoué son ambition : elle voulait être écrivain. Elle eut dès lors une existence studieuse, tout en trouvant du temps pour de joyeuses sorties – patinage, soirées dansantes. Au cours d'une de ces soirées, Alexandra séduisit un aide de camp du souverain, le général Toutlomine, plus âgé qu'elle d'un quart de siècle. Il la demanda aussitôt en mariage, demande repoussée par l'intéressée sans égards pour le statut et les qualités du soupirant, qui passait dans la capitale pour un fort beau parti. Le refus de Choura, sans appel et sans fioritures, mécontenta sa mère et scandalisa la société pétersbourgeoise. Quelle légèreté, chuchotait-on dans les salons, et quel manque d'éducation ! Choura resta sourde aux critiques. Et elle n'allait pas tarder à faire une rencontre qui allait la séduire et changer le cours de sa vie.

Le général Domontovitch, envoyé alors en mission en Géorgie, avait décidé pour distraire sa fille de l'emmener avec lui. Elle y rencontra celui qu'elle allait décider d'épouser : Vladimir Kollontaï. Ce beau garçon, à peine plus âgé qu'elle, était son cousin. Il était le fils unique de Praskovia Ilinitchna Kollontaï, cousine du général Domontovitch et veuve d'un Polonais qui, pour avoir participé au soulèvement de 1863, l'avait payé de sa vie. Ce destin romantique ne pouvait manquer de séduire Choura. Elle fit quelques excursions autour de Tiflis en compagnie de Vladimir, rencontra ses amis, bref ce séjour fut idyllique. Mais, à son retour dans la capitale, Alexandra entra en conflit avec ses parents. Elle leur annonça qu'elle voulait épouser Kollontaï. Son père y était hostile car il le trouvait peu en accord avec les ambitions intellectuelles de sa fille. Quant à sa mère, elle s'y opposait en raison de sa pauvreté, qui condamnerait Choura à vivre dans la nécessité. Elle persistera dans son opposition, l'accompagnant de démonstrations vexatoires à l'égard de Vladimir Kollontaï. Pour écarter ce soupirant importun, les Domontovitch recoururent à un procédé fort traditionnel : ils envoyèrent Alexandra à l'étranger. Chaperonnée par l'une de ses demi-sœurs, Adèle, elle passa ainsi quelques semaines en Allemagne et en France. Mais ni Paris, ni Berlin, pourtant villes animées, prestigieuses, où la curiosité intellectuelle et le goût de vivre d'Alexandra pouvaient être satisfaits, ne réussirent à lui faire oublier son projet matrimonial. L'envoyer à l'étranger pour tenter de la distraire était la méconnaître, oublier son caractère volontaire. L'opposition parentale l'encouragea au contraire dans sa détermination. Elle entendait manifester son indépendance – plus encore peut-être que son amour – et elle finit par imposer sa volonté. Elle épousa Vladimir en 1893, à l'âge de vingt-deux ans, devenant ainsi pour toujours Alexandra Kollontaï, même si ce mariage ne dura pas et que d'autres hommes partageront ensuite sa vie. Un an à peine après avoir épousé Vladimir, elle mit au monde un fils, Mikhaïl – dit Micha. Alexandra l'aima d'emblée d'un amour passionné, s'y intéressa, lui prodigua les soins les plus attentifs. Elle fut dans un premier temps une épouse et une mère modèle, conforme au souhait et aux conceptions de Vladimir. Il pensait que sa femme devait lui consacrer tout son temps, comme elle le faisait pour leur enfant, et qu'elle devait être comblée par leur vie commune. Mais il fallut peu de temps à Alexandra pour découvrir qu'une vie tout entière vouée à la famille lui était insupportable, qu'elle ne pouvait accepter d'avoir ainsi aliéné sa liberté. Elle déclara très tôt à sa confidente Zoia : « Je hais le mariage », « Je veux écrire et non vivre cette vie stupide. » Zoia alerta Vladimir qui, fort amoureux et respectueux des sentiments de sa femme, voulut montrer qu'il la comprenait. Il embaucha une nouvelle servante pour la libérer des tâches matérielles et lui laisser tout loisir de s'adonner à ses activités intellectuelles. Ce compromis était loin de répondre au problème grandissant entre les époux et que le général Domontovitch avait entrevu avant le mariage. Pour Vladimir, les ambitions et les curiosités politiques d'Alexandra – car elle se passionne déjà pour le socialisme et lit tout ce qu'elle peut trouver sur ce sujet – étaient d'aimables lubies auxquelles il ne trouvait aucun intérêt. Cet ingénieur sérieux, compétent, était tout indulgence pour ce qu'il tenait pour des fantaisies d'enfant gâtée, mais il était incapable d'y prêter la moindre attention. Et il ignora les menaces que cette attitude aimable, généreuse, mais qui ne correspondait guère aux attentes d'Alexandra, faisait peser sur leur couple. À cela s'ajoute que dans leur intimité un homme, un rival potentiel, était apparu. C'était Alexandre Satkevitch, un ami de Vladimir, ingénieur lui aussi, qui, contrairement à Vladimir, était attentif aux qualités intellectuelles d'Alexandra. Conscient de ses attentes, il l'encourageait à écrire et discutait avec elle de ses travaux. Forte de cet appui, Choura se consacra à l'écriture d'une nouvelle qu'elle soumit à la critique du grand écrivain Korolenko, éditeur de la revue littéraire *Russkoe Bogatstvo* (*Le Patrimoine russe*). Cette démarche était hardie, Alexandra n'était encore qu'une débutante, une jeune femme inconnue, et elle ne fut pas couronnée de succès. Korolenko se montra peu encourageant, mais le caractère obstiné d'Alexandra se manifesta à cette occasion. Les réticences de Korolenko lui firent peu d'effet, en dépit de l'autorité et du prestige dont jouissait l'écrivain. Il l'avait trouvée peu douée pour produire des œuvres romanesques. Que lui importait ! Elle décida simplement de changer momentanément de voie, d'abandonner les nouvelles ou les romans pour réfléchir à l'éducation et en faire le sujet de ses écrits à venir.

Que de nouveautés dans la vie d'Alexandra. Elle s'ouvre alors toujours davantage aux préoccupations politiques, aux débats d'idées et à de nouvelles influences. Un événement survenu en 1896 accélère sa prise de conscience politique. Vladimir Kollontaï devait se rendre à Narva pour installer la ventilation d'une grande usine textile qui employait douze mille ouvriers des deux sexes. Alexandra décida de l'y accompagner, associa son amie, l'inséparable Zoia, à l'expédition. Les deux amies crurent d'abord que ce voyage serait une partie de plaisir. Elles passeraient leur temps à skier, à patiner et à danser tandis que les ingénieurs présenteraient leurs projets. Mais deux jours après leur arrivée, Alexandra changea d'avis et voulut visiter l'usine ainsi que les lieux où les ouvriers étaient logés. Elle fut épouvantée par la découverte de ces baraquements primitifs, univers de pauvreté décrit parfois dans ses lectures mais dont elle n'imaginait pas qu'il existât réellement. Elle dira plus tard combien ce spectacle de misère fut décisif dans son évolution. Elle en conclut aussitôt que son devoir était de se mettre au service de ce prolétariat si démuni pour tenter d'améliorer son sort.

De retour dans la capitale, elle va se consacrer toujours plus aux questions sociales. Elle fréquente des cercles de discussion, assiste à des conférences et apporte son concours au Musée ambulant, qui a pour vocation de soutenir les cours du soir proposés aux ouvriers en leur fournissant du matériel pédagogique. Alexandra partage ces activités avec des amis fidèles. D'abord son inséparable Zoia et l'ami de Kollontaï, Satkevitch. Les relations d'Alexandra avec ces deux amis si proches d'elle vont prendre alors un tour qu'aucun d'entre eux n'imaginait. Après leur mariage, les Kollontaï s'étaient installés dans l'appartement des Domontovitch. Comme il était immense, Alexandra eut l'idée de proposer une chambre inoccupée à Satkevitch, qui était petitement logé. Puis Zoia, qu'Alexandra songea un moment à marier avec Satkevitch, fut conviée à rejoindre ses amis dans cette grande demeure. Une petite « commune » conforme aux rêveries des intellectuels de cette époque prit ainsi naissance au domicile des Kollontaï. De nombreux amis s'y retrouvaient, des discussions passionnées s'y prolongeaient souvent jusqu'à l'aube, nourries des idées de Marx, de Tchernichevski, de Bakounine ; on débattait de l'avenir de la Russie et on rêvait de révolution. L'idée de marier Zoia et Satkevitch n'eut jamais de suite parce que celui-ci s'était épris d'Alexandra qui, de son côté, déçue par son mari, ne put lui résister. « Peut-on aimer deux hommes à la fois ? » demandera-t-elle à une amie. Mais, très vite, elle s'indigne de raisonner ainsi, en termes d'appartenance à autrui, alors qu'elle se voulait maîtresse de sa liberté. Satkevitch, qu'elle désignera dans sa correspondance par ses initiales A.A. et que Zoia nommera « l'homme venu de la planète Mars » ou encore « le Bonhomme », prendra cependant une place toujours plus importante dans sa vie. Vladimir Kollontaï fut longtemps inconscient d'une relation qui lui enlevait sa femme, mais cette situation fausse ne pouvait durer. Et pas davantage la vie communautaire qui la dissimulait si mal. Zoia finit par partir en 1898, et Alexandra décida de quitter son mari, sa famille, la capitale pour suivre un chemin personnel, assumer le destin qu'elle s'était fixé. Elle s'en expliquera dans son autobiographie : « J'aimais encore mon mari, mais la vie heureuse de maîtresse de maison et d'épouse devenait pour moi une *prison.* » Et, plus loin, elle ajoutera : « Il fallait que je m'en aille. Que je rompe avec l'homme que j'avais choisi sinon (je le ressentais de façon inconsciente) j'allais m'exposer au danger de perdre mon identité. Il faut aussi dire que pas un seul des hommes qui furent mes proches n'eut d'influence déterminante sur mes désirs, mes efforts ou ma vision du monde. Au contraire, la plupart du temps, c'était moi le guide. Je tirais ma conception de la vie, ma ligne politique de la vie elle-même et de l'étude ininterrompue des livres. »

Avant d'accompagner Alexandra dans cette rupture, il faut ici faire place à d'autres amitiés qui ont pesé sur son évolution. Parmi elles, l'une remontait à l'enfance, celle qui la liait à sa gouvernante Maria Ivanovna Strahova, personnalité remarquable, issue d'une famille d'intellectuels réputée. Strahova lui avait très tôt expliqué qu'il fallait changer radicalement la société russe et libérer les femmes du statut inférieur auquel la société existante les condamnait. Maria Strahova était de longue date engagée dans l'éducation des ouvriers et c'est elle qui familiarisa Alexandra avec le Musée ambulant. C'est là que Kollontaï fit la connaissance d'une élève de Strahova, Elena Stasova, fille d'un haut fonctionnaire, critique d'art réputé. Les Stasov appartenaient au milieu intellectuel le plus recherché, et Alexandra fut sensible à l'amitié que lui témoignait Elena, même si elles ne seront jamais des amies très intimes. Elena Stasova lui conseilla des lectures, lui parla du socialisme. De caractère prudent, elle se gardait de raconter ses activités politiques ; mais elle convia Alexandra à des réunions clandestines. Et parfois elle lui demanda de cacher dans son appartement les tracts subversifs qu'elle allait distribuer aux abords des usines, des appels à prendre part à « la journée des ouvriers » ou à la grève. À cette époque les grèves étaient fréquentes dans l'industrie textile, qui employait les femmes en grand nombre. C'est le sort des femmes qui passionne Alexandra et auquel elle décide de se consacrer. Informée que le sujet avait été abordé au Congrès international des ouvriers socialistes de Londres par Clara Zetkin, qui en avait profité pour faire la publicité du livre de Bebel, *La Femme et le socialisme*, Alexandra va le lire et en nourrir sa réflexion.

Mais elle s'intéresse d'abord aux questions d'éducation, aux moyens d'inculquer aux enfants le sens de la liberté et de l'indépendance pour qu'ils deviennent des sujets utiles à la société. Et à partir de ce thème, sa réflexion s'ouvre à une dimension sociale et politique. Elle considère qu'en s'attachant à forger des personnalités indépendantes les parents et les éducateurs formeront des adultes conscients de l'urgence d'une réforme totale de la société, afin que l'humanité tout entière puisse progresser. L'importance attachée au développement de la personnalité et la thématique marxiste de la marche au progrès se rejoignent ainsi dans la pensée d'Alexandra. Derrière ce thème général, c'est sa propre place dans la société et les moyens dont elle dispose pour contribuer au développement de ses semblables qu'Alexandra cherche à définir. Elle propose à la revue *Obrazovanie* (*Éducation*) un article consacré à ce sujet, qui est aussitôt accepté. Ce premier succès la conforte dans la certitude qu'elle doit écrire, que par l'écrit elle pourra servir ses semblables. Cependant, alors même qu'elle est renforcée dans sa vocation d'écrivain, Alexandra doit constater, et toutes les discussions auxquelles elle avait pris part au cours des deux dernières années l'avaient déjà alertée sur ce sujet, l'insuffisance de ses connaissances et donc l'impossibilité de s'engager sérieusement dans tout projet d'écriture sans s'y être sérieusement préparée.

Le constat de son manque d'instruction a réveillé chez Alexandra une vieille obsession : elle doit étudier. La volonté d'apprendre la décide à une rupture complète avec la vie qu'elle mène. Elle est convaincue que l'indépendance personnelle est la condition première de son entrée dans le monde du savoir ; et elle sait comment il lui faut agir. Elle annonce à ses parents sa rupture avec Kollontaï et son départ pour Zurich afin de s'y instruire sérieusement de la pensée de Marx. Elle leur confie Micha, accompagné de sa gouvernante, leur laissant la charge de son éducation. Pourquoi avoir choisi Zurich ? D'abord parce qu'elle avait découvert et débattu avec passion avec ses amis d'un ouvrage consacré à la « question ouvrière » dont l'auteur était Heinrich Herkner, économiste marxiste professeur à l'université de Zurich. Par ailleurs, l'université de Zurich était réputée pour son libéralisme, elle accueillait les étudiantes qui n'étaient pas admises dans les universités de leur pays. Pour les étudiantes russes, Zurich était un pôle d'attraction sans pareil, elles s'y précipitaient en grand nombre. Alexandra a vingt-six ans lorsqu'elle y débarque. Elle ne connaît personne ni à Zurich, ni en Suisse, ni à l'université, mais elle dispose de moyens matériels qui lui promettent une vie facile. Elle est en effet assurée du soutien financier de son père, ce qui la libère de toute inquiétude quant à sa vie quotidienne. Elle sait aussi que Micha est en sécurité, entouré par des grands-parents aimants. À ces certitudes réconfortantes s'ajoute le soutien moral de ses amis les plus chers, Zoia, qui lui a promis d'être présente auprès de son fils, Satkevitch, le Bonhomme, qui lui avait été – lui est encore ? – très proche et qui l'a encouragée à suivre la voie que son instinct lui dictait. Enfin, elle bénéficie de l'accord implicite de Vladimir Kollontaï qui, guère heureux d'être quitté, lui a cependant épargné les reproches et les chantages, et évité de donner à leur séparation un tour dramatique. Pour Alexandra, pour Micha, dont le bien-être était nécessaire à sa tranquillité d'esprit, cette rupture en douceur était un don précieux. Elle avait pu partir à Zurich le cœur léger.

Elle eut aussi la chance d'être accueillie avec une grande bienveillance par le professeur Herkner qui l'intégra dans son séminaire. Il consacra du temps à sa nouvelle disciple, lui conseillant des lectures et l'orientant dans le choix de son sujet d'étude. Sa bienveillance conforta Alexandra dans la certitude qu'elle avait eu raison de s'engager dans cette nouvelle existence. Tout apparemment lui souriait, tout était simple ; mais Alexandra n'était pas faite pour une vie simple.

La séparation avec Micha lui fut plus douloureuse qu'elle ne l'avait imaginée, lorsqu'elle en avait pris la décision. Elle prit conscience de sa souffrance à peine eut-elle quitté la capitale, à tel point qu'elle faillit à plusieurs reprises descendre du train qui l'emportait vers Zurich pour rejoindre son fils à Kuusa. Une fois à Zurich, elle se reprit. Respectueuse des conseils de son professeur, elle choisit de se concentrer sur les problèmes d'un pays qui lui était familier, la Finlande. Et elle commença d'y travailler. Le répit fut bref, car soudain, prise peut-être par le mal du pays et des siens, elle éprouva des troubles nerveux – était-ce une dépression commençante ? La Faculté lui conseilla d'aller se rétablir au soleil. Elle obéit, s'offrit un bref séjour en Italie, puis se rendit à Berlin pour y consulter des spécialistes réputés qui diagnostiquèrent tout bonnement – comment s'en étonner ? – une nostalgie de la Russie et de sa famille. Forte de leurs conseils, Alexandra revint chez ses parents un an après les avoir quittés. Pour eux, pour Micha, ce retour fut une joie immense et leur accueil fut à sa mesure. Le fidèle Bonhomme était là aussi, attentif à répondre à tous ses désirs, voire à les prévenir. Quant à Vladimir, le mari abandonné, elle l'informa que la question d'un retour au domicile conjugal ne se posait pas, la rupture entre eux était définitive.

Après quelques mois passés avec les siens, dont plusieurs au domaine de Kuusa, si apaisant pour ses nerfs ébranlés, Alexandra réconfortée par ce séjour repartit pour Zurich et ses études. Une nouvelle fois son caractère entier vint compliquer la situation. Certes, son professeur était un savant réputé qu'elle respectait. Mais Kollontaï, lorsqu'elle réintégra son séminaire, dut constater que la pensée du maître qu'elle avait choisi de suivre ne correspondait plus à son attente.

Le socialisme était alors très divisé. Réformistes et marxistes radicaux se querellaient à tout va. Et à son grand dépit, Alexandra découvrit que le professeur Herkner avait évolué à l'égard du grand conflit socialiste et qu'il avait suivi un chemin inverse de celui qu'elle-même avait choisi. Les socialistes étaient irréconciliables. L'Allemand Bernstein critiquait sans retenue ce qui était tenu pour le cœur de la théorie marxiste orthodoxe, celle du programme d'Erfurt de Marx et Kautsky. À leur conviction que la paupérisation du prolétariat conduisait nécessairement à un changement révolutionnaire, Bernstein opposait que la condition ouvrière évoluait, que les salaires et les conditions de vie s'amélioraient peu à peu, ce qui permettait d'envisager une transition pacifique vers le socialisme. Certes, le raisonnement de Bernstein reposait avant tout sur l'observation de la condition ouvrière en Allemagne, la plus avancée d'Europe, mais son discours fut entendu dans tous les partis ou mouvements socialistes et il y provoqua d'âpres débats. Ce fut le cas en Russie, où les socialistes se passionnèrent et se divisèrent sur cette question. Les chefs de file du POSDR, le Parti ouvrier social-démocrate russe, Plekhanov, Axelrod, Véra Zassoulitch, Lénine, contestaient avec virulence l'idée qu'une évolution pacifique permettrait d'éviter la violence révolutionnaire. Plekhanov accusait Bernstein de s'inspirer des thèses populistes, ce qui, rappelait-il, avait déjà conduit le socialisme à de nombreux échecs. La majorité des marxistes russes s'opposaient au réformisme de Bernstein. Mais Alexandra Kollontaï dut constater, à son grand regret, que son maître penchait justement du côté de Bernstein, alors qu'elle-même, observant la Finlande, objet de ses études, à la lumière de la vision radicale de Marx, cherchait à démontrer que dans ce pays la paysannerie – dont Marx niait les capacités révolutionnaires en raison de son attachement à la propriété – était malgré cela une classe révolutionnaire. Conscient des doutes qui éloignaient de lui cette disciple rebelle, le professeur Herkner lui suggéra de s'intéresser aux socialistes anglais, en particulier à Beatrice et Sidney Webb, et il organisa même une entrevue avec eux. En dépit de leur accueil aimable, Alexandra avoua à ses amis que les interlocuteurs recommandés par son maître lui avaient fait piètre impression. Tout la portait au contraire vers l'intransigeance des socialistes qui combattaient le réformisme. Rosa Luxemburg, dont elle fait la connaissance à la même époque, va l'éblouir par la force de ses convictions, par sa personnalité si puissante ; elle exercera sur Alexandra une influence durable. D'ailleurs, par bien des côtés les deux femmes se ressemblaient. Comme Rosa Luxemburg, Alexandra se montrait intraitable dans les confrontations marxistes, s'en prenant avec violence à des personnalités respectées. Ainsi en fut-il un jour avec Piotr Struve, le théoricien du marxisme, qu'elle avait rencontré lors d'une soirée organisée dans la capitale par le père d'Elena Stasova afin de lever des fonds destinés à aider les ouvriers. Struve y avait parlé élogieusement de Bernstein. Elle l'attaqua, sans égard pour l'autorité morale dont il jouissait en Russie et dans tout le monde socialiste. La violence de son propos stupéfia tous les assistants et choqua la plupart d'entre eux.

Mais l'époque de Zurich était déjà près de s'achever, car ses parents allaient l'un après l'autre disparaître. Leur mort la désespéra, tout particulièrement celle de son père dont elle avait été si proche et qui l'avait toujours soutenue moralement et matériellement. De surcroît, Micha, si entouré et choyé par ses grands-parents, se sentait orphelin. Elle allait devoir prendre soin de lui, décider de son sort alors qu'auparavant les Domontovitch en avaient assumé la charge. Au chagrin d'Alexandra s'ajouta un problème auquel elle n'avait encore jamais songé, les relations avec Vladimir Kollontaï qui se posaient aussi en termes nouveaux. Jusqu'alors, Vladimir Kollontaï s'était contenté de prendre acte de leur séparation sans chercher à en tirer de conséquences pratiques. Mais au moment même où elle se retrouvait seule pour organiser l'existence de son enfant, son mari lui annonça sa volonté de divorcer. Divorcer n'était pas en Russie une affaire simple, et Alexandra n'en avait jamais vu l'utilité, Vladimir étant sorti de son existence. Mais lui, ayant rencontré une jeune femme qui s'était attachée à Micha – et la réciproque était vraie –, voulut se remarier. Il lui fallait obtenir l'accord du Saint-Synode à son divorce, ce qui impliquait de déplaisantes et longues démarches. Cela ne convenait guère à Alexandra, mais elle dut s'y soumettre. On imagine que la fidélité et les attentions de Satkevitch l'aidèrent à passer cette période difficile, même si la destruction de la presque totalité de leurs échanges épistolaires interdit toute connaissance précise de leur relation à cette époque.

À la mort de sa mère, Alexandra fit une découverte qui la bouleversa. Celle-ci avait légué Kuusa aux enfants de son premier mariage, excluant ainsi Alexandra de ce domaine qu'elle aimait tant. Elle ne comprit pas la raison de cette exclusion, au demeurant difficile à expliquer. Son père, en revanche, lui avait légué un fort beau domaine situé dans la région de Tchernigov qui allait lui assurer d'importantes ressources, mais aussi lui imposer de lourdes charges de gestion.

Alexandra était désormais libre d'organiser sa vie et celle de son fils comme elle l'entendait. Grâce à son père, les moyens matériels n'allaient pas lui manquer. Elle quitta aussitôt l'appartement familial pour s'installer avec Zoia Chadourskaia dans un autre, plus modeste, où Micha allait vivre entouré de l'affection de Zoia et de la gouvernante, et au début tout au moins, du Bonhomme qui y assurait une épisodique présence masculine.

La mort de ses parents, la perte de Kuusa, une nouvelle organisation de vie pour Micha, tout signifiait à Alexandra qu'une page de son existence était tournée, celle de la première jeunesse si heureuse et insouciante.

CHAPITRE II

La « camarade » Kollontaï

Durant son séjour à Zurich, conseillée par le professeur Herkner, Alexandra avait commencé à étudier les problèmes ouvriers en Finlande et publié quelques articles sur ce sujet. En 1903, elle fêtait la sortie de son premier ouvrage *La Vie des ouvriers finlandais*, qui reçut un accueil très favorable dans les milieux socialistes. Peu après, elle prit pour la première fois la parole devant des étudiants de la capitale et découvrit à cette occasion combien il lui était naturel de s'exprimer publiquement et d'établir un contact avec l'auditoire. L'oratrice Kollontaï, qui sera par la suite si souvent sollicitée pour sa capacité à mobiliser des foules, était née.

Mais Alexandra ne peut guère supporter de rester longtemps dans le même pays. Elle a toujours besoin de nouveaux contacts et c'est dans toute l'Europe qu'elle veut les trouver. C'est ce qui l'incite à se rendre en France en 1903, où elle effectue d'abord un séjour avec Micha sur la Côte d'Azur.

Mais plus que les voyages d'agrément, ce qui l'attire en Europe est la possibilité d'y élargir son horizon par des rencontres politiques et aussi de s'y faire connaître. À Paris, elle fera la connaissance de Paul et Laura Lafargue, qui l'accueillent chaleureusement ; ce sera le début d'une amitié qui compta beaucoup pour elle. Rosa Luxemburg lui avait présenté Kautsky, il accueillit dans sa revue *Die Neue Zeit* ses articles consacrés à la situation économique et sociale de la Finlande, qu'elle signait encore d'un pseudonyme. En 1905, elle aura ajouté à ses publications *La Lutte des classes*, qui lui valut les foudres de la censure.

Puis, c'est en Russie la révolution de 1905. Étonnante révolution que nul n'a prévue ni organisée. Sur un fond de grèves, une foule pacifique conduite par le prêtre Gapone va demander à son souverain le dimanche 9 janvier 1905 de réformer le système politique et de l'associer à ses réformes. C'est du moins le projet général. Mais cette démonstration pacifique va tourner en tragédie. Le souverain n'est pas dans la capitale, ignorant de ce qui s'y joue, laissant le pouvoir à de proches collaborateurs qui s'affolent et décident de réprimer. Et la conséquence de l'absence du souverain, de son inconscience, d'un pouvoir sourd aux appels du peuple est le massacre effroyable qui restera dans l'histoire sous le nom de « Dimanche rouge ». Le peuple sur qui la troupe tire perdra ce jour-là à jamais la confiance dans son souverain. Celui-ci, pour tenter de réparer ce désastre, oscillera constamment entre répression poursuivie et réforme consentie à contrecœur, à travers le Manifeste du 17 octobre 1905, qui accordera au pays le droit d'élire au suffrage universel une assemblée, la Douma, qui sera installée en 1906. De cette révolution naîtront aussi des soviets, dont le plus important sera celui de la capitale présidé par Trotski.

Durant les manifestations, Alexandra se retrouve dans les rues de Pétersbourg parmi les manifestants. Elle assiste horrifiée à la terrible répression, et ce spectacle la détermine à agir. Dès lors, elle se rend dans les usines, harangue les ouvriers, et ses discours électrisent ses auditoires. C'est au cours de cette même année qu'elle rencontre Lénine pour la première fois, lors d'une réunion que bolcheviks et mencheviks, ennemis acharnés depuis deux ans, tinrent exceptionnellement ensemble. Avant cette première révolution russe, Alexandra, comme tous les socialistes, avait été confrontée au conflit grandissant au sein de la social-démocratie, que l'opposition bolcheviks-mencheviks prolongeait en Russie, et elle était pour sa part attirée par la voie modérée proposée par Plekhanov. Elle était sensible à sa personnalité, à son discours, à sa confiance proclamée dans les vertus du prolétariat. Certes, elle était aussi proche d'Elena Stasova et assistait volontiers aux cours qu'elle donnait aux ouvriers, et cette proximité aurait pu l'inciter à suivre Stasova dans son adhésion à la position bolchevique. Mais Kollontaï était éloignée de Lénine dont elle déplorait le manque de confiance à l'égard de la classe ouvrière, à laquelle il refusait de jouer un véritable rôle dans la révolution. De même, lorsque se posa le problème de la participation à la première Douma, née de la révolution de 1905, Kollontaï applaudit à la position des mencheviks, qui voulaient représenter la classe ouvrière et développer ainsi la conscience de classe des ouvriers. Un facteur personnel pesa aussi dans le choix d'Alexandra en faveur des mencheviks : sa rencontre avec Piotr Pavlovitch Maslov, brillant économiste, collaborateur du premier organe légal de la social-démocratie russe, *Moskovskaia Gazeta* (*Le Journal de Moscou*). Maslov était vivement critiqué par Lénine pour ses thèses économiques et pour sa défense des idées mencheviks. Il impressionna Kollontaï et supplanta en peu de temps le Bonhomme dans son cœur. Mais Maslov était marié, sa femme était jalouse, intransigeante sur la question de la fidélité, et il n'était pas prêt à s'engager dans une vie irrégulière, moins encore à rompre les liens conjugaux. Par chance, il fut invité à cette époque à effectuer une tournée de conférences en Allemagne. Alexandra décida qu'elle l'y suivrait en profitant de diverses propositions qui lui étaient faites. C'est ainsi qu'en allant à Mannheim en 1906 au congrès des sociaux-démocrates allemands, puis à Berlin ou à un congrès de l'Internationale à Stuttgart en 1907, elle retrouvait à chaque étape Maslov, et leur relation s'approfondissait. Mais aussi, grâce à cette vie allemande, la « congressiste » élargissait le champ de ses relations au sein du monde marxiste. À Mannheim, elle avait rencontré Clara Zetkin, Karl Liebknecht et Bebel ; ils la connaissaient déjà par ses écrits, ils furent impressionnés par sa personnalité. Elle se lia d'amitié avec eux. Sa parfaite connaissance de la langue allemande la servait, la plaçant de plain-pied avec l'élite social-démocrate allemande, qui admirait sa capacité à intervenir si spontanément dans tous les débats.

À Stuttgart, elle fut aussi adoptée par les socialistes russes Lénine, Plekhanov, Trotski, Lounatcharski. Ils l'avaient lue, mais comme leurs homologues allemands, ils admirèrent ses dons oratoires ; dès lors, elle devient la « camarade Kollontaï ».

C'est ainsi que s'organisa un temps son existence. Elle allait de ville en ville assister aux « grand-messes » socialistes, puis elle se précipitait là où était Maslov, oubliant auprès de lui les débats et les conflits. Mais ce système de rencontres ne pouvait durer. Maslov ayant répondu à toutes les invitations, n'avait plus de conférence à son programme. Il revint donc en Russie. À sa ville natale, le Moscovite préféra d'ailleurs la capitale où vivait Alexandra, ce qui compliqua leurs relations. La vie dans la même ville favorisait certes leurs rencontres, mais elles devaient rester clandestines, ce qui ne leur convenait guère. Micha ajoutait encore aux difficultés de sa mère. En grandissant, il était alors âgé de douze ans, témoin de sa vie parallèle, il se montrait jaloux, hostile à l'égard de ce nouveau venu qui envahissait son univers familial. Il est vrai qu'ayant été longtemps confié à des gouvernantes l'enfant n'avait pas toujours bénéficié de toute l'attention de sa mère. Il montrait soudain qu'il avait conscience d'avoir été quelque peu sacrifié à ses activités et à ses amitiés, et Alexandra ne pouvait l'ignorer. Au même moment, elle se découvrait de nouveaux champs d'intérêt. Ses contacts, ses combats l'incitent à regarder au-delà de la Finlande et de ses problèmes. Elle comprend qu'une nouvelle époque s'ouvre devant elle, celle où « la Kollontaï », comme on commence à la nommer, doit défendre une cause plus large, ce sera celle des femmes. Ce nouveau combat qui la requiert aura aussi à ses yeux le mérite de lui permettre d'échapper à nouveau à ses problèmes personnels et familiaux. Kollontaï est d'abord, et elle en a conscience, la femme d'un combat, des causes à défendre, même si à s'y consacrer elle doit beaucoup sacrifier.

CHAPITRE III

Jaurès en jupon

Tôt attirée par les mencheviks, mais attentive à ménager aussi les partisans de Lénine, Kollontaï avait constaté progressivement l'indifférence des uns et des autres à l'égard des femmes et de leurs problèmes. Certes, Nadejda Kroupskaïa avait publié un opuscule, *La Femme ouvrière*, qui partant d'une évidence, le développement d'un prolétariat féminin, posait déjà la question de l'attitude que le mouvement ouvrier devrait avoir à son égard. Mais comme Lénine, Kroupskaïa accordait plus d'importance à cette époque aux élections de la Douma qu'aux femmes. Seuls les populistes s'étaient réellement intéressés à elles, à leur place dans la société, seuls ils avaient défendu leur droit à l'égalité, donc le droit de voter. Mais Alexandra Kollontaï était trop enfermée dans le milieu de la social-démocratie pour prêter attention aux positions des populistes. En revanche, l'indifférence qu'elle constatait chez ses camarades à la question des femmes l'impressionna péniblement, d'autant plus qu'elle la comparait au regard différent que portait sur ce problème la social-démocratie allemande, et Clara Zetkin aura beaucoup contribué à lui faire découvrir ces différences de vues. Au printemps 1906, alors qu'elle préparait une intervention sur la grève pour le congrès social-démocrate de Mannheim, Clara Zetkin apprit à sa nouvelle amie que la délégation féminine du SPD – forte de cinquante femmes – allait porter à l'ordre du jour de ce congrès une proposition : l'organisation d'un Ier Congrès des femmes socialistes. Ce congrès fondateur devrait coïncider avec le VIIe Congrès que l'Internationale tiendrait à Stuttgart l'année suivante. Cette nouvelle bouleversa Alexandra. Elle décida aussitôt de se rendre au congrès de Mannheim et Clara Zetkin l'y encouragea. Pour Kollontaï, Mannheim était avant tout la ville où était né Schiller, l'un de ses poètes préférés, mais elle avait aussi compris que ce serait le centre de débats socialistes passionnants et novateurs. Elle ne s'était pas trompée. On y traita aussi bien de questions politiques, dont celle du droit de vote revendiqué par les femmes, que des problèmes concrets touchant à leur existence. Et on y posa la question qui préoccupait déjà Alexandra : comment attirer les ouvrières vers le socialisme ? Et comment leur faire entendre que leur condition économique, leur statut social pourraient être améliorés, voire transformés par les socialistes ? Aussitôt revenue de Mannheim, Alexandra rédigea deux articles sur les débats et propositions du congrès et les publia dans l'organe menchevik *Sovvremenyi Mir* (*Le Monde contemporain*) en novembre 1906. L'année suivante, une Ire Conférence internationale des femmes eut lieu à la veille du congrès de Stuttgart comme cela avait été programmé. Kollontaï s'y précipita, écoutant avec passion les plaidoyers de Clara Zetkin pour les femmes. Elle était convaincue que le droit de vote des femmes, première pierre de l'égalité politique des sexes, serait la question centrale de ce forum. Quelle déception ! Les diverses délégations nationales, elle le constata, préféraient accorder la priorité à la revendication d'un droit de vote universel pour les hommes, plutôt que de mettre en avant l'égalité des sexes. La déléguée socialiste allemande, pourtant féministe déclarée, prêchait aux femmes la patience sur ce sujet, leur demandant de laisser aux hommes le temps nécessaire à assurer le succès de leur revendication. Clara Zetkin fut presque seule dans ce débat à refuser d'abandonner les femmes et leurs revendications, répétant que leur appui était indispensable aux socialistes, une évidence pour Alexandra Kollontaï. Dans cette conférence féminine où cinquante-huit déléguées représentaient les partis socialistes de quatorze pays, Kollontaï était seule à porter la parole des socialistes russes. En revanche, au congrès de Stuttgart, réuni deux jours plus tard, la délégation russe était impressionnante ; ses chefs de file, Trotski, Lénine, Martov, étaient présents, même s'ils ne prirent pas la parole. Lénine préférait que Rosa Luxemburg, dont il admirait les interventions passionnées, quel que soit le sujet traité, soit la porte-parole de ses positions. Peu lui importait qu'elle ne fût pas membre de la délégation russe. Alexandra, qui avait vivement soutenu Clara Zetkin les jours précédents, suivit l'exemple de ses compatriotes et garda le silence. Mais elle se rattrapa à son retour en Russie, en s'efforçant de convaincre le Parti de créer en son sein une structure qui serait spécialisée dans les questions féminines. Ce serait, écrit-elle dans un article de 1907, un outil privilégié pour attirer les femmes vers le socialisme, auquel elles apporteraient un complément de force. Attirer les femmes dans le Parti, organiser un socialisme féminin, ces propositions, à première vue raisonnables, furent très mal reçues par les socialistes russes. Même Véra Zassoulitch, révérée dans toute la Russie pour avoir attenté aux jours d'un haut fonctionnaire de l'Empire et l'avoir payé d'un long emprisonnement, Zassoulitch, symbole de la lutte féminine contre le pouvoir, laissa tomber ce jugement méprisant sur la Kollontaï et ses propositions : « Elle ne comprend pas qu'elle va diviser le mouvement révolutionnaire. »

Mais, depuis 1906, Kollontaï était décidée à se battre pour cette cause, et rien ni personne ne pouvait la décourager d'aller de l'avant. Puisque le Parti ne voulait pas se doter de structures propres à rassembler les femmes, Alexandra imagina une solution de rechange. Elle fonda une sorte de club, ou société d'entraide, qu'elle baptisa « Société d'aide mutuelle pour les ouvrières ». Elle obtint pour cette création le soutien du syndicat des ouvrières du textile au sein duquel elle s'était fait beaucoup de relations, voire d'amitiés. Ce soutien était opportun car l'industrie textile faisait un très large appel à la main-d'œuvre féminine, et Kollontaï avait plaidé, et continuait à le faire, auprès du comité du Parti de la capitale qu'il devait tenir compte dans sa politique de l'évolution des conditions de vie des femmes. Elles étaient beaucoup plus nombreuses qu'auparavant à travailler dans les usines, et l'industrie textile illustrait particulièrement cette évolution. Mais qu'était la vie de ces femmes ? Leurs conditions de travail étaient très rudes, leurs salaires toujours inférieurs à ceux des hommes, et elles devaient combiner travail salarié et vie de famille – d'autant plus difficilement que les maris étaient souvent exigeants et brutaux et que les enfants nécessitaient une attention constante. Tout rendait la condition des ouvrières particulièrement ingrate. Pour cette raison même, il était possible, voire facile pour le Parti, de les attirer vers le socialisme, de renforcer les socialistes de leurs frustrations. Mais le Parti était sourd au raisonnement de Kollontaï, et de surcroît nombre de femmes socialistes, à l'instar de Véra Zassoulitch, la condamnaient sans nuances, l'accusant de « diviser » le prolétariat.

En 1908, Kollontaï trouva enfin une occasion pour faire progresser ses idées. Le mouvement féministe russe annonça qu'il organiserait à l'automne un congrès panrusse des femmes envisageant même que puisse être créé alors un parti féministe. Kollontaï était, avait toujours été, hostile aux féministes car elle considérait que le mouvement féministe était dominé par des femmes issues de la bourgeoisie dont le projet n'était en rien favorable à la classe ouvrière. Pour Kollontaï, les problèmes de la condition féminine, de l'inégalité dont les femmes étaient victimes en termes de statut politique, de conditions salariales et de conditions de vie ne pouvaient trouver de solution sans un changement politique général, c'est-à-dire sans que la révolution ait été accomplie. Le combat des féministes, dans sa conception traditionnelle, écartait les femmes du mouvement révolutionnaire, affaiblissant ainsi tout à la fois la cause des femmes et les chances de la révolution.

Informée du projet de congrès des femmes, Alexandra Kollontaï décida, en dépit de son hostilité au mouvement féministe, qu'elle allait, sans consulter le Parti, y envoyer une délégation ouvrière en recourant à l'organisation des ouvrières du textile dont elle était membre, et elle mit son projet à exécution de manière systématique. Elle organisa une procédure électorale afin de désigner les membres de la délégation qui seraient envoyés à ce congrès. Confronté à cette initiative qui souleva d'emblée la curiosité, voire l'intérêt de certains membres du Parti, bolcheviks et mencheviks confondus, le comité du Parti réagit et décida d'envoyer lui aussi deux déléguées à ce congrès. Le 10 décembre 1908, la délégation organisée par Kollontaï, forte de quarante-cinq ouvrières, prit part à cette manifestation qui rassemblait un millier de femmes. Kollontaï ne voulut pas présider son groupe, elle se contenta d'y exercer une influence discrète mais puissante, et chargea une ouvrière du textile avec qui elle s'était liée d'amitié, Varvara Volkova, de présenter sa position au congrès. Cette assemblée féminine avait été autorisée à se réunir dans un cadre prestigieux, le palais de la Douma, dans la salle Alexandre. C'est là qu'à la lueur des lustres de cristal Volkova, porte-parole fidèle d'Alexandra Kollontaï, exposa ses vues, c'est-à-dire son opposition au féminisme qu'elle dénonça comme une manœuvre de la bourgeoisie destinée à assurer sa suprématie sociale et à neutraliser la classe ouvrière. « Entre le féminisme bourgeois et la classe ouvrière féminine, il n'y a aucune place pour la coopération », martelait-elle. Le combat des femmes avait pour but premier d'assurer des droits politiques à la partie féminine de la classe ouvrière, mais aussi de donner aux femmes la possibilité de survivre et de nourrir leurs enfants. Aux demandes légales des féministes, Kollontaï, opposait, par le truchement de Volkova, des exigences concrètes, dont certaines relevaient aussi du droit : le droit de vote à toutes les instances d'autogestion, des mesures de protection au travail, l'interdiction du travail de nuit et de journées de travail d'une durée excessive, l'interdiction du travail dans des conditions dangereuses pour la santé. À cela elle ajoutait des revendications protégeant la maternité : congés de maternité de huit semaines avant et autant après la naissance de l'enfant et gratuité des soins. Au vrai, ces dernières exigences figuraient aussi dans le programme des féministes, et dans celui des sociaux-démocrates russes. Mais pour Kollontaï, ces revendications découlaient d'une exigence politique, celle du droit des femmes à l'égalité.

Lorsqu'elle s'était engagée dans l'aventure de ce congrès, Kollontaï avait craint d'être empêchée de s'y exprimer. C'est l'une des raisons qui l'avait conduite à céder la tribune à Volkova. Mais avant le congrès elle avait pris soin de rédiger un important ouvrage expliquant ce qui l'opposait aux féministes et développant ses thèses en général. Au départ, Kollontaï avait pensé écrire un petit pamphlet, mais en cours de rédaction, elle ressentit le besoin de développer ce travail pour en faire un véritable exposé de la question féminine. Le livre qui en résulta, *Les Bases sociales de la question féminine*, long de quatre cents pages, fut achevé trop tard pour être distribué au congrès, mais il avait le mérite d'expliciter en leur donnant une solide base théorique les divergences de l'auteur non seulement avec le mouvement féministe, mais aussi avec les positions de la social-démocratie russe. Convaincue de l'importance de ce travail, Alexandra Kollontaï le soumit à Gorki, alors installé à Capri, pour qu'il le publie dans sa maison d'édition. Dans cet ouvrage, Kollontaï répétait avec force sa conviction : il était inutile de défendre l'idée de réformes favorables aux femmes aussi longtemps que la société où elles vivaient était inchangée ; seule la révolution pourrait garantir leur émancipation dans tous les domaines et donner corps aux réformes. Kollontaï contestait aussi la conception du mariage et de la sexualité défendue par les féministes. Celles-ci voulaient défendre les droits des femmes dans le cadre traditionnel du mariage, alors que pour Kollontaï le problème était d'abord *politique*. Le socialisme, fruit de la révolution, allait résoudre tous les problèmes qui relevaient de la famille traditionnelle, notamment ceux des relations entre les personnes, y compris la sexualité, et ceux qui touchaient à l'éducation et à la charge des enfants.

Kollontaï avait fait preuve de beaucoup de prudence durant le congrès. En dépit de sa retenue, la police, qui la tenait pour une redoutable révolutionnaire, suivait ses moindres mouvements. Consciente de cette surveillance et convaincue que son sort était déjà joué, Kollontaï avait décidé que son salut passait par l'exil et elle s'y préparait. Durant le congrès, elle ne rentrait plus chez elle, mais se réfugiait pour la nuit chez des amis sûrs, tandis que Micha était confié à la garde de son père. On comprend les raisons de cette prudence. Le lendemain de l'ouverture de la conférence féminine, la police y fit son apparition et soumit les congressistes à d'humiliants contrôles. Alexandra se rendit alors compte que le temps lui était compté. Le 12 décembre 1908, deux jours après le début de la conférence, elle quittait la Russie munie d'un faux passeport. Elle croyait se rendre à l'étranger pour un bref séjour. Cette fuite se transformera en un véritable exil qui durera huit années. Ses amies n'imaginaient pas plus qu'elle cette longue rupture dans son existence. L'une d'entre elles, qui n'avait pu échapper alors à la police, lui écrivit de Sibérie, où elle était reléguée, que la lutte allait vite reprendre et qu'elles y participeraient ensemble. Cette amie, Marissa Burko, n'avait pas encore saisi, pas plus qu'Alexandra, que c'est hors de Russie que tous les opposants allaient dès ce moment combattre la monarchie, et que cela durerait jusqu'à sa chute. Mais où aller ? Tout naturellement, Kollontaï se dirigea vers l'Allemagne, vers Berlin où elle aimait résider et où tout lui était familier. Le Parti social-démocrate allemand, ses amis Zetkin, Liebknecht et Rosa Luxemburg, tout l'attirait politiquement vers ce pays où elle se trouvait en parfait accord avec les positions défendues par les sociaux-démocrates. Elle s'installa d'abord dans un hôtel de Grunewald, petite localité proche de Berlin et s'y employa un court moment à perfectionner encore, s'il était besoin, sa maîtrise de la langue allemande. Certes, elle connaissait parfaitement l'allemand, elle s'exprimait aisément dans cette langue, mais il lui fallait songer à travailler en Allemagne car les revenus de son domaine s'épuisaient. Le journalisme lui parut être l'activité la plus conforme à ses capacités et à ses souhaits, ce qui explique sa volonté de disposer d'une langue parfaite ; ses efforts furent en peu de temps couronnés de succès. Mais le séjour à Grunewald n'eut qu'un temps. Vivre à Berlin était une perspective beaucoup plus séduisante. Aux amis allemands qu'elle y retrouvait s'ajoutaient de nombreux Russes qui, installés dans des pays voisins, venaient souvent à Berlin attirés par la perspective d'y rencontrer Liebknecht. Ainsi Radek, Boukharine, Zinoviev, Kamenev, Tchitcherine réfugiés à Vienne, en Suisse ou en France, étaient très assidus à ces rencontres berlinoises. Ils étaient tous désireux d'être conviés aux soirées organisées le vendredi par Liebknecht au restaurant Reingold, qui devenait ces jours-là le siège de véritables forums révolutionnaires.

En 1909, Alexandra Kollontaï devint membre du SPD allemand avec lequel elle avait toujours été en parfait accord. Elle lui proposa ses services pour donner des conférences là où l'on manquait d'agitateurs. Le SPD s'en réjouit et accepta sans hésiter sa collaboration. Dès le printemps de cette année, elle fut envoyée dans diverses villes allemandes pour y prendre la parole devant des auditoires ouvriers. Partout ses dons d'oratrice étaient connus, ils lui assuraient toujours un auditoire et un succès considérables, dont la presse allemande rendait compte. Elle était si bien intégrée dans le SPD qu'elle fit partie de la délégation allemande au congrès de l'Internationale à Copenhague. Lors du congrès, une décision historique fut votée : une « Journée des femmes » serait célébrée chaque année le 8 mars. Après Copenhague, le Parti socialiste suédois invita Kollontaï à venir faire une conférence à Stockholm. Elle enflamma l'assemblée par son discours parce qu'elle lui annonça que la révolution était proche en Russie. Puis Clara Zetkin lui demanda de l'accompagner en Angleterre pour y rencontrer les socialistes. On l'invita à prendre la parole dans six grandes réunions publiques, dont la dernière se tenait à Londres, à Hyde Park, selon la tradition. Là aussi le succès fut au rendez-vous : les Anglais, en général peu expansifs, étaient enthousiasmés. Mais Alexandra Kollontaï fut déçue par eux, les trouvant trop pragmatiques et trop modérés dans leur vision révolutionnaire. Elle préférait, et de loin, les Allemands, dont les positions étaient plus conformes à ses aspirations et à son impatience de voir le monde changer. Après chacun de ces voyages, elle retrouvait l'Allemagne avec bonheur. Elle ne cessait d'ailleurs de se déplacer à travers ce pays en y multipliant les interventions. Et elle écrivait toujours. Cette activité fiévreuse lui convenait, mais elle l'empêcha aussi de céder à l'inquiétude, or elle avait à cela des motifs personnels. Micha d'abord, qui poursuivait sa scolarité en Russie et lui manquait terriblement. En janvier 1910, elle avait pu le faire venir à Dresde pour passer quelques semaines avec elle, mais il dut ensuite rentrer en Russie et Kollontaï se retrouva seule. Certes, Maslov se trouvait alors en Allemagne, mais il y était venu avec femme et enfants et Kollontaï n'entendait pas s'installer dans une aventure clandestine, pas plus qu'elle ne voulait le pousser à rompre avec sa famille. Il n'était d'ailleurs pas question pour elle de s'engager dans une vie commune avec Maslov, car cela eût aliéné sa liberté. Leur relation pâtissait de ses réticences. Kollontaï était libre de se consacrer tout entière à ses activités, mais quel vide dans son cœur ! C'est alors qu'elle reçut, fort à propos, une lettre de Gorki l'invitant à venir parler à l'université ouvrière qu'il dirigeait en Italie. L'école de Bologne était soutenue par des bolcheviks de gauche, exaspérés par ce qu'ils appelaient le « légalisme des amis de Lénine ». Pour ces bolcheviks, le Parti devait cesser toute coopération avec les institutions légales – notamment les députés socialistes devaient quitter la Douma –, leur devoir étant de se consacrer à l'action illégale pour accélérer le cours des événements.

Plus importante encore que cette opposition stratégique était la vision philosophique des penseurs réunis à Bologne – qui étaient en premier lieu Alexandre Bogdanov et son beau-frère Lounatcharski. Bogdanov contestait le matérialisme du marxisme orthodoxe affirmant que la matière n'est pas seule source de mouvement. Un autre membre de cette opposition, Bazarov, s'était fait remarquer par un ouvrage paru en 1909, *La Construction de Dieu*, dans lequel il affirmait la justesse des propositions de ses compagnons antipositivistes et même des idéalistes qui se proclamaient « chercheurs de Dieu » (*bogoiskateli*). Parmi eux, figurait un futur grand théologien, Serge Boulgakov. Comme les « constructeurs de Dieu » (*bogostroiteli*), les chercheurs de Dieu contestaient l'idée d'un Dieu immanent lui opposant le Dieu social et socialiste qui devait naître de l'effort collectif de l'humanité. Pour Bogdanov, le progrès dépendait de l'exercice intense de la conscience, et si la révolution était la conquête par le prolétariat des moyens de production, elle devait surtout fonder une « culture prolétarienne », élément fondamental de la transformation du monde. Cette quête religieuse indignait Lénine qui la dénonça dans *Matérialisme et empiriocriticisme*, publié en 1909, comme le fit Plekhanov dans *Materialismus militans*. Pourtant, les « chercheurs de

Dieu » séduisaient le mouvement socialiste et surtout son élite et exerçaient sur elle une influence tout à la fois spirituelle et politique, ce qui explique la violence avec laquelle Lénine les combattait. Bologne était le centre de cette agitation intellectuelle et Alexandra y arriva alors que le débat battait son plein. Mais elle était peu sensible aux querelles religieuses et bien davantage attirée par les enseignements proposés à Bologne ainsi que par la personnalité de ceux qui les dispensaient, tels l'historien Pokrovski, alors député à la Douma, Lounatcharski qui y enseignait la philosophie et Gorki, qui traitait de la religion. Alexandra fut accueillie à bras ouverts par ce groupe professoral prestigieux qui lui proposa de traiter de la famille, des relations au sein de celle-ci, mais aussi de la classe ouvrière finlandaise. On ne s'étonnera pas d'apprendre que la police russe surveillait très attentivement les activités de cette école si particulière, et qu'il se trouva un espion parmi les auditeurs de ces cours pour la renseigner sur les participants et les idées qu'on y agitait. Nombre d'étudiants furent arrêtés à leur retour en Russie, alors qu'Alexandra put regagner Berlin sans encombre. Elle était pressée car elle devait se rendre ensuite au congrès de Copenhague, déjà évoqué. Mais c'est à l'avant-congrès de Copenhague qu'il faut prêter attention. Il était prévu qu'il serait précédé d'une conférence des femmes socialistes. Kollontaï y représenta les ouvrières du textile de Saint-Pétersbourg, alors même qu'elle assisterait au congrès de l'Internationale comme membre de la délégation de la social-démocratie allemande, puisqu'elle avait adhéré au SPD. Nantie de ces deux mandats, Kollontaï déploya une grande activité dans chacun de ces deux forums.

Elle y intervint à son habitude en anglais, en français et en allemand, triomphant de Jaurès qui s'exprimait en allemand et de Lounatcharski, qui maîtrisait le français. La qualité de ses discours et leur fluidité dans les trois langues furent unanimement soulignées par tous les journalistes présents. Elle fit alors la connaissance d'Angelica Balabanova, qui avait fui la Russie et rejoint le Parti socialiste italien, et y retrouva sa vieille amie Clara Zetkin. Elles étaient sur une même ligne pour défendre le droit des femmes au vote, mais elles se séparèrent sur la question des droits revendiqués pour les mères. Les sociaux-démocrates réclamaient depuis longtemps que les futures mères bénéficient d'un congé de seize semaines avec un salaire plein, et d'allocations pour leurs enfants. Mais deux questions restaient en débat. À qui seraient accordés ces droits ? Aux seules femmes mariées ? Ou aux mères célibataires aussi ? Et quelle serait l'origine des fonds qui leur étaient destinés ? Un impôt ? Ou une contribution à un fonds d'assurance ? Kollontaï considérait que la maternité était une fonction sociale et qu'elle devait par conséquent être financée par l'État. Elle voulait que l'on reconnaisse aux mères célibataires les mêmes droits et avantages qu'aux femmes mariées, alors que pour la majorité des socialistes fidèles à une conception traditionnelle de la maternité, on ne pouvait supprimer la distinction entre mères mariées et mères célibataires en matière de droits sociaux sous peine d'encourager un « comportement dépravé ». La différence de vues sur cette question entre Clara Zetkin et Kollontaï n'affecta pourtant pas la relation chaleureuse qui unissait les deux femmes. Le séjour à Copenhague fut aussi pour Alexandra l'occasion de nouvelles rencontres et surtout il lui apporta, on l'a vu, beaucoup d'invitations. À celles déjà évoquées, il faut ajouter qu'on lui demanda de prendre la parole dans un grand meeting pour la paix à Malmö, où elle retrouva Jaurès et le Belge Vandervelde. Ce dernier l'invitera plus tard à venir faire des conférences en Belgique sur les revendications des femmes. Elle y avait aussi retrouvé Lounatcharski, déjà côtoyé à Bologne. Le monde socialiste lui était toujours plus familier, et ce monde était, de son côté, très attentif à l'oratrice dont le talent et les prouesses linguistiques le fascinaient. Les interventions d'Alexandra à Copenhague et à Malmö lui valurent d'être élue au Secrétariat international des Femmes et conviée à contribuer à son organe officiel, *Die Gleichheit* (L'Égalité).

Peu après, elle fut séduite par la proposition d'une vieille connaissance, Tchitcherine, alors secrétaire du bureau étranger du Parti, qui vivait à Paris. Il lui demanda de venir en France pour y faire des conférences payantes, dont le bénéfice alimenterait le fonds de secours qu'il gérait et distribuait à des compatriotes nécessiteux. Paris abritait à cette époque une importante communauté de Russes exilés ayant fui les rigueurs du système politique tsariste et dont beaucoup étaient fort démunis. Tchitcherine fit miroiter à Alexandra qu'elle pourrait aussi trouver du temps pour écrire tranquillement ses articles dans une ville si favorable au travail et aux contacts intellectuels. Alexandra sauta sur ce projet et le mit sans tarder à exécution. Dès le printemps 1911, elle s'installa à Paris dans un petit hôtel de Passy, où nombre de réfugiés russes avaient déjà trouvé un foyer. L'hôtel était modeste, mais bien entretenu et bien chauffé, ce qui était important pour qui voulait s'y livrer à un travail de l'esprit. Elle va mettre à profit ses dix mois de vie parisienne pour rassembler les souvenirs et les impressions de ses vagabondages à travers l'Europe qu'elle consigne dans un ouvrage intitulé *À travers l'Europe ouvrière*, avant de se lancer dans un projet plus ambitieux qui va la mobiliser pendant trois ans, qui sera *La Société et la maternité*. Durant ce séjour parisien, Kollontaï rédigera aussi deux articles très remarqués car ils mettaient en lumière son intérêt pour les relations sexuelles vues au miroir de la politique. Le premier, intitulé « À propos d'un thème ancien », était en fait le compte rendu d'un ouvrage de Grete Meissel-Hesse, *Die sexuelle Krise*, publié à Iéna en 1910. Ce livre était une critique du mariage traditionnel, monogame qui, selon l'auteur, ne répondait pas aux aspirations profondes des femmes, mais les emprisonnait dans l'hypocrisie sociale, et les soumettait à la volonté et au plaisir masculins. Kollontaï mit en avant ces thèmes qu'elle qualifia de « fil d'Ariane » qui devrait permettre aux femmes de sortir de l'impasse où la société les enfermait ; elle soutint aussi avec l'auteur que l'on pouvait échapper à la traditionnelle défaite des aspirations féminines à l'amour véritable par l'amitié érotique et l'amour libéré des chaînes du mariage. Peu de temps après, dans « La morale sexuelle et la lutte des classes », article de près de trente pages publié, comme son compte rendu, dans *Novaia Jizn'*, Kollontaï affirme que pour vaincre la solitude des êtres humains, il faut instaurer entre eux des relations différentes. Ce sont des relations sexuelles, libérées du mariage, qui ne peuvent se concevoir dans le système de propriété existant. Seul un changement radical de l'ordre social permettra de créer ces nouvelles relations sexuelles, donc des relations véritablement humaines, libératrices. En insistant ainsi sur l'importance politique des relations sexuelles et sur leur lien avec l'organisation sociale, Alexandra Kollontaï prenait une position hardie, peu acceptée par la social-démocratie, notamment allemande.

À Paris, et ce fut un des aspects les plus heureux de ce séjour, elle avait trouvé de nouveaux interlocuteurs. D'abord, un couple bienveillant et remarquable qui va tenir, un trop court moment, une grande place dans son existence, Paul et Laura Lafargue. Laura était la fille de Karl Marx. Alexandra fut accueillie chaleureusement dans leur petite maison de Draveil, dans la banlieue de la capitale. Durant ce séjour, elle trouva aussi l'occasion de se rapprocher de Lénine, même si ce rapprochement ne fut qu'une demi-réussite. Elle l'avait rencontré une première fois en 1905, lors d'une réunion illégale où il avait débattu de la réforme agraire avec celui qu'il admirait et détestait, Maslov. Elle l'avait croisé ensuite à Stuttgart dans la délégation russe qui rassemblait bolcheviks et mencheviks, puisque, côte à côte, y figuraient Lénine, Martov, Trotski et quelques autres, dont Alexandra. Mais si Lénine avait alors remarqué ses dons oratoires, leurs relations étaient distantes. Le conflit qui séparait Lénine et Maslov imposait à Kollontaï de choisir son camp. Elle était convaincue que Martov et Plekhanov étaient les mieux à même de faire avancer la cause pour laquelle elle combattait, Lénine le savait. Il avait aussi entendu parler de sa relation avec Maslov, ce qui ne l'encourageait pas à un rapprochement avec Kollontaï, ralliée au camp menchevik.

En 1911 pourtant, des circonstances pratiques la poussèrent à se rapprocher de Lénine. Il vivait dans le 14e arrondissement de Paris, rue Marie-Rose, dans un appartement très confortable, fort éloigné des conditions précaires d'existence de nombre de réfugiés russes. Lénine dirigeait alors une école pour ouvriers installée à Longjumeau, semblable aux écoles de Capri et de Bologne. Les élèves admis à Longjumeau étaient, dans l'esprit de Lénine, les futurs cadres du Parti ; c'est pourquoi la promotion de 1911 était composée d'ouvriers soigneusement sélectionnés par ses fidèles en Russie. Les auditeurs étaient peu nombreux – moins de vingt –, mais passionnés par les cours que dispensaient des personnalités prestigieuses, Lénine en tête, mais aussi Lounatcharski et Riazanov, ou encore un Français, Charles Rappoport, qui traitait du mouvement socialiste en France. Une femme, Inessa Armand, cumulait plusieurs cours : elle enseignait le socialisme belge et l'économie politique, domaines familiers à Alexandra Kollontaï qui dut se contenter du simple statut d'auditrice. En venant à Longjumeau, elle avait espéré participer à l'enseignement qui y était donné à la fois en raison de ses compétences, mais aussi des avantages matériels qui y étaient attachés. Or elle fut confrontée à une difficulté – jamais admise –, elle était en compétition avec celle qui serait toujours sa rivale politique et un problème personnel : Inessa Armand.

En 1911, Inessa, comme on l'appelait, tenait déjà dans l'entourage – on ne disait pas « dans la vie » – de Lénine une place particulière. Cette personnalité hors du commun s'était imposée à Lénine. Et quelle personnalité ! Franco-anglaise de naissance, enfant d'artistes, elle était née à Paris en 1874. À la mort de son père, sa mère l'avait envoyée en Russie, chez une tante qui, comme de nombreuses Françaises, enseignait sa langue aux enfants de bonne famille. La tante exerçait cet office dans la famille d'un richissime homme d'affaires d'origine française, Eugène – ou Evgeni – Armand. Les Armand s'attachèrent à cette enfant brillante et l'adoptèrent plus ou moins sans le formaliser. Elle épousa tout naturellement le second fils de son protecteur, Alexandre Armand. Et selon la formule traditionnelle, le couple fut d'abord heureux ; ils eurent quatre enfants. Inessa était belle, très instruite, elle maîtrisait quatre langues et était excellente musicienne. Mais elle comparait toujours sa destinée privilégiée au sort difficile de la majorité du peuple russe, et nourrie des idées généreuses des penseurs de son temps, elle décida très tôt de se consacrer à des œuvres charitables, notamment auprès des prostituées de Moscou qu'elle cherchait à arracher à leur condition misérable. En 1904, cette vie harmonieuse prit fin lorsqu'elle tomba amoureuse d'un jeune frère de son mari, père de son cinquième enfant, avec qui elle vivra ouvertement à Moscou. Elle adhéra alors au Parti social-démocrate et devint pour toujours Inessa. Son mari, homme généreux et pétri d'idées sociales, loin de lui en vouloir, accepta leur séparation, veillant au bien-être des cinq enfants et aidant Inessa dans ses activités politiques, qui valurent à celle-ci d'être arrêtée et envoyée en exil sur les bords de la mer Blanche. En 1909, elle réussit à s'enfuir de ces lieux inhospitaliers, et son mari délaissé, mais toujours présent, l'aida à trouver un abri sûr, puis à fuir à l'étranger. Ce fut d'abord la Suisse, où le malheur la frappa. L'homme aimé, son amant, fut emporté en quelques jours par la tuberculose qui le rongeait. Mais, loin de sombrer dans le désespoir, elle réagit. Elle se rendit à Bruxelles pour y entreprendre des études d'économie et pour finir arriva à Paris. Cette mère de cinq enfants, femme indomptable, qui ne rêvait que d'action politique, y rencontra son destin, c'est-à-dire Lénine. Mais elle rencontra aussi Kroupskaïa, la femme que Lénine avait épousée durant son exil forcé en Sibérie, et épousée religieusement en se déclarant – le registre de l'église en témoigne – noble héréditaire. Ce mariage si conforme aux usages répondait-il vraiment aux vœux de son mari ? Ou était-il de pure convenance ? Nadejda Kroupskaïa était pour Lénine une collaboratrice de chaque instant, traduisant les ouvrages qui l'intéressaient, préparant et corrigeant ses écrits, toujours disponible pour lui. Mais elle avait aussi un champ d'intérêt propre, la question féminine. Elle sembla s'accommoder de la présence d'Inessa et de ses relations avec Lénine. Inessa fut associée à l'école de Longjumeau, et elle élabora avec Kroupskaïa le projet d'une école destinée à éduquer les femmes russes qui vivaient et travaillaient en France. Ce projet tenait à cœur à Kroupskaïa, qui s'était toujours intéressée aux problèmes d'éducation, particulièrement à celle des femmes, considérant que c'était la clé de leur émancipation, et sur ce terrain, elle s'entendait parfaitement avec Inessa.

Lorsqu'elle débarqua dans la vie de Lénine, Alexandra Kollontaï fut déconcertée. D'abord par la découverte du sentiment profond que manifestait le chef bolchevique – homme d'âge moyen, peu séduisant, très conventionnel sur les sujets de l'amour et du sexe – pour cette jeune mère de cinq enfants, si belle et si peu conformiste. Alexandra découvrit vite, grâce à ses amis de Longjumeau, l'étrange trio que formaient les Lénine et Inessa. La surprise fut aussi désagréable, car si Inessa et Alexandra s'intéressaient aux mêmes sujets, Alexandra pouvait prétendre à une compétence particulière sur la question féminine, dont témoignaient ses écrits. Elle n'eut pourtant d'autre choix que de faire bonne figure face à celle qui était pour elle une rivale. Toutes deux étaient jeunes, presque du même âge, à deux ans près, toutes deux étaient belles, toutes deux étaient polyglottes et également brillantes. Kroupskaïa les mit en rapport à Longjumeau, leur recommandant : « Soyez amies. » Ce conseil ne fut pas suivi. Elles furent des camarades de combat, mais jamais des amies. D'ailleurs, peu après son arrivée à Longjumeau, Alexandra crut que le trio découvert avec tant de surprise allait se séparer. D'abord, l'école pour femmes, chère à Kroupskaïa, ne vit pas le jour, en dépit du soutien de Lénine. La plupart des bolcheviks y étaient opposés, car c'était pour eux un projet féministe et non social-démocrate. Par ailleurs, en 1912, Inessa va s'éloigner pour un temps de Lénine. Ce qu'Alexandra ignore, c'est qu'elle est envoyée en Russie par Lénine, à qui elle doit servir provisoirement de courrier. Pendant ce temps, Alexandra était restée à Paris, écrivant beaucoup et voyant fréquemment ses amis, en particulier les Lafargue.

Le 27 novembre 1911, une nouvelle éclata comme un coup de tonnerre dans sa vie. Ce matin-là, alors qu'elle lisait dans sa chambre d'hôtel *L'Humanité,* elle découvrit en première page du journal l'annonce de la mort, un double suicide disait l'article, de Paul et Laura Lafargue dans leur pavillon de Draveil. Ils pensaient – et c'était leur ultime message – avoir accompli tout ce qu'ils devaient et pouvaient faire et n'avoir plus de rôle à jouer. Alexandra fut dévastée par cette tragédie. Lors de l'enterrement des Lafargue, qui eut lieu quelques jours plus tard au Père-Lachaise, une foule immense était présente, rassemblant des Français, des Russes émigrés en France, mais aussi des socialistes venus de toute l'Europe. Lénine prit évidemment la parole en premier, s'exprimant dans un français très moyen. Inessa, revenue de Russie, avait probablement traduit le texte qu'il lisait, mais elle ne pouvait corriger son accent. Alexandra parla ensuite. Après le théoricien, on entendit la voix du cœur. Alexandra s'arrêta particulièrement sur la personnalité de Laura, sur l'amitié qui les liait. Son excellent français, l'émotion qui la submergeait impressionnèrent tous ceux qui l'écoutaient. Lénine lui adressa un signe amical, un signe d'approbation, puis il s'éloigna en compagnie de Kroupskaïa et d'Inessa. Alexandra resta seule, mais pas pour longtemps. Elle avait remarqué qu'un homme très jeune l'avait écoutée avec une attention particulière. Il s'approcha d'elle, la félicita chaleureusement, lui disant son bonheur d'avoir entendu « la grande Kollontaï ». Puis, sans s'être concertés, ils sortirent ensemble du cimetière et marchèrent, errant sans but précis dans la ville. Après un long moment de déambulation « la grande Kollontaï » s'enquit de l'identité de ce jeune admirateur qui s'était simplement présenté comme « bolchevik ». Il dit s'appeler Alexandre Chliapnikov, un nom qui n'était pas inconnu à Alexandra sans qu'elle puisse fixer exactement ce qu'elle savait de lui. Elle apprit très vite que cet homme robuste, au beau visage orné d'une moustache, était issu d'une famille de vieux-croyants, ce qui lui avait valu dans son enfance d'être persécuté par les enfants de la ville provinciale où il était né. Son enfance avait été d'autant plus difficile que la mort prématurée de son père avait condamné la famille à la pauvreté. Cette rencontre sous le signe des Lafargue marquera le début d'une belle et longue histoire d'amour. Maslov congédié, Alexandra était libre, mais elle ressentait durement sa solitude sans jamais se l'avouer, et l'empressement de ce jeune homme va l'émouvoir. Certes, il était bolchevique et elle menchevik. Il était aussi, elle le découvrira très vite, nettement plus jeune qu'elle. Il avait vingt-six ans alors qu'elle en avait trente-neuf. Treize ans d'écart, mais elle était belle et il l'assura que seul comptait le sentiment irrépressible qui l'avait poussé vers elle aussitôt qu'il l'avait vue au Père-Lachaise.

Pour Alexandra, ces deux morts la bouleversaient tant qu'elles l'incitaient à rompre avec sa vie française. Elle voulut retourner à Berlin. Va pour Berlin, déclara Chliapnikov, qui entendait la suivre partout où son bon plaisir la conduirait. Le projet berlinois fut retardé par l'arrivée inopinée de Vladimir Kollontaï, quitté depuis près de dix ans, mais auquel elle était encore mariée*. Il venait la voir pour en finir avec leur

* Dans l'Empire russe, le divorce n'était pas une simple démarche judiciaire, il impliquait les autorités religieuses et de longues démarches, ce qui explique le temps écoulé entre la séparation des Kollontaï et leur divorce.

situation conjugale et s'entendre aussi sur l'éducation de leur fils. Il demanda à Alexandra d'accepter le divorce, ce qui impliquait qu'elle prenne les torts à sa charge puisqu'elle l'avait quitté. Le Saint-Synode exigeait cet aveu pour reconnaître la fin de leur union. Vladimir avait refait sa vie depuis longtemps, mais il souhaitait offrir un statut respectable à celle qui partageait son existence. Il voulait aussi accueillir dans un foyer légal Micha, qui s'entendait déjà très bien avec sa quasi-belle-mère et avait besoin, pour achever ses études, d'une famille stabilisée. Alexandra s'inclina devant ces demandes, même si la rupture définitive avec Kollontaï lui était une invitation à la mélancolie. Une nouvelle page se tournait après celle du Bonhomme et de Maslov... Heureusement, Chliapnikov était là, brûlant de l'accompagner partout où il lui plairait d'aller. Ce serait Berlin, elle l'avait décidé et y partit sitôt sa situation conjugale réglée.

Son retour à Berlin ne fut pas aussi plaisant qu'elle l'avait imaginé. Dans son livre consacré à l'Europe ouvrière, elle avait brossé un tableau critique de la social-démocratie allemande, l'accusant d'être encline au compromis. Les sociaux-démocrates allemands en furent offusqués et manifestèrent plus qu'un mécontentement, une hostilité à l'égard de « cette Russe » qui, dirent-ils, avait trahi leur hospitalité : « Nous avons réchauffé une vipère dans notre sein. » Le premier à manifester ce sentiment fut Kautsky, dont elle reçut une lettre lui signalant une quasi-rupture de leurs relations. Alexandra Kollontaï fut blessée par ce désaveu, surtout venant d'un socialiste aussi éminent que Kautsky. Certes, Liebknecht, l'ami fidèle, éleva la voix pour la défendre et dire que ses critiques étaient fondées, utiles à la social-démocratie. Mais Alexandra eut du mal à supporter l'hostilité qu'elle rencontrait. Elle accueillit donc avec bonheur une invitation des syndicats anglais la priant de venir assister à leur congrès qui se tenait à Cardiff. Elle y vint en qualité de déléguée des ouvrières du textile russe, ce qui était son passeport habituel pour ce genre de manifestation. De là, elle se rendit à Londres pour y travailler au British Museum dont elle appréciait le confort et les riches collections. Londres était alors, comme Paris, un centre d'accueil pour des Russes en difficulté dans leur pays. Elle y retrouva Tchitcherine qui, comme à Paris, levait des fonds pour aider ses compatriotes. Mais elle y vit aussi Ivan Maïski, futur ambassadeur soviétique en Angleterre, qui deviendra son ami, et Litvinov, très proche de Lénine, qui vivait à Londres sous le nom de Harrison et y animait un club social-démocrate en même temps qu'il remplissait de nombreuses missions pour le chef bolchevique. Alexandra Kollontaï prit part aux activités de ce groupe d'exilés russes, ce qui la rapprochait toujours plus des bolcheviks.

En 1912, la IIe Internationale tint congrès à Bâle. Alexandra s'y précipita, toujours comme représentante des ouvrières du textile. Elle s'agrégea à l'imposante délégation russe où manquaient cependant les chefs de file du mouvement, Plekhanov et Lénine. Mais elle y retrouva Clara Zetkin et d'autres amis proches, et elle prit la parole après un discours véhément de Jaurès s'élevant contre la perspective d'une guerre, que l'agitation régnant dans les Balkans faisait craindre. La fougue du grand Jaurès qui enflamma l'auditoire ne put cependant nuire à l'impression provoquée ensuite par l'intervention passionnée d'Alexandra Kollontaï, aussitôt baptisée « Jaurès en jupon ». Elle erra ensuite durant des mois, en Suisse, revenant à Londres, allant en Belgique, partout discourant et toujours saluée et recherchée pour la puissance mobilisatrice de ses interventions. Quand elle revint à Berlin, à la fin de l'automne 1913, elle fut heureusement surprise par le constat que les sentiments des sociaux-démocrates à son égard avaient évolué. L'hostilité provoquée par ses écrits avait laissé place à la compréhension. Clara Zetkin, la première, lui dit que ses compatriotes avaient enfin compris la pertinence de sa critique à leur égard. Ce changement d'humeur est aisé à comprendre. En 1913, l'Europe entière bruit des rumeurs de la guerre à venir et les sociaux-démocrates allemands doivent reconnaître que l'heure des accommodements est passée.

Pour Alexandra Kollontaï, cette période fut aussi marquée par une activité intense auprès des femmes. Clara Zetkin l'a invitée à participer à l'organisation du Congrès des Femmes, qui doit se réunir lors de la prochaine grand-messe de l'Internationale prévue à Vienne, et elle est cooptée au Secrétariat des Femmes de l'Internationale. Elle y retrouve Inessa Armand, déléguée des bolcheviks. Une fois encore, Alexandra Kollontaï et Inessa Armand doivent travailler ensemble, mais c'est Inessa qui représente Lénine et les bolcheviks.

En 1913, Lénine surveille de loin les activités féminines. Il s'est réfugié alors à Cracovie avec Kroupskaïa. Il doit constater que les femmes ressentent la nécessité de disposer d'un organe propre pour s'exprimer. La

Pravda a été submergée de courriers féminins insistant sur l'urgence de traiter leurs problèmes. Et Kroupskaïa soutient cette demande. La création d'un organe qui leur est dédié, *Rabotnitsa* (*L'Ouvrière*), sera décidée à l'automne 1913. Si Inessa Armand figurait parmi les responsables de l'équipe fondatrice, Kollontaï, encore classée menchevik, n'y trouva pas place. Les mencheviks de leur côté avaient lancé un autre journal, *Golos rabotnitsy* (*La Voix de l'ouvrière*), qui, après deux numéros, fut interdit. Kollontaï n'avait pas eu le temps d'y participer, alors que *Rabotnitsa* réussit à survivre durant sept semaines. Kollontaï se trouva encore en compétition avec Inessa lors de la préparation du congrès féminin dont l'Internationale prévoyait la tenue à l'été 1914. Elle devait y être présente, mais Lénine avait donné pour instructions à Inessa : « En ce qui concerne la communication de Kollontaï, laissez-la venir, mais pas au nom de la Russie. Et vous devez parler avant elle. » La guerre éclatant, ce congrès n'aura jamais lieu et la confrontation entre les deux femmes sera ainsi évitée. Tout cela témoigne qu'en ce début de l'année 1914 Lénine voit encore Kollontaï comme une menchevik et qu'il persiste à utiliser Inessa contre elle.

Puis vint l'été. Micha est venu rejoindre sa mère pour passer les vacances avec elle. Ils séjournent dans le Tyrol avant de rentrer à Berlin. Une nouvelle vie attend Alexandra, du moins le pense-t-elle. Elle n'imagine pas la réalité qui l'attend, la guerre et la fin d'un monde.

CHAPITRE IV

Avec Lénine : contre la guerre

La menace de la guerre hantait tous les esprits au début des années 1910. À la conférence de Bâle, en 1912, Alexandra Kollontaï, joignant sa voix à celle de Jaurès, avait vigoureusement combattu la perspective de la guerre. Mais de jour en jour, la menace se précisait. Alexandra vécut encore un moment heureux à l'été 1914. Micha était venu la rejoindre et ils partirent tous deux se reposer à Kohlgrub, en Bavière. C'est là qu'elle apprit à la lecture du journal l'assassinat de l'archiduc François-Ferdinand. Cette nouvelle crise, succédant à tant de secousses, au Maroc, dans les Balkans, pouvait-elle encore être réglée par des négociations ? Alexandra voulait y croire, mais son journal en date du 26 juillet révèle son angoisse : « Chacun veut convaincre l'autre que la guerre est impossible. Mais au fond de son cœur, chacun est terrifié et figé dans l'attente. »

Et la terrible nouvelle tomba : l'Autriche avait déclaré la guerre à la Serbie. Kollontaï décida de revenir à Berlin où elle arriva pour découvrir que l'Allemagne venait à son tour de déclarer la guerre à la Russie. La ville était bouleversée, partout on ne voyait que des préparatifs militaires, soldats en uniforme courant vers les gares, habitants s'affairant à effectuer des achats, à obscurcir les fenêtres pour les protéger. Et Micha, qui paraissait être en âge de porter les armes, fut pour Alexandra objet d'inquiétude. Dans l'Allemagne devenue l'ennemie, il était pour l'heure un jeune Russe, un ennemi donc, comment le protéger ? Deux jours après son arrivée dans la capitale allemande, Kollontaï est convoquée avec lui par la police qui, dans le même temps, perquisitionne leur appartement. Mais ayant découvert lors de leur fouille les mandats la désignant comme déléguée des ouvrières russes au congrès imminent de l'Internationale, les policiers relâchent Alexandra avec de grands égards. Certes, elle était russe, mais c'était une révolutionnaire, les mandats en témoignaient, donc hostile à la guerre et à son gouvernement, c'était une aubaine pour l'Allemagne. Restait à régler le sort de Micha, qui sera libéré dès le 4 août.

Les bonnes dispositions de la police ne réglaient pas tout. Alexandra fut confrontée à la montée des sentiments nationalistes, même au sein de la social-démocratie allemande, qui vota sans hésiter les crédits de guerre. Rosa Luxemburg, Liebknecht, Clara Zetkin, Frantz Mehring avaient désespérément cherché à mobiliser une opposition pacifiste et appelé les Allemands à manifester contre la guerre. En vain. Les grandes voix socialistes capables de plaider pour la paix étaient de jour en jour moins nombreuses. Jaurès assassiné, Vandervelde et Jules Guesde passés au camp belliciste, seuls restaient les bolcheviks à refuser de voter les crédits de guerre.

Le 25 juillet, Lénine écrivait à Inessa Armand :

> Ma chère, très chère amie,
> Tous mes vœux pour la révolution qui commence en Russie.

Le sens de ce message ne fait pas de doute, il résume en peu de mots toute la position de Lénine. La guerre est là, la défaite russe s'impose, qui doit ouvrir la voie à la révolution. Lénine enverra à Kamenev, qui est rentré en Russie pour diriger la *Pravda*, des instructions précises pour le journal et pour les bolcheviks de la Douma. Ils doivent s'opposer à la guerre, clamer leur volonté de voir la Russie défaite, car de cette défaite sortiront la guerre civile et la victoire de la classe ouvrière. Ces instructions ne peuvent convaincre les socialistes russes qui se divisent. Pour les mencheviks, la position de Lénine est inacceptable, ils entendent soutenir l'effort de guerre. Seule une minorité de socialistes suivra Martov et Axelrod, favorables aux thèses internationalistes. Lénine lui-même doit s'adapter aux circonstances. Les autorités austro-hongroises exigent qu'il quitte Cracovie. Il trouve refuge en Suisse, à Berne d'abord, puis à Zurich.

À Berlin, les exilés russes, fussent-ils favorables à Lénine, ne sont plus les bienvenus, ils sont considérés avant tout comme des citoyens russes, donc des ennemis. Dès le début de septembre, ils sont invités à quitter l'Allemagne. Alexandra et Micha partent alors pour le Danemark, d'où Micha pourra regagner la Russie pour y reprendre ses études, car il n'a pas encore atteint l'âge d'entrer dans l'armée.

Quant à Alexandra, si elle reste encore un moment à Copenhague, elle sera vite découragée par l'extrême prudence des Danois. La police la surveille étroitement, toute littérature « subversive » est interdite et les Danois sont plutôt enclins à prôner la défense de la patrie. Elle décida donc de se rendre en Suède, où elle retrouva Chliapnikov et les sociaux-démocrates suédois, toujours fermes dans leur opposition à la guerre. Mais avec des nuances. Pour les responsables socialistes suédois, l'essentiel est la neutralité de leur pays, et ils cherchent à en convaincre leurs homologues radicaux des autres pays. Alexandra Kollontaï, au contraire, défend un pacifisme intégral, ce qui la met en délicatesse avec la position modérée des Suédois, mais aussi avec le radicalisme de Lénine. Elle attend de lui qu'il se rallie aux adversaires de la guerre, aux pacifistes alors qu'il ne cherche pas à défendre la paix, mais à favoriser les conditions qui donneront aux prolétaires la possibilité de retourner leurs armes contre leurs gouvernants. Lénine déplore le pacifisme de Kollontaï, il s'en plaint à Chliapnikov, qui assure la liaison entre eux. Si elle est en désaccord avec Lénine, qui veut faire de la guerre civile son objectif premier, Kollontaï est encore plus éloignée des mencheviks, ses anciens amis, qui ont pour priorité la défense de leur patrie. On comprend donc que Lénine, ayant constaté le désaccord de Kollontaï avec les mencheviks, va dès lors lui manifester un intérêt certain, dont il fait la confidence à Chliapnikov.

Kollontaï est consciente de la difficulté de sa position entre bolcheviks et mencheviks. Pour autant, elle refuse l'inaction et multiplie les interventions partout où on lui en fait la demande. Elle le fait par écrit dans l'organe des SD de gauche ou dans de très nombreuses réunions. Sa chambre d'hôtel prend souvent un air de salle de meeting tant elle y rassemble de Suédois et de Russes qui débattent sans fin des moyens de trouver une issue à la guerre. Cette agitation constatée par une police vigilante ne convient pas au gouvernement suédois qui décide, pour en finir, d'appréhender cette pasionaria si populaire chez les sociaux-démocrates de Stockholm. Après l'avoir menacée de prison, la police veut l'expulser en Finlande. « Pourquoi ne pas me remettre directement à la police tsariste ? » demande-t-elle aux autorités suédoises, qui l'expulsent séance tenante vers le Danemark.

On est en décembre 1914. Arrivée à Copenhague, Alexandra Kollontaï n'y trouva pas meilleur accueil, car elle n'avait jamais eu de bons rapports avec les socialistes danois, et la police danoise la surveillait de longue date. Après un mois passé à chercher une solution plus propice à ses activités, Alexandra Kollontaï accueillit avec bonheur une invitation à se rendre en Norvège. Elle aimait tout de ce pays. La gauche norvégienne était résolument opposée à la guerre et le manifestait sans précautions. Beaucoup de Russes y avaient trouvé refuge, et la police norvégienne prêta moins d'attention à cette turbulente exilée que ses homologues suédoise ou danoise. Kollontaï va adopter la Norvège, où elle se sentira toujours à l'aise, toujours fascinée par la splendeur des paysages et comblée par l'accueil chaleureux des autorités et des habitants. La Norvège lui sera durablement une seconde patrie. Alexandra pourra s'y consacrer sans crainte à l'action politique et écrire tout son content. C'est ainsi qu'à peine installée elle entra en rapport avec la femme du chef des socialistes de gauche norvégiens, Nissen, et prépara avec elle la Journée des femmes qui devait avoir lieu le 8 mars 1915. Mais Kollontaï entendait organiser cette journée à sa manière, en faire une démonstration pacifiste et même une arme de paix. Au lieu que le 8 mars soit consacré à traiter des questions sociales et des droits des femmes, ce devrait être une journée de manifestations qui, dans tout le pays, mobiliserait les femmes contre la guerre, faisant d'elles des avocates de l'idée de paix. Puis Kollontaï apprit que Lénine projetait d'organiser un événement semblable en Suisse, qui devait rassembler des délégations féminines venues de pays neutres ou belligérants. Elle décida aussitôt de réunir les deux projets, mais elle se heurta à des difficultés matérielles difficiles à résoudre, avant tout au manque de temps pour organiser des manifestations communes et à la difficulté d'obtenir des visas pour la Suisse. En définitive, elle dut y renoncer et observer de loin le 8 mars bernois. Elle confia ses frustrations à Kroupskaïa. Si elle avait souhaité, lui dit-elle, participer au 8 mars de Lénine, c'est qu'elle savait combien les socialistes auraient de mal à imposer leur ligne. Pour la plupart des femmes qui allaient se réunir à Berne, le combat à mener devait se concentrer sur la revendication pacifiste. Mais une minorité de femmes conduites par Kroupskaïa et Lilina Zinovieva, la femme de Zinoviev, alors très proche de Lénine, voulait inscrire au programme de la manifestation le slogan de transformation de la guerre en guerre révolutionnaire et la rénovation de la social-démocratie devenue trop modérée. Ce que cette minorité proposait était en fait la fondation d'une nouvelle Internationale. Si Kollontaï était réticente à soutenir le slogan de guerre révolutionnaire, l'idée d'une Internationale rénovée correspondait à ses vues et favorisa son rapprochement avec Lénine. Elle avait publié en avril 1915 dans *Nache Slovo* une série d'articles sur la social-démocratie allemande et la guerre – elle y dénonçait l'abandon de l'internationalisme par la social-démocratie allemande en août 1914. Comme le SPD était toujours considéré comme modèle et chef de file du socialisme européen, la critique développée par Kollontaï plaçait Lénine en avant du mouvement socialiste, lui donnant le statut de seul vrai défenseur de l'idéal internationaliste. Lénine approuva ces articles et Kroupskaïa en informa Kollontaï. Son approbation s'accompagna d'une invitation à collaborer avec *Kommunist*, organe tout juste créé par Lénine. Kollontaï y apporta un long article intitulé « Pourquoi le prolétariat allemand s'est-il tu en juillet ? ». La réponse allait de soi : parce que le parti allemand et les syndicats encourageaient le prolétariat à collaborer avec la bourgeoisie, au lieu de l'appeler à défendre sa seule cause. Dès l'été 1915, Kollontaï a choisi de se rallier à Lénine, comme en témoigne l'article intitulé « Qui a besoin de la guerre ? ». Dans ce texte, elle avançait l'idée que les socialistes utiliseraient la guerre pour déclencher des guerres civiles, mais en même temps elle restait fidèle à une ligne pacifiste. De même, elle garda ses distances à l'égard de l'analyse de l'impérialisme développée par Lénine, qui prônait une alliance temporaire de la bourgeoisie avec le prolétariat et la paysannerie pour épuiser l'impérialisme, c'est-à-dire les pays dominants, et les expulser de leurs colonies. Nombre de bolcheviks, pourtant proches de Lénine, tels Boukharine et Piatakov, s'opposaient à cet appel à soutenir les volontés nationales d'autodétermination, affirmant comme Rosa Luxemburg que toute coopération avec la bourgeoisie allait à l'encontre des intérêts des opprimés. Kollontaï était d'accord avec eux.

Mais Lénine avait compris ce que lui apportait le soutien d'une personnalité aussi puissante, capable de défendre ses idées en plusieurs langues et de convaincre tous ses auditeurs ou lecteurs. Il préféra donc passer sur les réserves exprimées par Kollontaï et considérer qu'elle avait rejoint son camp. L'été 1915, qui les a rapprochés, est d'ailleurs un moment important pour les fidèles de Lénine, qui préparent alors la conférence socialiste de Zimmerwald, où Lénine, Trotski, Angelica Balabanova et le Suisse Grimm veulent rassembler tous ceux qui s'opposent à la guerre. Kollontaï et Chliapnikov, qui se sont retrouvés en Norvège, vont apporter à Lénine un concours précieux, car ils s'efforcent de persuader les sociaux-démocrates suédois et norvégiens d'aller à Zimmerwald et d'y soutenir le projet de rénovation de l'Internationale.

C'est pourtant durant ces mois si occupés par la rédaction d'articles, de rencontres avec les socialistes des pays nordiques où elle défend avec passion les thèses léninistes, que Kollontaï va s'engager aussi dans une œuvre ambitieuse qui sera *La Société et la maternité*. Elle y développe des idées qui lui sont chères depuis longtemps : les femmes doivent être libérées des charges de la maternité afin de pouvoir travailler au-dehors, car ce n'est qu'en participant activement à la vie sociale qu'elles peuvent s'épanouir. Si la mère donne la vie à l'enfant, si elle le nourrit, c'est la société, à qui elle offre un nouveau sujet, qui doit, au terme de quelques mois, prendre le relais. Ce livre sera interrompu à maintes reprises par les voyages d'Alexandra, qui l'achèvera pourtant avant que n'éclate la révolution dans son pays, et il y sera publié en 1916. On y trouve toutes les propositions qu'elle s'efforcera de mettre en œuvre lorsqu'elle accédera au pouvoir.

Mais en attendant ce moment qu'elle n'imagine même pas, alors qu'elle couche ses idées sur le papier dans son hôtel norvégien, Alexandra Kollontaï reçoit une proposition qui l'enthousiasme. La section allemande du Parti socialiste américain l'invite aux États-Unis pour une tournée de conférences. L'invitation tombe à pic. Ses moyens d'existence sont alors très réduits, ses conférences lui sont rarement payées, ses articles ne lui rapportent presque rien et elle n'a plus de ressources personnelles. Elle note dans son journal : « Je suis folle de joie, j'ai peine à y croire. » Elle informe aussitôt Lénine de cette perspective et lui dit qu'elle a l'intention de porter ses positions aux États-Unis, et en particulier de gagner le soutien des socialistes américains à l'idée d'une nouvelle Internationale. Lénine en est enchanté et lui demande de traduire en anglais *Le Socialisme et la guerre* et de trouver un moyen de l'éditer afin de lui fournir en Amérique les fonds dont il a besoin pour soutenir le projet qui sera défendu à Zimmerwald. Kollontaï s'engagea à faire tout ce que souhaitait Lénine. Mais pour partir, elle attendait avec impatience que ses futurs hôtes américains lui envoient l'argent du voyage, car elle était fort démunie. Elle dut aussi apaiser ses proches, inquiets à l'idée qu'elle traverse l'Atlantique, que l'on savait sous la menace des sous-marins allemands. Insensible aux angoisses de ses amis, Alexandra Kollontaï avait décidé de s'embarquer aussitôt qu'elle aurait reçu l'argent pour payer son billet.

Le 15 septembre, tout était réglé, Kollontaï embarqua pour l'Amérique. Son voyage devait durer un peu moins de deux semaines en raison d'un itinéraire imprévisible, dont les détours avaient pour finalité d'éviter aux navires les zones dangereuses. En réalité, il lui fallut trois semaines pour atteindre New York, où elle arriva le 8 octobre. Ce périple avait été long et peu confortable, car les socialistes américains n'avaient pu offrir à leur invitée qu'un billet de troisième classe, lui assurant une place dans une cabine qu'elle partageait avec trois autres passagers. Ces conditions n'étaient pas favorables à la poursuite de travaux intellectuels. En comparant ses conditions de voyage à celles, luxueuses, de la première classe, et à l'arrogance des nantis qui s'y trouvaient et consacraient leur temps à se distraire et à se nourrir somptueusement, Alexandra fut confortée dans la certitude que le monde décadent, incarné par cette première classe, était voué à disparaître et que, comme le répétait Lénine, la guerre devait accélérer sa destruction. Si le voyage avait été long et ennuyeux, le séjour américain, du moins sa première partie, qui dura plus de deux mois et demi, du débarquement à New York le 8 octobre jusqu'au retour dans cette ville le 22 décembre, et surtout la tournée de conférences organisée dans ce laps de temps, fut une véritable folie, un exploit que seule l'énergie incroyable d'Alexandra Kollontaï permit d'accomplir. Que l'on en juge : son itinéraire couvrait de grandes villes, New York, Milwaukee, Chicago, Saint-Louis, Denver, Salt Lake

City, San Francisco, Los Angeles, Seattle et retour par Minneapolis, Chicago, Indianapolis, Louisville, Cincinnati, New York. Entre chaque grande étape, les organisateurs avaient inséré des haltes dans des petites villes industrielles, des villes minières, parfois même dans de gros bourgs ruraux. Partout Kollontaï devait s'adresser à des publics nombreux, s'exprimer, compte tenu du public, dans des langues différentes, en anglais, russe, allemand et français. Parfois, elle devait parler à plusieurs reprises dans la même journée. À l'issue de cette tournée, elle passa douze jours à New York où elle put enfin nouer des contacts plus paisibles avec les socialistes américains et avec des réfugiés russes. Après New York et durant les deux mois qui suivirent, elle se partagea entre Boston et Philadelphie. La tournée américaine prend fin le 21 février 1916, c'est-à-dire qu'elle aura duré plus de quatre mois. Durant ce temps, Alexandra aura été l'oratrice principale et en général la seule des cent vingt-trois meetings inscrits à son programme. Elle y fut toujours aussi alerte, souvent emportée, passant allègrement d'une langue à l'autre. Toute autre qu'elle eût succombé à pareil régime. À cela il faut ajouter que les conditions de déplacement et d'hébergement qui lui étaient offertes aux États-Unis étaient presque toujours spartiates, que ses interlocuteurs étaient fort exigeants, lui demandant toujours plus de temps et d'efforts. Partout, elle défendait les thèses de Lénine, telles qu'elles figurent dans *Le Socialisme et la guerre*, c'est-à-dire qu'elle défendait en même temps l'appel à la guerre révolutionnaire et le projet de Zimmerwald, invitant les socialistes à rompre avec l'esprit réformiste de la IIe Internationale, à soutenir une IIIe Internationale, c'est-à-dire à engager sur-le-champ la lutte révolutionnaire, et à refuser tout compromis avec ceux qui refusent ce programme. Elle distribuait à ses auditeurs son pamphlet *Qui veut la guerre ?*. La première partie était consacrée à dépeindre le héros rentrant de la guerre brisé et confronté au constat qu'il n'avait plus d'avenir, ce qui conduisait à poser une question décisive : qui est coupable ? La réponse venait en deuxième partie, elle était simple : le coupable est le capitalisme ! Le prolétaire n'a jamais eu pour ennemi son semblable dans quelque pays que ce soit, mais il a un ennemi, « l'ennemi, c'est le capitalisme ». Ce pamphlet, très vif et bien argumenté, appel à la fraternisation de tous les prolétaires engagés les uns contre les autres sur les champs de bataille, avait été revu et corrigé par Lénine. Il était aussi distribué par milliers aux soldats dans les tranchées des deux camps.

Durant ce périple, Alexandra Kollontaï avait découvert les socialistes américains. Après avoir campé sur des positions plutôt gauchistes, ils avaient été séduits au début de la guerre par les discours pacifistes, puis ils se divisèrent, les uns étant disposés à soutenir l'Entente, d'autres la Triple-Alliance, et seule une minorité d'entre eux condamnait la guerre parce que inséparable du système capitaliste et applaudissait Lénine. Les mêmes clivages se retrouvaient entre les partisans de la ligne de Zimmerwald, qui étaient minoritaires, et les fidèles, combien plus nombreux, de la IIe Internationale, dont au demeurant ils ne connaissaient guère les objectifs ni l'histoire.

Kollontaï dut faire preuve d'une grande subtilité pour affronter des positions aussi diverses, ce qui compliquait ses relations avec le public venu l'écouter. Elle fut déçue par les Allemands, qui l'avaient invitée et organisé son périple, les trouvant timorés, conservateurs, « petits-bourgeois révisionnistes » comme elle l'écrit à son amie Zoia. Et leur manque d'intérêt pour une IIIe Internationale ne modifia pas ce jugement sévère. Elle ne trouva pas davantage de mérites à ses compatriotes, qui l'avaient accueillie chaleureusement comme une « *payse* » et à qui elle reprochera d'être plus attachés à la Russie qu'à la cause du prolétariat. Par un juste retour des choses, les auditoires russes, après l'avoir entendue et applaudie, la suspectèrent de nourrir des sentiments proallemands. En définitive, seuls les Américains, même divisés et mal informés, lui semblèrent ouverts à son discours et par là même dignes d'intérêt. Quelle qu'ait été sa réaction à un si éprouvant voyage – fatigue, déception devant trop de réticences, difficultés de communication souvent –, Kollontaï ne pouvait ignorer que le bilan en était remarquable. Partout, elle avait rassemblé des auditoires très nombreux, très attentifs, qui avaient été éblouis par l'oratrice, par sa force intérieure, sa passion, son habileté à dérouler ses arguments et à jongler avec les langues. Et ils ne lui avaient pas mesuré leur admiration.

Revenue en Europe, Alexandra put prendre part à la seconde « grand-messe » de Lénine, qui eut lieu en Suisse toujours, à Kiental, en avril 1916. Comme à Zimmerwald, les socialistes n'arrivèrent pas à s'accorder sur l'attitude à adopter face à la guerre et sur un calendrier ; mais le nombre de partisans de Lénine grandissait de manière fort notable. Pour un nombre croissant de socialistes européens, la perspective d'une révolution proche enlevait toute séduction à une démarche parlementaire. Le discours de Lénine avait été efficace à cet égard. Mais à peine rentrée d'Amérique, Alexandra s'éloigna de Lénine et de ses préoccupations, mais aussi de ses propres projets intellectuels, car l'Amérique l'appelait à nouveau. Et cette fois-ci, ce n'était plus pour y porter la bonne parole bolchevique, mais pour le bénéfice d'un seul fidèle : son fils bien-aimé, et combien délaissé, Micha.

Micha avait conçu le projet de travailler un temps en Amérique dans l'industrie automobile et trouvé sans grand mal l'emploi recherché dans une petite ville de l'État de New York, Patterson. Alexandra s'y installa avec lui, heureuse de cette cohabitation qu'ils avaient tant souhaitée et qui dura deux mois. Deux mois heureux pour le cœur maternel d'Alexandra retrouvant ainsi le fils qui lui avait tant manqué et depuis si longtemps. Mais ces mois de bonheur furent aussi deux mois d'ennui, car Patterson n'offrait aucune perspective d'activité intellectuelle ni de relations intéressantes avec les habitants. C'était une petite ville typique de la province américaine, où l'activité industrielle mobilisait les esprits et les énergies au détriment de tout autre centre d'intérêt. Alexandra s'y trouva isolée, réduite à attendre les moments où elle retrouvait son fils, qui était fatigué par une longue journée de travail et par là même peu enclin à chercher des distractions ou à en proposer à sa mère. Certes, elle lisait beaucoup, écrivait quelques articles, mais elle manqua cruellement durant ce séjour d'un environnement intellectuel et de contacts humains. Rarement elle aura vécu dans une telle solitude et un tel ennui.

Elle souffrait surtout d'un autre manque, très personnel – l'amour. Chliapnikov était aussi venu en Amérique, tout à la fois pour la suivre et pour récolter des fonds pour le Parti. Pour Lénine, qui était, on l'a dit, très conservateur sur ce chapitre, Chliapnikov était plus ou moins le mari de Kollontaï et le garant de sa conversion au bolchevisme. Mais les rapports de Kollontaï et Chliapnikov étaient bien plus compliqués que ne l'imaginait Lénine, et leurs vies en Amérique en témoignaient. Alexandra, reléguée à Patterson, ne voyait guère Chliapnikov, qui circulait dans tout le pays, ce qui ne suffisait pas à la satisfaire, ni à renforcer leurs liens. Comme toujours, Alexandra avait besoin d'agir pour retrouver sa tranquillité d'esprit. C'est pourquoi après deux mois passés à se languir à Patterson, elle se précipita à New York pour y participer à diverses manifestations et retrouver des bolcheviks, dont Boukharine, avec qui elle s'entendait toujours sur les sujets fondamentaux. Ils tinrent des meetings ensemble afin de promouvoir le programme de Zimmerwald et plus encore, alors que les États-Unis s'apprêtaient à entrer en guerre, pour convaincre les Américains de préserver la paix. Alexandra rédigea un violent pamphlet contre la guerre qui fut diffusé par le Parti socialiste américain et les groupes d'émigrés qui militaient en son sein. Mais dans le même temps elle s'inquiétait de la situation en Russie, pressentant les turbulences à venir. Chliapnikov y était déjà revenu, la Journée des femmes était en train de s'organiser. Alexandra décida qu'il lui fallait rentrer. Comme à l'aller, le voyage fut long et difficile, elle arriva en Norvège le 28 février.

Alexandra était enfin rentrée en Europe, à proximité de la Russie, mais tout parut alors se compliquer.

Les nouvelles qu'elle recevait de Russie étaient extraordinaires, inquiétantes et exaltantes. La Journée des femmes allait avoir lieu dans un contexte d'agitation dont l'issue était difficile à prévoir. Que faire ? Rester en Norvège ? Partir pour Petrograd, où s'annonçaient des événements cruciaux ? Rester en Norvège était une solution sage car Alexandra se devait d'être prudente. Elle avait fui la Russie huit ans plus tôt pour échapper à la police, et, au cours de ces huit années, sa réputation politique ne s'était pas améliorée aux yeux des autorités de son pays natal. Son rapprochement avec Lénine, ses publications incendiaires contre la guerre, tout contribuait à la désigner comme une menace pour la monarchie et pour son effort de guerre. La prudence lui commandait donc de rester en Norvège. De plus, c'était aussi la volonté de Lénine. Alexandra Kollontaï lui était une précieuse collaboratrice dans le monde nordique, où elle était connue et appréciée, elle y assurait la liaison avec les socialistes qu'elle s'efforçait de rallier à Lénine, alors qu'ils étaient plutôt enclins à camper sur une position de neutralité.

Mais comment rester loin de Petrograd ? Dès le début de mars 1917, les nouvelles qui en arrivaient décrivaient une situation inimaginable quelques jours plus tôt, un paysage révolutionnaire qui se précisait d'heure en heure.

Au vrai, il n'y avait dans cette évolution politique rien d'inattendu. La situation militaire de la Russie n'avait cessé de se dégrader, les troupes allemandes occupaient de larges parties du territoire russe, ce qui avait entraîné une migration des populations civiles de ces territoires vers l'intérieur du pays. Petrograd était submergé par des réfugiés en quête d'un abri et de nourriture, et l'approvisionnement de la capitale, déjà très difficile, en avait été plus encore perturbé. La désorganisation qui grandissait n'avait rencontré qu'indifférence au sommet du pouvoir. Il faut se souvenir qu'à cette époque l'empereur s'était installé au Quartier général, abandonnant les rênes du pouvoir à un gouvernement faible et de fait à l'impératrice, qui écartait de son esprit toute information inquiétante et s'employait toujours à rassurer l'empereur lorsqu'il la questionnait.

Pour comprendre la révolution russe, il faut remonter le cours des événements et partir du 21 février. Ce jour-là, la capitale avait été agitée, dès l'aube, de rumeurs inquiétantes liées avant tout à la question du ravitaillement, ce qui n'était pas étonnant. Les produits alimentaires étaient devenus rares, difficiles à se procurer, et leurs prix n'avaient cessé de grimper. Le pain, surtout, risquait de manquer car s'il y avait encore assez de farine pour en faire, il n'y avait plus de bois pour le faire cuire, et les boulangers, craignant d'affronter une foule de plus en plus nerveuse et menaçante – les queues devant les boulangeries étaient impressionnantes –, étaient tentés de fermer boutique. Le bruit courut que l'on allait rationner le pain, que des cartes à cet effet étaient déjà imprimées, or le pain était plus ou moins la seule nourriture encore disponible. La rumeur produisit son effet. Dès le matin du 21 février, une foule composée surtout de femmes désespérant de pouvoir nourrir leurs enfants, mais aussi d'ouvriers qui quittaient leur travail pour se joindre à elles, exigeaient à grands cris l'ouverture des boulangeries. Sans cesse de nouveaux arrivants venaient grossir les queues, tentaient d'y gagner des places, ajoutaient au désordre d'une foule nombreuse et toujours plus excitée.

Le souverain, après être revenu passer quelques jours dans la capitale, était reparti pour le Quartier général, laissant pour instructions – et exceptionnellement l'impératrice le lui avait conseillé – de ne pas réprimer les mouvements de foule, de surveiller le peuple, mais de n'user en aucun cas de la force contre lui. Nicolas II croyait fermement, on l'en avait assuré, qu'après une ou deux journées de manifestations la bienveillance du pouvoir apaiserait les masses, et surtout que les ouvriers retourneraient dans les usines. Cet espoir raisonnable prenait aussi en compte les conditions climatiques. L'hiver 1917 avait été jusqu'alors exceptionnellement rude, et il fallait beaucoup de courage pour manifester, stationner dans des rues où la température était descendue bien au-dessous de zéro. Or, aux alentours du 20 février, la nature joua un mauvais tour au pouvoir. Par un de ces caprices dont elle est coutumière, le froid céda soudain la place à un léger redoux, et la température s'éleva à quatre, cinq, voire huit degrés au lieu de moins dix. Ce réchauffement notable rendit les sorties et les manifestations beaucoup plus aisées. Cela explique aussi que le 23 février (8 mars), Journée des femmes, les rues de Petrograd grouillaient d'une foule augmentée des ouvriers de la métallurgie et du textile venus se joindre aux femmes, que des défilés considérables parcouraient les rues, mêlant les revendications les plus diverses – réclamant du pain, mais aussi l'égalité des sexes (Journée des femmes oblige), hurlant des slogans pacifistes, voire hostiles à la monarchie.

Au lendemain de cette journée, la douceur persistant, les manifestants, loin de se calmer, reprirent le contrôle de la rue, renforcés par des étudiants, voire des adolescents. Aux slogans va s'ajouter *La Marseillaise*, signal incontestable d'une radicalisation des manifestants. Le 25, la situation était devenue incontrôlable. Petrograd était paralysé par une grève générale, ce qui favorisa l'arrivée de nouveaux contingents de manifestants. Pourtant, le gouverneur de la capitale avait au matin de ce jour interdit la manifestation. Nul ne s'en soucie. Les meetings improvisés fleurissent partout. L'armée fait enfin son apparition. Au soir, constatant l'indifférence de la foule aux ordres de dispersion, les autorités donnent l'ordre de tirer. Les premiers coups de feu retentissent sur la perspective Nevski, les victimes sont nombreuses, la neige est rouge de sang. Rien ne suffit à ramener le calme. Le 26 commence par le face-à-face des manifestants et de l'armée. Et c'est l'inattendu. Au lieu de combattre, un premier régiment jette les armes et fraternise avec la foule ; c'est le début de la débandade militaire. Les régiments chargés de rétablir l'ordre passent les uns après les autres du côté du peuple. Des manifestants s'emparent des armes abandonnées par les soldats et s'en vont dans les prisons libérer les détenus et avec eux attaquer les édifices publics. Dans les prisons, aux côtés des détenus de droit commun, se trouvaient aussi des politiques qui vont aider les ouvriers à s'organiser. La capitale sombre dans l'anarchie.

Nicolas II, informé du désastre, décide de rentrer dans la capitale et décrète la dissolution de la Douma. Mais il est trop tard, nul ne l'écoute. Le chef du gouvernement démissionnaire lui a demandé de prendre du recul, de s'effacer derrière une régence provisoire qu'assumerait son frère le grand-duc Michel, ou son oncle le grand-duc Nicolas. L'empereur refuse cette solution, il est convaincu qu'il peut rétablir la situation et restaurer son autorité. Mais il ignore qu'il n'a plus de soutien et plus de légitimité reconnue. Il va être arrêté en route, empêché de regagner la capitale où s'organise déjà un ou de nouveaux pouvoirs. La Douma ignore l'ordre de dissolution et constitue un Comité provisoire, qui revendique la légitimité. Mais en même temps, des comités ouvriers, auxquels se sont joints des prisonniers politiques tout juste libérés, forment des soviets qui vont s'installer au palais de Tauride, où siège déjà le Comité de la Douma. Ainsi le 28 février deux pouvoirs, issus de la révolution, se font face, le Comité de la Douma et les soviets encore inorganisés. Les chefs bolcheviques sont pour la plupart en exil, mais un comité clandestin s'est formé depuis plusieurs mois à Petrograd, dirigé par Chliapnikov, Molotov et Zaloutski. Ni le comité, ni ses chefs n'ont encore de visibilité, ni d'autorité, mais lorsque Alexandra Kollontaï, de retour des États-Unis, découvre la révolution, il n'est pas indifférent qu'elle retrouve Chliapnikov à la tête du petit groupe bolchevique.

Voilà donc le tableau qui se présente à elle à son retour en Europe : une révolution en cours, le monarque rejeté, Chliapnikov porte-parole des bolcheviks. Comment s'étonner d'apprendre que son premier mouvement, spontané, immédiat, fut d'aller rejoindre la révolution qui mettait fin à la monarchie abhorrée, mais aussi, et c'est pour elle une hantise, qui doit mettre fin à la guerre ?

En dépit de son impatience, elle dut, quelques jours encore, se plier à la demande de Lénine et rester en Norvège. Il la chargea de s'assurer que la position bolchevique, la sienne donc, était comprise par les socialistes des pays du Nord. L'exigence première de Lénine, celle qu'il impose à tous ceux qu'il pense proches de lui ou sensibles à ses thèses, est qu'ils ne coopèrent pas avec le gouvernement qui s'esquisse en Russie, gouvernement issu de la Douma, car pour lui il ne peut y avoir d'étape bourgeoise dans la révolution. La révolution est là, elle doit se poursuivre, élargir son autorité à l'intérieur du pays et s'étendre au reste du monde. Il attend de Kollontaï qu'elle défende ces idées en Norvège et qu'elle transmette cette tâche à quelque fidèle qui saura y représenter les positions bolcheviques, donc assurer la relève. Enfin, et ce n'est pas une mission négligeable, même si elle relève du secret, Kollontaï doit contribuer à l'organisation du retour de Lénine en Russie. Elle ne pouvait lui être utile en Suède, pays neutre qui lui en refusera l'autorisation. Mais dès lors que la révolution a éclaté, toutes les solutions doivent être agitées et tous les trajets imaginés. C'est en Norvège qu'Alexandra Kollontaï pouvait agir. Elle rencontre à Christiania un homme qui jouera un rôle considérable dans le retour de Lénine en Russie, et plus encore dans l'attribution au chef bolchevique de moyens financiers qui lui manquaient cruellement. Cet homme est Parvus (Alexandre Lvovitch Helphand), personnage très mystérieux et influent dans la social-démocratie russe et allemande. C'est lui qui négocia avec l'Empire allemand l'aide financière apportée aux bolcheviks et les conditions du retour de Lénine. Kollontaï rencontra Parvus accompagné de Hanetski, autre personnalité non moins mystérieuse, qui accomplissait de nombreuses missions pour Lénine au sein du bureau étranger du Comité central. Arkadi Vaksberg, auteur d'une biographie d'Alexandra Kollontaï, a émis l'hypothèse que, lors de cette rencontre, profitant du retour d'Alexandra en Russie, Parvus lui remit des fonds allemands importants à l'intention des bolcheviks. Elle avait servi de courrier à Lénine en diverses occasions, ce qui donne un certain crédit aux propos de Vaksberg. Kollontaï aurait pu aussi porter à Lénine de « l'argent allemand », ce trésor de guerre qui contribua considérablement à la désorganisation de la Russie et aida les bolcheviks à s'emparer du pouvoir.

Le 17 mars, Alexandra Kollontaï quitta enfin la Norvège. Elle portait avec elle – de cela on est sûr – les *Lettres de loin* de Lénine, ses instructions politiques pour le Parti dont il l'avait chargée, et qu'elle dissimula soigneusement dans ses vêtements. Malgré l'interdit, elle put traverser la Suède en train, passer par la Finlande, où elle fut chaleureusement saluée par des ouvriers qui criaient « À bas le tsar » et chantaient *La Marseillaise*. Enfin arrivée en Russie à la gare de Finlande, elle était attendue par son amie Tatiana Chtchepkina et son mari, l'avocat Nikolaï Polynov. Et elle allait y retrouver Chliapnikov, désormais membre du Comité exécutif du Soviet de Petrograd. L'accueil que va recevoir Kollontaï sera à la hauteur de ce qui était dû à une bolchevik fidèle, proche de Lénine et qui l'avait loyalement servi depuis plusieurs années.

CHAPITRE V

La révolution, enfin !

Après huit années d'exil, Alexandra Kollontaï était enfin revenue dans son pays. Dans son pays ? Certes non. Elle était en Russie, mais ce n'était plus la Russie qu'elle avait fuie huit années plus tôt. Elle avait quitté un pays où régnait l'ordre monarchique, comme dans toute l'Europe. Elle rentrait dans un pays où le monarque était sur le point d'abdiquer et où, faute d'héritier accepté, la monarchie allait disparaître sans même que la décision en ait été prise. Elle avait quitté un puissant empire. Cette puissance s'était effondrée sous les coups des armées ennemies et de l'ennemi intérieur. Et l'avenir de ce pays, nul, sauf Lénine, encore reclus en Suisse, ne l'imagine réellement. Lénine, lui, sait ce qu'il veut et ce qu'il attend. La défaite militaire, le soulèvement intérieur et la table rase politique qui en résultera vont lui permettre de prendre le pouvoir et de fonder le système dans lequel « la cuisinière gouvernera » et où la « nécessité n'existe plus ».

Le lendemain de son arrivée, Alexandra Kollontaï alla porter à la *Pravda* – Lénine l'avait explicitement chargée de cette mission – les *Lettres de loin*, où il exposait sa vision de l'avenir et les moyens pour y atteindre. À la *Pravda*, la première personne que rencontra Kollontaï fut Staline, c'est donc à lui qu'elle remit les précieux textes. La suite montrera combien cette rencontre due au hasard aura des conséquences importantes pour elle. Chliapnikov va d'emblée lui éclairer les arcanes d'un parti divisé, lui faire comprendre les inquiétudes de Lénine et combien elles sont justifiées. La majorité du Parti – Staline et Kamenev, qui dirigent la *Pravda*, en sont très représentatifs – veut coopérer avec le Gouvernement provisoire. Ce groupe condamne les appels de Lénine au « défaitisme révolutionnaire », considérant qu'à les suivre les bolcheviks trahiraient la classe ouvrière allemande au lieu de l'encourager à déclencher la révolution. Cela explique que la *Pravda* ne publia que deux lettres de Lénine, et seulement après avoir fort débattu de l'opportunité de leur publication. Chliapnikov condamnait cette position qui était aussi celle des mencheviks. Kollontaï partageait ses vues, s'opposant ainsi à la majorité du Parti et à ses anciens amis mencheviks. Pour le Parti et pour la *Pravda*, Kollontaï était, en dépit de leur désaccord sur la voie à suivre, une recrue de choix qu'on ne pouvait négliger. De plus, elle était prête à écrire autant d'articles que la *Pravda* lui en demanderait. Et sa réputation d'oratrice et de pédagogue était si grande que le Parti jugea qu'il ne pouvait se passer de sa collaboration. C'est pourquoi, à peine rentrée, sa candidature fut proposée au Soviet comme déléguée du Parti représentant les « travailleurs du bois, bûcherons, menuisiers... ». Mais ceux-ci, qu'on avait négligé de consulter, se rebellèrent, rejetèrent Kollontaï au motif qu'ils entendaient être représentés au Soviet par leur syndicat et non par le Parti. Ce fut une déconvenue qui blessa Kollontaï, mais elle fut de très courte durée. Peu de jours plus tard, elle était invitée à s'adresser à un groupe de soldats qui, enthousiasmés par son discours, décidèrent de l'envoyer au Soviet pour les y représenter. Elle fut élue par les soldats aussi aisément qu'elle avait été rejetée par les hommes du bois. Et, satisfaction supplémentaire, elle fut élue aussitôt après au Comité exécutif du Soviet. Une femme représentant les soldats, c'était déjà un exploit ! Son entrée au Comité exécutif témoignait encore plus de son prestige et de la force de sa personnalité.

En dépit de son soutien à la position de Lénine – dont Staline et Kamenev s'efforçaient de contrôler l'écho dans la *Pravda* –, Kollontaï fut publiée presque dans chaque numéro de l'organe du Parti. Mais ses articles ne pouvaient suffire à conforter les thèses de Lénine. Le retour du chef bolchevique s'imposait s'il voulait reprendre le contrôle du Parti. Kollontaï, Chliapnikov et ses fidèles attendaient ce retour avec une grande impatience. Le 4 avril enfin, le « wagon plombé » qui transportait Lénine, Kroupskaïa, Inessa, Zinoviev et sa femme, Sokolnikov, Radek et treize autres bolcheviks, entrait en gare de Finlande. Il faut rappeler au demeurant que le wagon plombé était, en réalité, tout simplement doté de l'immunité diplomatique et que nul n'était autorisé à y entrer ou à en sortir tout au long du trajet. C'était un wagon spécial, parti de Zurich, dont la traversée du territoire allemand avait été âprement négociée par Parvus. Et si l'Allemagne avait consenti à ce projet, c'est qu'elle avait le plus grand intérêt à faciliter le retour en Russie de celui qui réclamait à cor et à cri que les Russes cessent le combat.

Alexandra Kollontaï s'en fut à la rencontre du train de Lénine, ce qui eut lieu à la frontière, à Beloostrov. Elle faisait partie du comité d'accueil constitué de Chliapnikov, Staline, Kamenev et quelques autres bolcheviks qui fit escorte à Lénine dans la dernière partie du trajet, allant de la frontière à la gare de Finlande. Lénine profita de ce court moment pour attaquer vivement Kamenev et la *Pravda*, leur reprochant leur soutien au Gouvernement provisoire. Cet accès de colère n'était qu'un début. À la gare de Finlande, Lénine fut accueilli au son de *La Marseillaise* par Tchkeidze, président menchevik du Soviet, qui au nom de cette instance lui fit un discours de bienvenue plutôt prudent. Mais avant même qu'il eût achevé sa harangue, Lénine passa à l'offensive, annonçant l'imminence de la guerre civile en Europe. Puis, conduit au palais de Tauride, il répéta avec force que la guerre impérialiste allait vite se transformer en guerre civile. La foule qui l'écoutait, composée de soldats et d'ouvriers, était en transe.

Le lendemain, toujours au palais de Tauride, Lénine revint à la charge. Dans un discours véhément, il déclara que la révolution mondiale était sur le point d'éclater, que le prolétariat russe, en faisant la révolution dans son pays, avait eu l'immense mérite historique d'ouvrir la voie à la révolution mondiale. Puis il appela le gouvernement à conclure immédiatement la paix, une paix sans annexions ni réparations, et à annoncer aux peuples qu'ils étaient libres de disposer de leur destin. Enfin, le pouvoir, et il le martèle, tout le pouvoir appartient aux soviets, c'est donc à eux de l'exercer.

Le Parti, confronté à ce discours qui reprend les *Thèses d'avril*, était loin d'être unanime. Martov dénonça un « blanquisme » guère adapté à la Russie. Les mencheviks et les socialistes révolutionnaires étaient indignés. Et c'est Kollontaï qui vola au secours de Lénine, s'employant à démontrer l'actualité des *Thèses d'avril*. Elle fut si virulente, si emportée par la passion, si douée aussi pour argumenter que même si elle ne gagna pas l'adhésion du Parti, sa réputation en sortit grandie. La presse va dès lors la désigner sous le nom de « Walkyrie de la révolution ».

Dès ce moment, elle se mobilise pour deux causes. D'abord, celle des femmes de soldats, qui sont les grandes victimes de ces temps de désorganisation. Elles n'ont pas de ressources, aucun moyen pour nourrir leurs enfants. Kollontaï, qui voit leur désespoir, entend attirer l'attention des bolcheviks sur elles, obtenir que leurs problèmes soient reconnus, qu'elles soient aidées. Le Parti est, comme il l'a toujours été, hostile à toute manifestation qui risquerait d'aboutir à la constitution d'un groupe en son sein. Néanmoins, Kollontaï réussit à organiser une marche de ces femmes appelées *soldatki*, qui allèrent exiger du Soviet le retour de leurs maris et les moyens de survivre, c'est-à-dire une augmentation de leur très modeste allocation. Le succès de Kollontaï dépassa toutes ses attentes : le mouvement des *soldatki*, que le Parti regardait avec méfiance, grandit et s'enracina dans plusieurs villes de Russie. Kollontaï réussit par cette opération à démontrer que les femmes pouvaient être mobilisées autour d'une cause, être organisées et utiles à la cause du Parti, car elles ne se contentaient pas de demander une aide, leurs voix s'étaient unies pour dénoncer la guerre, première responsable de leur malheur, et exiger qu'il y soit mis fin.

Le second volet de l'activité intense de Kollontaï, en ce printemps russe si agité, lui avait été inspiré par Lénine lui-même. Ayant écouté Kollontaï, entendu maintes relations du succès de ses interventions publiques, il l'appela à l'aide pour gagner à sa cause les marins, peu enclins à le soutenir. La flotte de la Baltique devait être, à ses yeux, un élément important de l'armée révolutionnaire, mais les marins, en majorité d'origine paysanne, préféraient le Parti socialiste révolutionnaire (SR) ou encore les anarchistes. Lénine avait besoin de leur soutien, mais il savait que les bolcheviks ne pouvaient même pas approcher des navires sans courir le risque d'être agressés par des marins hostiles. Il décida donc que l'intrépide Kollontaï, si apte à séduire ses auditeurs, devrait être capable de convaincre ces hommes rebelles à ses thèses de le rejoindre. Les bolcheviks furent effarés par ce projet, car nul n'imaginait que des marins acceptent d'écouter les harangues d'une femme, encore moins si elle défendait des idées auxquelles ils n'adhéraient pas. Mais Kollontaï ne reculait jamais devant les défis et celui-ci, qui était de taille, devait naturellement lui plaire. C'est ainsi qu'on vit arriver sur les vaisseaux les plus prestigieux cette belle et élégante femme, que des marins barbus et vigoureux se disputaient pour porter. On vit aussi des auditoires d'abord incrédules et moqueurs s'adoucir puis céder à la séduction de l'oratrice. La venue de Kollontaï à Kronstadt et Helsingfors avait été organisée en accord avec le Comité central de la Flotte de la Baltique (Tsentrobalt), qui était né après la révolution de février. Dans ce soviet de trente-trois membres, on ne comptait que six bolcheviks, et quelques marins qui sympathisaient vaguement avec eux. Kollontaï eut la lourde tâche de gagner la majorité réticente de ce soviet à la personnalité et aux idées de Lénine. Pour la guider on lui assigna un cicérone, Fiodor Raskolnikov, un jeune bolchevik de vingt-cinq ans qui avait très tôt collaboré à la *Pravda* et avait été versé dans la marine par les hasards de la guerre. La révolution de février l'enthousiasma. Il était alors si actif à Kronstadt, haut lieu de l'agitation des matelots, qu'il sera élu vice-président du Soviet des marins de la base. Lorsque Kollontaï y vient, il est chargé de l'escorter, de la présenter lors de ses meetings, tâche peu utile car sa réputation l'avait précédée, et les marins, quelles que soient leurs préférences politiques, étaient impatients de l'entendre.

À son grand regret, Raskolnikov va être vite dépossédé de la fonction de protecteur d'Alexandra parce qu'elle fait alors une rencontre qui sera peut-être la plus importante de toute son existence. Celui qui va tout bouleverser dans sa vie est un autre marin, Pavel Dybenko, que John Reed a décrit comme « le géant placide au visage barbu ». Dybenko est, à l'instar de Raskolnikov, très jeune, il a vingt-huit ans, mais à la différence de Raskolnikov, pétersbourgeois d'origine, il vient de la campagne. Il est issu d'une famille de paysans très pauvres et illettrés. Dans son enfance, il dut travailler aux champs par tous les temps et par toutes les saisons pour contribuer à la survie des siens. S'il reçut quelque instruction, ce fut grâce à la fille du prêtre de son village, qui se dévouait pour apprendre à lire aux enfants des familles miséreuses, puis grâce à l'institutrice de l'école du village, tout aussi attentive aux pauvres. Mais chaque année ces femmes remarquables durent se battre avec le père Dybenko pour qu'il permette à son fils d'aller un moment en classe ; à quatorze ans, il lui imposa de tout abandonner pour gagner sa vie. Dybenko fut successivement docker, ouvrier d'usine, et à l'âge du service militaire, il fut affecté dans la marine. Il y resta ensuite, se faisant constamment remarquer pour son esprit rebelle et des mutineries qui le conduisirent en prison… Avec la révolution de février, un temps de gloire s'ouvrit pour lui. Son courage, ses actions lui valurent d'être élu à la présidence du Tsentrobalt. Promotion méritée car, révolutionnaire depuis son entrée dans l'univers des marins, le géant barbu s'y était imposé par son enthousiasme, son audace et son adhésion ardente à la cause révolutionnaire. Lorsqu'il vit pour la première fois Alexandra Kollontaï avancer en chancelant – il fallait avoir le pied marin à Kronstadt – d'une passerelle de vaisseau à l'autre, guidée par Raskolnikov, il se précipita sur elle, la prit dans ses bras, se déclara son porteur attitré et veilla sur elle avec un soin jaloux. Il faut imaginer la rencontre si improbable entre cette femme éduquée, issue d'une famille aristocratique, raffinée et le géant barbu, paysan mi-éduqué, de surcroît son cadet de dix-sept ans ! Ce fut sans conteste un coup de foudre, même si Alexandra ne le reconnaîtra pas immédiatement. L'empressement de Dybenko auprès d'elle ne laisse aucun doute sur ce qu'il éprouva d'emblée, mais pour elle on peut comprendre qu'il lui ait été plus difficile d'ignorer tout ce qui les différenciait. Dybenko entrait dans sa vie à l'heure où elle devait une fois encore faire le bilan de ses échecs amoureux. Sa liaison avec Chliapnikov avait pris fin depuis des mois, même s'ils avaient lutté côte à côte pour défendre les positions de Lénine. Vladimir Kollontaï, son ex-mari, qui avait toujours été dévoué à Micha et à elle, venait de mourir. Satkevitch A.A., le Bonhomme, autre amour lointain, s'était marié et était pourvu d'une famille, tandis que Maslov n'était plus qu'un souvenir presque effacé. Kollontaï ressentait durement sa solitude, elle l'a maintes fois reconnu dans son journal. Et soudain surgissait dans sa vie solitaire ce géant barbu, si touchant par sa naïveté, sa passion déclarée, sa soif d'apprendre et de s'affirmer. Certes, les quarante-cinq ans de Kollontaï auraient pu la décourager de céder à la passion du jeune barbu. Mais elle sait qu'elle a conservé toute sa séduction, que sa silhouette parfaite, son élégance – elle est toujours, même sur les vaisseaux de guerre et dans les meetings, remarquablement habillée – impressionnent tous ceux qu'elle rencontre. Ainsi, tout concourt à la convaincre que son âge ne doit pas l'empêcher de céder à ce que lui dicte son cœur.

Mais il est un autre obstacle à l'idylle qui se dessine : son emploi du temps très chargé. Elle est presque devenue le porte-parole de Lénine. Au début de 1917, le parti bolchevique l'envoie à Helsingfors, où se tient le IXe Congrès du Parti social-démocrate finlandais pour l'y représenter. Cette mission est importante car le parti finlandais est resté fidèle à la IIe Internationale, et Kollontaï doit le persuader que la vérité et l'avenir sont du côté de Lénine, que son discours sur le droit des peuples à disposer d'eux-mêmes n'est pas un simple slogan, mais un appel au combat. Les Finnois doivent se convaincre que leur volonté d'indépendance sera soutenue par les bolcheviks et le prolétariat russe, qu'ils les aideront à atteindre ce que le Gouvernement provisoire leur refuse, le droit de décider de leur destin. Kollontaï fit plusieurs interventions à Helsingfors. En dépit de ses dons de persuasion, elle souleva l'hostilité d'auditoires choqués par ses appels à la paix et à la fraternisation des soldats combattant dans des armées opposées. Nombre de ses auditeurs étaient prudents, préférant attendre que la défaite russe mette fin à la guerre et que les situations politiques en Russie et en Finlande évoluent pacifiquement. Mais Alexandra n'était jamais déconcertée ou découragée par les doutes inscrits sur les visages qui l'entouraient. Elle persistait, argumentant inlassablement, et souvent la magie de cette parole si bien construite et brillante finissait par rassurer les auditoires les plus réticents, voire gagner leur adhésion.

À peine l'équipée d'Helsingfors était-elle achevée, qu'elle dut prendre la parole devant le Ier Congrès panrusse des Soviets, où les bolcheviks étaient en minorité, représentant à peine un dixième d'une assemblée de plus de mille délégués. L'ambiance ne leur était guère favorable et leur discours défaitiste indignait. Mais un climat difficile dopait Alexandra Kollontaï. Elle affirma avec véhémence que les peuples avaient le droit de s'autodéterminer jusqu'à la possibilité de faire sécession et que le devoir des socialistes était de les soutenir dans leur lutte. Elle illustra son propos en prenant pour exemple la Finlande qu'elle connaissait si bien. Comme elle avait pris la parole après Lénine, qui avait martelé que la Russie pouvait accomplir une vraie révolution dans la continuité de la guerre et de ses désastres, Alexandra fut naturellement assimilée à lui et aussi mal accueillie qu'il l'avait été par un auditoire qui ne voulait entendre parler ni de défaite, ni de révolution prématurée. Pourtant, cette assemblée encore dominée par les mencheviks, subissant leur influence, était déjà moins éloignée de l'humeur insurrectionnelle qui grandissait dans la capitale – en tout cas, elle était curieuse de mieux la connaître.

Alexandra n'avait pas le temps de réfléchir à l'évolution des sentiments populaires tant elle était sollicitée d'intervenir tout le temps et partout. À la fin du mois de juillet, elle reçut l'ordre d'aller à Stockholm pour participer à une conférence des zimmerwaldiens que le Parti avait programmée. La conférence n'eut pas lieu, faute de volontaires pour se rendre à ce « sommet de Zimmerwald ». De surcroît, Stockholm accueillait alors de nombreux réfugiés mencheviks qui auraient pesé sur cette réunion si elle avait eu lieu et mis en échec les thèses de Lénine. Pour Kollontaï, aller en Suède était un vrai défi, car elle y était, depuis des années, *persona non grata*. Elle avait néanmoins été autorisée à y venir pour participer à la conférence, mais avec une réserve, ses déplacements seraient limités et contrôlés. Cela ne l'empêcha pas de se rendre à Stockholm, même si elle n'envisageait pas d'y séjourner longtemps. À peine arrivée, elle apprit que la conférence n'aurait pas lieu. Elle n'eut pas le temps de s'en désoler. Elle était à l'affût des nouvelles de Russie où la situation évoluait très vite, annonçant probablement des développements tumultueux, elle décida de repartir. Elle avait eu raison de se hâter, car le 5 juillet un coup de téléphone de Radek lui apprit qu'à Petrograd les manifestations étaient très violentes et prenaient une tournure révolutionnaire. Dybenko l'informa de son côté que la capitale se couvrait de barricades et que le gouvernement était en pleine confrontation avec le Soviet. Pouvait-elle rester à l'écart de la révolution qui se dessinait ? Au surplus, sa situation en Suède était intenable, elle était mise en cause par des journaux suédois qui, relatant les événements russes, s'interrogeaient sur les raisons de « cette étrange mission en Suède ». Tout avait contribué à la faire revenir à Petrograd, et son amie Zoia qui, de retour d'exil, était venue la rejoindre, l'y avait aussi encouragée.

Toutes deux réussirent à sauter dans un train et leur voyage rappela à Alexandra, au début tout au moins, le retour triomphal d'avril où elle était allée au-devant de Lénine. Mais en juillet, tout fut différent, car entre l'organisation compliquée du départ de Suède et le retour, trois jours furent nécessaires, durant lesquels le Gouvernement provisoire réussit à rétablir sa situation. La troupe lui avait été fidèle. Kerenski prit la tête du gouvernement, il s'attacha à rétablir l'ordre et entreprit de se défaire des bolcheviks. Pour accomplir son projet, il déclara le Parti hors la loi, porta au grand jour « l'affaire de l'argent allemand » et rendit publique la correspondance du groupe impliqué dans cette affaire, Lénine, Parvus, Hanetski et Kollontaï. Cet « argent honteux » dénoncé par Kerenski avait dans un passé récent transité par la Suède où se trouvaient en ce moment précis des protagonistes de l'affaire, notamment Hanetski, le comparse de Parvus, et Kollontaï. Pour la presse suédoise, la preuve était ainsi faite qu'elle était un « agent allemand », une espionne. Ordre fut donné de l'arrêter ainsi que Zoia. Ce fut fait lorsque leur train arriva à la frontière. À Petrograd, l'affaire de l'argent allemand, la révélation d'un scandale de « haute trahison » s'était répandue comme une traînée de poudre. Parmi les noms jetés en pâture à une opinion indignée, Lénine et Kollontaï tenaient le haut de l'affiche, car ils étaient les plus connus. Après un séjour en Finlande, Lénine, rentré brièvement à Petrograd pour participer aux événements, avait réussi à fuir en compagnie de Zinoviev aussitôt que le scandale eut éclaté. Dybenko fut arrêté. Alexandra et Zoia furent conduites à Petrograd sous bonne escorte et incarcérées. On reconnut très vite que Zoia était étrangère à l'affaire des fonds allemands, elle fut donc libérée, tandis qu'Alexandra était enfermée à la prison des Croix (*Kresty*), avant d'être transférée à la prison réservée aux femmes, à Vyborg. À la prison de Kresty, elle retrouva des bolcheviks qui, à la différence de Lénine, n'avaient pas su disparaître dans la nature : Dybenko, Trotski, Lounatcharski, Raskolnikov, Hanetski. Les uns étaient accusés de complot contre le Gouvernement provisoire, c'était notamment le cas de Dybenko ou de Kamenev, les autres l'étaient sous un chef d'accusation combien plus grave aux yeux de la société, l'affaire des fonds allemands, donc de trahison.

Arrêtée, emprisonnée sous le coup d'une accusation infamante, Kollontaï vit pourtant au même moment son statut atteindre des sommets dont elle n'avait jamais rêvé. Dans le Parti d'abord, qui en décida lors de son VIe Congrès réuni dans des conditions étranges, puisque, à côté des personnalités dirigeantes présentes, l'essentiel du présidium était composé d'absents, en fuite ou en prison : Lénine, Zinoviev, Kamenev, Trotski, Lounatcharski et Kollontaï. Lorsque vint le moment d'élire le Comité central, les présents y reconduisirent les absents et y firent entrer Kollontaï. Quel triomphe pour elle, même si de sa prison elle ne pouvait encore en jouir.

Mais son sort n'était pas si terrible qu'elle eût pu le craindre. D'abord la prison pour femmes était relativement modérée, ménageant les détenues, et Alexandra put recevoir la visite des siens, Micha et même Zoia. Alexandra souffrait d'être enfermée, à l'écart des événements. De surcroît, la maladie de cœur qui allait peser durablement sur le reste de son existence l'angoissait. Le 21 août, après sept semaines de prison, elle apprit à son réveil une nouvelle qui la transporta de joie : elle était libre. Gorki avait versé sa caution, lui dit-on. Elle s'installa avec Zoia dans l'appartement où Vladimir Kollontaï et sa seconde femme Maria Ipatievna avaient vécu avec Micha. Kollontaï était mort au moment même où Alexandra revenait en Russie, mais sa veuve, femme généreuse, ouvrit sa porte à Alexandra et lui offrit un asile, leur amitié et une estime réelle ayant rapproché les deux femmes. Alexandra était reconnaissante à celle qui lui avait succédé auprès de Vladimir de l'attention et de l'affection dont elle avait entouré Micha. Et selon une habitude bien ancrée, Zoia Chadourskaia vint compléter, dans l'appartement des Kollontaï, ce qui devint une nouvelle famille.

La libération d'Alexandra fut annoncée par les *Izvestia* du 22 août, comme la « nouvelle sensationnelle » du jour ; Kerenski en fut scandalisé et ordonna qu'elle soit confinée à son domicile et placée sous bonne garde. La détention à domicile était certainement préférable à la prison, mais en condamnant Kollontaï à cette peine, Kerenski provoqua un véritable scandale, la presse prit parti pour elle. Gorki, qui avait versé une caution pour sa libération, exprima son indignation, et Trotski dénonça dans ses discours la rigueur de Kerenski. Le tapage fut tel que le chef du Gouvernement provisoire dut revenir sur sa décision. Le 9 septembre, Kollontaï était définitivement libérée, ce qui signifiait pour elle libre de préparer la révolution. Car entre-temps le climat politique s'était encore dégradé. Le général Kornilov, voyant l'affaiblissement du Gouvernement provisoire après les événements de juillet, crut l'heure venue d'un coup de force. Son projet n'était pas de restaurer les Romanov mais de promouvoir un gouvernement contre-révolutionnaire assez puissant pour rétablir l'ordre et reconstruire l'armée. Son putsch n'aura duré qu'un bref moment. Kornilov l'avait préparé depuis la fin de juillet, il déclencha l'action le 27 août et le résultat en fut le désastre qui survint trois jours plus tard. Kerenski devra en payer le prix, c'est-à-dire composer avec les bolcheviks ou du moins cesser de les combattre. Le parti bolchevique pour sa part y gagna une grande popularité dans les masses ouvrières. Lorsqu'il reviendra sur le putsch, Kerenski en tirera une conclusion édifiante : « Sans le putsch de Kornilov, il n'y aurait pas eu de Lénine. » La chronologie des événements et des situations confirme son propos. À l'été 1917, à la veille même du putsch, la révolution semble enlisée, nul n'y croit vraiment. Partout dans l'armée, dans les campagnes, à Petrograd même, capitale de la révolution, les élites traditionnelles commencent à espérer que le cauchemar va prendre fin. Milioukov exprimera ce sentiment en proclamant à tout va « la révolution est finie ». S'ajoute à cela que le projet de convocation de la Constituante traîne. Enfin, les bolcheviks ont presque disparu du paysage politique car ils sont en prison ou en fuite. Le journal du parti KD en conclut : « Le bolchevisme est mort. »

Et pourtant trois jours vont suffire à renverser la situation. Dès le 28 août, dès la défaite de Kornilov, on sait que Kerenski a perdu la partie, il doit libérer les bolcheviks et les prendre en considération. Les soviets se manifestent aussitôt et les bolcheviks y pèsent soudain d'un poids nouveau.

La situation d'Alexandra Kollontaï témoigne de ce renversement de situation. Déjà en juillet, alors qu'elle était emprisonnée, elle avait été élue au Comité central. Staline la désigne ensuite comme candidate du parti bolchevique aux élections de la Constituante avec Lénine, Zinoviev, Trotski et Lounatcharski. Et le Soviet de Petrograd ne sera pas en reste. Le 23 septembre, lors de son deuxième congrès qui porte Trotski à sa présidence – donc au poste qu'il avait déjà occupé en 1905 – Kollontaï est élue au présidium du Soviet.

Mais elle n'oublie jamais les objectifs qu'elle s'est assigné. Dans cette période où tout paraît conduire à l'épreuve ultime, la prise de pouvoir par les bolcheviks – même si le slogan « tout le pouvoir aux soviets » dissimule encore avec prudence l'objectif final de Lénine –, Kollontaï veut conforter la place et le rôle des femmes dans l'épreuve à venir. Elle plaide pour la convocation d'une conférence des ouvrières de la capitale afin de contraindre le Parti à prendre en considération leurs revendications. Certes Sverdlov, devenu le principal dirigeant du Parti depuis que la crise de juillet a conduit tous les bolcheviks en prison ou dans la clandestinité, soutient les demandes de Kollontaï, mais elle rencontre une forte opposition dans le Parti et même chez les femmes avec qui elle avait l'habitude de combattre. Ces femmes qui siègent dans le comité de *Rabotnitsa* (Konkordia Samoïlova, Klavdia Nikolaïeva) jugent sa proposition inutile et dépassée par les événements. Leur objectif est l'Assemblée constituante. Elles veulent mobiliser les femmes pour qu'elles soutiennent et aident les bolcheviks à gagner cette élection qui nourrit de très grands espoirs. Kollontaï devra s'incliner devant leur opposition, demandant seulement qu'un congrès examine les problèmes qu'elle soulevait. Mais la vitesse des événements va rendre caducs tous les projets.

Le 10 octobre, tout bascule vers les bolcheviks. Ce jour-là, se tient une réunion dans l'appartement du menchevik Soukhanov, celui-là même qui, observant les événements du 21 février dans son bureau du ministère de l'Agriculture, entendit une jeune employée déclarer : « C'est le commencement de la révolution. » Soukhanov s'était alors étonné du propos, expliquant à la jeune écervelée qu'une révolution était bien plus compliquée à déclencher qu'elle ne le pensait.

En octobre, Soukhanov sait que la révolution est là. À la demande de sa femme qui, elle, est bolchevique, il a accepté de laisser l'appartement à la disposition de ses amis. Elle agit de même et les lieux sont alors investis par douze membres du Comité central, presque la moitié du Comité. Tous rejoignent cette réunion secrète en ayant pris un maximum de précautions, Lénine porte perruque et est déguisé en paysan. Zinoviev, Kamenev, Staline, Trotski, Kollontaï, Sverdlov, Dzerjinski, Sokolnikov, Ouritski, Boubnov, Lomov l'entourent. Lénine déclara d'emblée que l'heure de la révolution était venue, que l'Europe entière étant prête à s'embraser, la Russie devait allumer l'étincelle qui entraînerait la révolution mondiale. Il fallait prendre le pouvoir sans tarder. Trotski le soutint fermement. Mais Zinoviev et Kamenev en appellent à la prudence et demandent que l'on tienne compte de l'expérience de juillet. De surcroît, argumentent-ils, les élections à la Constituante vont donner au pays une majorité conforme aux vœux de la société. Et ils y ajoutent une question : « La révolution, et après ? » Lénine leur répond en citant Napoléon : « On s'engage et puis on voit. » Kollontaï était gagnée d'avance à sa position. Quand on passa au vote, la majorité de dix voix contre deux, celles de Zinoviev et Kamenev, donnée à la proposition de Lénine, montra qu'il avait convaincu ses collègues. Kollontaï rentra chez elle à l'aube, portée par des ailes invisibles, dans un état de grande exaltation. Elle se mit aussitôt à l'œuvre pour aider Lénine.

En quelques jours, après le vote du 10 octobre, le projet de Lénine va être mis en application. Le 10 octobre déjà, les membres présents du Comité avaient décidé de créer un Bureau politique de sept personnes, en l'occurrence Lénine, Zinoviev, Kamenev,

Trotski, Staline, Sokolnikov et Boubnov pour préparer l'insurrection. Il est remarquable que les deux opposants au coup d'État voulu par Lénine, Zinoviev et Kamenev, aient été inclus dans cette première structure. Cela n'empêcha pas les rebelles de faire circuler, dès le lendemain, un texte rappelant leur opposition à la décision prise la veille. Le 16 octobre, Lénine, s'exprimant devant un Comité central élargi, affirma une fois encore sa conviction que l'insurrection devait être déclenchée sans délai. Le prolétariat est prêt, assura-t-il. Le Soviet de Petrograd le suivit en instituant un Comité militaire révolutionnaire présidé par Trotski, instance jugée plus adaptée que le Bureau politique né le 10 pour préparer effectivement un coup d'État. Tout se joua le 25 octobre en quelques heures, presque sans rencontrer d'opposition. Les bolcheviks neutralisèrent, conformément aux décisions prises, les centres stratégiques de la capitale – les communications et les transports –, arrêtèrent les membres du Gouvernement provisoire, du moins ceux qui n'eurent pas le temps de fuir. Lénine proclama aussitôt le succès de la révolution des ouvriers et des paysans devant le Soviet de Petrograd, et au soir du même jour, le IIe Congrès panrusse des Soviets annonça que le pouvoir était détenu par les soviets des ouvriers, des soldats et des paysans. Le 26, le Congrès adoptait, sur la proposition de Lénine, deux décrets sur la paix et sur la terre et approuvait la constitution du gouvernement, *Sovnarkom* ou Conseil des commissaires du peuple, « premier gouvernement ouvrier et paysan que l'histoire ait connu ». Ce gouvernement n'était composé que de bolcheviks, Lénine l'avait emporté. Pour la seconde fois en 1917, le pouvoir en place était tombé sans résister, victime de son impuissance et de son isolement, le gouvernement n'ayant disposé d'aucun appui. Mais si en février le pouvoir avait été balayé par une explosion de fureur populaire, en octobre il le sera par un parti dirigé par un homme, Lénine, qui l'avait décidé et avait imposé sa volonté. Durant ces journées décisives, Kollontaï, comme tous les acteurs du complot, n'avait pas quitté les lieux où se jouait la révolution, le Congrès des Soviets et Smolny, l'ancienne école de jeunes filles nobles fondée par Catherine II, où les bolcheviks avaient installé leur quartier général. Quand elle entendit l'annonce des décisions prises, le transfert du pouvoir et surtout le décret sur la paix, elle ne put retenir ses larmes. John Reed a rapporté la réaction de ceux qui l'entouraient, dont Alexandra : « Nous avons bondi sur nos pieds d'un commun élan, entonné *L'Internationale* entrecoupée par nos sanglots de joie. Kollontaï pleurait. Puis un cri retentit, "la guerre est finie". » Et Kollontaï commentera de son côté : « Ce fut la journée la plus grande, la plus mémorable de toute mon existence. » Le gouvernement était présidé par Lénine, Trotski ayant refusé cette charge à laquelle il préféra celle de commissaire du peuple aux Affaires étrangères. Le gouvernement incluait aussi les deux hommes qui avaient partagé la vie d'Alexandra au cours des dernières années, Chliapnikov, nommé commissaire du peuple au Travail, et Dybenko, son amant du moment, membre du Collège des Forces armées et de la Marine. Bien qu'elle fût une fidèle acharnée de Lénine, Kollontaï se trouva d'emblée en désaccord avec lui sur une question qui l'avait toujours passionnée, la peine de mort. Kamenev avait proposé au Congrès des Soviets son abolition, et Kollontaï vota pour une proposition conforme à ses convictions. Mais pour Lénine, l'idée de supprimer la peine de mort était non seulement absurde, mais contraire aux intérêts de la révolution qui aurait à se défendre. Lorsque le gouvernement se réunit quelques jours plus tard, indifférent aux vues de l'assemblée, Lénine fit voter le rétablissement de la peine de mort. En dépit de ce différend avec Alexandra dont il moqua à cette occasion la naïveté, Lénine la fit nommer, lors de la réunion du 31 octobre qui élargit le gouvernement, commissaire du peuple aux Affaires sociales, et lui ordonna de prendre ses fonctions sans délai. Une nouvelle vie, inattendue pour une éternelle rebelle, celle de commissaire du peuple, ministre en termes traditionnels, commençait pour Alexandra. Elle allait faire l'apprentissage d'une activité inconnue d'elle : l'exercice du pouvoir.

CHAPITRE VI

L'apprentissage du pouvoir

Membre du gouvernement, quelle révolution dans la vie et les conceptions d'Alexandra Kollontaï ! Organiser, donner des ordres, élaborer une politique, autant de domaines inconnus d'elle. De surcroît, lorsqu'elle entre au gouvernement, elle fait partie, en dépit de sa fidélité à Lénine, des bolcheviks qui sont en désaccord avec sa conception du pouvoir. Kamenev, Zinoviev, mais aussi Chliapnikov ont critiqué le caractère exclusivement bolchevique du gouvernement imposé par Lénine, car ils étaient convaincus de la nécessité d'associer au pouvoir les autres partis socialistes, mencheviks et SR (socialistes révolutionnaires), sous peine de condamner à l'échec l'expérience en cours. Lénine s'obstinant, Chliapnikov et ceux qui étaient traités de « droitiers » démissionnèrent du gouvernement. Chliapnikov, après cette manifestation de désaccord, revint sur sa démission en déclarant qu'on ne pouvait abandonner le pouvoir en un temps si difficile, mais il en restera un membre silencieux, contestataire, semi-rallié... Alexandra Kollontaï, qui était en accord avec les opposants, exprima très fermement son souhait de voir un gouvernement de coalition remplacer le gouvernement bolchevique. D'une certaine manière, elle obtint par la suite satisfaction. Comme les SR de gauche avaient, après le coup d'Octobre, adopté une attitude neutre, voire bienveillante à l'égard du nouveau pouvoir, Lénine décida peu après d'inclure trois SR dans le gouvernement de coalition. Cette combinaison ne dura guère, on le verra plus loin. Kollontaï restait cependant vigilante, n'hésitant pas à critiquer Trotski, l'accusant d'être trop calculateur, et même Lénine qu'elle disait trop « attaché à ses théories ». La liberté de ses propos irritait celui-ci, mais s'il ne cédait en rien sur sa conception du pouvoir, il passa outre aux incartades de Kollontaï, lui intimant de s'atteler à sa tâche, d'autant plus urgente que les masses affolées par les difficultés de l'existence grondaient. Kollontaï dut aller prendre possession de son ministère sans barguigner davantage.

On a beaucoup écrit, en URSS aussi, qu'Alexandra Kollontaï avait été la première femme membre d'un gouvernement en Russie. Elle-même l'a affirmé dans son autobiographie. La vérité est qu'elle a été la deuxième. Elle avait été précédée par une femme qui fut membre du Gouvernement provisoire. C'était une aristocrate, la comtesse Sophie Panine, qui bien avant la révolution s'était signalée par ses idées avancées et ses initiatives sociales. Elle avait créé sur ses terres, à l'intention des paysans – les descendants des serfs libérés par la réforme de 1861 – une maison du peuple (*Dom naroda*) qui coiffait diverses institutions, une école pour les enfants, un centre d'apprentissage de la lecture pour les adultes, des cantines et des établissements sanitaires pour les situations d'urgence. Membre du Parti constitutionnel démocrate, elle s'était vu confier le ministère des Affaires sociales, celui-là même dont Kollontaï héritera après la révolution d'Octobre.

Lorsqu'elle se rendit dans son commissariat, situé dans la rue de Kazan, Kollontaï découvrit que le personnel rebellé s'était évaporé – comme dans beaucoup d'autres institutions d'État –, et qu'aux locaux vides, il fallait ajouter que le coffre du commissariat était tout aussi vide. La comtesse Panine avait pris des dispositions pour que les fonds du ministère ne soient remis qu'à une autorité qui serait, selon elle, légitime, c'est-à-dire confirmée par l'Assemblée constituante non encore élue. Elle avait été arrêtée, partageant le sort de la plupart des membres du Gouvernement provisoire, mais comme elle était assez semblable à Kollontaï par la force de son caractère et de ses convictions, son incarcération à la forteresse Pierre-et-Paul ne l'incita guère à obéir aux bolcheviks qui exigeaient d'elle la restitution des fonds de son ministère.

Kollontaï avait trouvé son commissariat, puisque c'était son nouveau nom, vide à l'exception d'un gardien qui, indifférent à ses explications, la pria de déguerpir ; elle dut se retirer chez elle. Mais à peine rentrée, elle vit arriver un paysan porteur d'un billet signé de Lénine. Ce paysan réclamait le paiement d'un cheval que l'armée avait confisqué, et Lénine enjoignait à Kollontaï de répondre à cette revendication. Faute de moyens, elle décida de s'installer à Smolny, y réquisitionna une pièce vide et apposa sur la porte une carte où elle avait écrit *Commissariat du peuple aux Affaires sociales*. Dès lors, elle dut faire face à un défilé constant de quémandeurs, invalides de guerre, mères incapables de nourrir leurs enfants, chômeurs. De surcroît, les fonctionnaires du ministère s'étaient mis en grève, boycottant les nouvelles autorités. L'Américaine Louise Bryant, la femme de John Reed, qui l'avait accompagné en Russie, décrivit avec un grand luxe de détails les difficultés considérables auxquelles se heurtait alors Kollontaï, au nombre desquelles elle nota la personnalité respectée de la comtesse Panine et la popularité dont elle jouissait dans les milieux populaires. Lorsque la comtesse fut jugée, un grand nombre de paysans vivant sur ce qui avait été son domaine vinrent dans la capitale, installèrent un véritable siège devant le tribunal et crièrent « Libérez notre comtesse », « Elle était bonne pour le peuple ».

Kollontaï obtint, après avoir déployé beaucoup d'efforts, la restitution des fonds et put commencer à remplir les multiples tâches relevant de sa fonction. Mais il fallait avant tout remettre les employés au travail, donc briser les grévistes. Elle recourut à l'aide des marins de Dybenko, qui surent convaincre la plupart d'entre eux de se rallier à leur commissaire et de travailler, et envoyèrent les récalcitrants en prison.

Alexandra Kollontaï considérait que la protection des mères et des enfants était l'une des missions essentielles incombant à son ministère. Elle fut aidée dans l'élaboration des dispositions pratiques – les textes étant publiés – par un médecin remarquable, le docteur Nikolaï Korolenko. Il apporta son concours à l'organisation d'une maternité modèle, nommée Palais de la maternité. Cette institution fut installée dans un ancien orphelinat créé à l'époque de la Grande

Catherine, où durant deux siècles des enfants, en général illégitimes, avaient été abandonnés aux soins de la charité privée. L'orphelinat avait été longtemps dirigé par une aristocrate qui, confrontée au projet de Kollontaï, mobilisa les femmes qui y travaillaient pour s'y opposer. Kollontaï appela Lénine à l'aide, mais il était fort occupé et ne s'en soucia pas. Une nuit, un incendie se déclara dans le Palais de la maternité en cours d'installation qui le ravagea totalement, à la grande joie de l'ancienne responsable et de ses collaboratrices : « Dieu a puni cette entreprise inspirée par l'Antéchrist », dirent-elles. Kollontaï n'avait-elle pas fait enlever les icônes qui couvraient les murs de l'orphelinat ?

Une fois encore, elle appela Dybenko au secours. Ses marins tentèrent en vain de circonscrire l'incendie. Comme Korolenko, Dybenko était convaincu de son caractère criminel. Mais l'enquête qu'il mena déboucha sur une impasse. Et Kollontaï dut se résigner à la perte de ce Palais de la maternité dont elle avait été si fière. Au demeurant, un autre projet urgent la requérait. Le Soviet de Petrograd demandait avec insistance que le commissariat prenne en charge les soldats blessés au combat. Où le faire ? Quelqu'un trouva la solution miracle en un temps où la religion avait mauvaise presse : pourquoi ne pas utiliser le monastère Alexandre Nevski, qui était immense, magnifique et peu occupé ? C'était, il est vrai, un lieu de pèlerinage révéré par tous les Russes. Alexandra Kollontaï tenta d'abord de trouver un accord avec le clergé, qui fit la sourde oreille à ses appels. D'un autre côté, elle subissait les pressions des blessés qui s'étaient organisés en une sorte de syndicat, et aussi de divers amis. Tous lui conseillèrent d'user de son autorité de commissaire pour prendre possession des lieux. Elle suivit le conseil et envoya des gardes pour neutraliser le clergé qui résistait. La bagarre fut si acharnée qu'elle en appela comme toujours à Dybenko et à ses marins. Le résultat de l'intervention fut catastrophique, un membre du clergé y trouva la mort, et Alexandra fut désavouée par Lénine, celui-ci lui reprochant d'avoir agi sans en référer au Sovnarkom, qui, informé de l'affaire, la blâma tout autant. On décida alors d'abandonner ce projet et de laisser les moines en paix.

Alexandra Kollontaï en fut déçue, mais elle préféra faire bonne figure. Elle dira par la suite que cette confrontation manquée avait eu des conséquences positives, puisqu'elle incita le Sovnarkom à proclamer la séparation de l'Église et de l'État plus tôt qu'il ne l'avait envisagé.

Mais ce ne fut pas seulement le Sovnarkom qui la condamna. L'Église organisa une manifestation contre elle, à laquelle participèrent de très nombreux croyants, et l'affaire s'acheva par une condamnation religieuse, Kollontaï fut déclarée anathème. « Comme Tolstoï et Stenka Razine », conclut Lénine pour la consoler. Mais, lorsqu'elle entreprit de faire le bilan de ces temps troublés, elle dut reconnaître qu'elle avait perdu sur les deux tableaux. Le Palais de la maternité n'existerait jamais, et les clercs et leurs fidèles lui avaient enlevé tout espoir d'offrir un asile aux vétérans blessés. Par la suite, on les hébergera dans une ancienne institution charitable, et le commissariat aux Affaires sociales sera alors doté d'un département chargé des problèmes des vétérans.

En même temps qu'elle organisait le commissariat en faisant appel à ses employés les plus compétents, Alexandra revenait à son éternel projet, organiser les femmes afin qu'elles puissent défendre elles-mêmes leurs revendications. Au début de novembre enfin, la Conférence des ouvrières de Petrograd, dont elle avait souhaité la tenue avant le coup d'Octobre, fut convoquée. Et le succès fut au rendez-vous ! Plus de cinq cents femmes avaient été envoyées à cette conférence par toutes les usines de la capitale, mais aussi de Moscou, Toula et Ivanovo-Voznessensk. On n'avait pas imaginé un tel afflux de déléguées, ni prévu les moyens suffisants pour les accueillir. Par chance, Sverdlov, toujours attentif à Kollontaï, assura en partie les besoins en logement et nourriture.

Kollontaï présenta devant la conférence la liste des obligations que le gouvernement devrait assumer pour que les femmes puissent avoir une vie sociale active et en même temps mettre au monde des enfants dont l'État prendrait ensuite soin. Il fallait rédiger les textes régulant les congés de maternité – seize semaines – sans perte de salaire, ni conséquences professionnelles en terme d'ancienneté. L'État devrait ensuite prendre en charge les soins médicaux des enfants, les nourrir et les vêtir. Il fallait aussi faire adopter les lois protégeant les femmes et les enfants au travail. Kollontaï compléta ce programme par des indications précises sur le financement des mesures énumérées – une taxe sur les salaires – et sur leur mode de gestion auquel les femmes devraient être étroitement associées. Par ailleurs, la conférence se préoccupa du rôle politique des femmes. Klavdia Nikolaïeva déclara qu'elles devaient voter lors des élections à la Constituante pour les bolcheviks, et faire corps ainsi avec tout le prolétariat pour défendre leurs droits. Une fois encore, la question cruciale était posée : pouvait-on admettre des organisations féminines à l'intérieur du Parti ? La majorité ne s'accordait pas sur la réponse à y apporter. Alexandra Kollontaï intervint avec force, demandant aux femmes d'envoyer leurs propres représentantes à la Constituante, de voter pour des femmes qui porteraient leurs exigences. De même, elle revint sur la nécessité de créer à l'intérieur des comités urbains du Parti de petites structures chargées de travailler avec les femmes. Elle fut mise en minorité, la majorité des femmes craignant – comme toujours – d'indisposer les bolcheviks en défendant des propositions qui seraient jugées « féministes ». Ne pas diviser le prolétariat, tel fut le mot d'ordre soutenu par toutes les participantes.

En même temps que les femmes débattaient de leur destin, la promesse de paix de Lénine arriva au premier plan des débats. En promulguant le décret sur la paix à l'heure de son triomphe, Lénine avait bousculé tous les modes d'action internationale. Il n'avait pas, selon l'usage, demandé la paix à l'ennemi, mais lancé, par-dessus la tête des gouvernements des Empires centraux, un appel aux peuples, une invitation à se soulever pour accomplir la révolution d'où devait sortir la paix. Pourtant, les peuples restèrent sourds à son appel alors que les gouvernements qu'il avait voulu ignorer y répondirent, acceptant aussitôt l'ouverture des négociations. Pragmatique, Lénine s'adapta à la situation et chargea Trotski de la négociation. Les pourparlers de Brest-Litovsk commencèrent en décembre. Trotski savait que l'armée russe n'était plus en état de combattre et qu'il fallait négocier à tout prix. Mais accepter les exigences de l'Allemagne – l'annexion des territoires occupés par les armées allemandes – aurait pour conséquence de renforcer l'Allemagne qui pourrait ainsi gagner la guerre et ruiner les chances des révolutions que l'on voyait poindre partout. Lénine voulait traiter à n'importe quel prix, assurant qu'il le fallait pour sauver la révolution russe. Boukharine lui opposait une autre solution : en appeler à la conscience révolutionnaire des Russes, ce qui conduirait le prolétariat à se battre contre les Allemands dans une guerre révolutionnaire et non à les affronter comme l'ennemi classique. Entre ces deux positions inconciliables, Trotski proposa au Comité central de négocier suivant le principe ni paix-ni guerre, et il y fut autorisé. La réponse fut sans ambiguïté, les armées allemandes reprirent leur offensive, avançant à marche forcée en territoire russe, agrandissant l'espace que les Empires centraux entendaient annexer. De surcroît, l'Ukraine signa alors une paix séparée avec l'Allemagne. Petrograd, capitale de la révolution, était sous la menace des troupes ennemies, et la révolution tout près de sombrer. Découragé par l'insuccès de sa mission, Trotski se retira, et Tchitcherine, le vieil ami de Kollontaï, prit sa place. Il sut convaincre le Comité central que dans une situation si désespérée il fallait signer d'urgence une paix séparée pour éviter l'effondrement de tout le système des soviets. La paix sera signée le 3 mars, le prix en était très lourd. La Russie perdait une part considérable de ses territoires et de ses ressources agricoles et industrielles. Le débat qui suivit fut d'une extrême violence. D'abord au VIIe Congrès du Parti réuni le 6 mars, où Lénine dut affronter les éléments de gauche qui s'étaient déjà prononcés contre la paix au Comité central. Kollontaï faisait partie de cette opposition irréconciliable avec Radek, Piatakov, Boubnov et quelques autres. Le Parti semblait près de la rupture. À cette crise du Parti s'ajouta alors un autre élément, la situation militaire désespérée de la capitale. Le gouvernement bolchevique risquait fort, compte tenu de l'irrépressible progression des armées allemandes, de tomber aux mains de l'ennemi. On décida aussitôt de fuir le péril, de chercher refuge dans l'ancienne capitale russe Moscou et de l'ériger en capitale de la Révolution. Le 11 mars, Lénine et tous les participants du Congrès ainsi que le gouvernement avaient fui Petrograd.

Lorsque ce même 11 mars le IVe Congrès des Soviets s'ouvrit, c'était dans la capitale historique, celle des débuts de la dynastie Romanov et que Pierre le Grand avait abandonnée. Ce IVe Congrès des Soviets fut marqué par un affrontement dramatique entre Lénine et quelques-uns de ses fidèles contre de grandes figures du Parti conduites par Boukharine. Kollontaï et Dybenko se joignirent à cette impressionnante opposition qui refusait de ratifier le traité de paix. Lénine reconnut que c'était une « paix honteuse », mais elle offrait, plaida-t-il, le répit indispensable à la survie du pouvoir des soviets. La Russie y abandonnait les pays Baltes, une partie de la Biélorussie, toute l'Ukraine et acceptait de payer une énorme contribution en or et en vivres. Le pouvoir des soviets, devenu dictature du prolétariat, était sauvé. Lénine en restait le chef. Le vote en faveur de la ratification lui donna une large majorité, puisque 785 voix y furent favorables contre

261 et 2 515 abstentions. Les SR de gauche quittèrent le gouvernement. Le même jour Dybenko qui, à la tête de la Flotte, avait désespérément combattu les Allemands à Narva pour les empêcher d'investir la capitale, dut reconnaître son échec. Narva fut livrée aux Allemands et Dybenko démissionna de son poste de commissaire à la Marine, qui fut repris par Trotski. Sa démission tenait aussi à son opposition au traité de Brest-Litovsk. Lénine ne lui pardonna ni cette opposition véhémente – Kollontaï était dans le même camp – ni l'abandon de Narva. Il fut arrêté le lendemain, accusé de trahison, et on annonce à Kollontaï qu'il allait être fusillé.

L'opposition à la paix de Brest-Litovsk n'était pour Kollontaï qu'une marche supplémentaire dans sa relation difficile avec le pouvoir bolchevique. Dès le début de l'année, elle avait beaucoup attendu de l'Assemblée constituante, puis éprouvé un grand désarroi. En effet, de même qu'elle était opposée à Lénine sur « la paix honteuse », Kollontaï ne fut pas davantage en accord avec lui à propos de l'Assemblée constituante. Le Gouvernement provisoire, puis les bolcheviks n'avaient cessé d'invoquer la Constituante pour faire passer toutes leurs décisions impopulaires. Qu'importe, opposaient-ils aux protestations, puisque la Constituante fera le tri entre toutes les dispositions et assurera la légitimité du pouvoir. C'est pourquoi les élections à la Constituante furent marquées par une participation électorale remarquable. Mais au désarroi des bolcheviks, ces élections leur apportèrent un cinglant désaveu, puisqu'ils ne recueillirent que 175 sièges sur 707 alors que les socialistes révolutionnaires en remportaient 410. Lénine avait pourtant tenté de gagner à sa cause les quarante socialistes révolutionnaires de gauche, clamant qu'ils étaient les alliés naturels des bolcheviks. Il les avait incorporés, pour la vraisemblance, au Comité exécutif central et leur avait, on l'a vu plus haut, abandonné quelques commissariats du peuple d'importance secondaire. Pour autant cet élargissement du groupe n'avait pas suffi à sauver les bolcheviks. Les élections ne leur donnaient pas de majorité, et de loin, à l'Assemblée constituante. Mais Lénine avait déjà fait connaître son point de vue dans les *Thèses sur l'Assemblée constituante*, rédigées en ce mois de décembre si décisif. Pour lui, l'intérêt de la révolution l'emportait sur les droits formels de l'Assemblée. Et il en conclut, à l'heure de la défaite électorale, que le vote reflétait le retard de la conscience sociale alors que la révolution d'Octobre était la réalité. La conséquence de ce raisonnement était claire. L'Assemblée devait se soumettre aux conceptions de Lénine. Le débat fut vif. La position bolchevique fut rejetée par 237 voix. Pour Lénine, ce vote n'était pas plus légitime ni contraignant que le verdict des urnes. Les Constituants épuisés avaient décidé d'interrompre la séance pour une nuit de repos. Lorsqu'ils se présentèrent le lendemain au palais de Tauride, ils ne purent y pénétrer et on leur dit que l'Assemblée était dissoute. Gorki avait écrit dans le passé : « Tout ce qu'il y a de meilleur dans la société russe a vécu pendant près de cent ans dans l'attente d'une Assemblée constituante. » Le rêve de Gorki avait pris fin lui aussi.

Alexandra Kollontaï perdit dans l'affaire non pas un mandat mais deux, car elle avait été élue sur la liste bolchevique dans deux villes distinctes, Petrograd et Iaroslavl. Cette double élection d'une même personne, bolchevique de surcroît, laisse imaginer les manipulations auxquelles le parti de Lénine s'était livré, en vain !

La Constituante dissoute par la force, la paix honteuse ratifiée, et pour finir Dybenko menacé d'être fusillé, pour Alexandra la situation était devenue intenable en ce printemps 1918. Elle l'était en raison de son désaccord avec les décisions que Lénine avait imposées sans le moindre respect des oppositions rencontrées. Elle l'était plus encore parce que son action politique, son statut et sa vie sentimentale étaient si confondus que sa réputation en souffrait. La liaison de Kollontaï et Dybenko était de notoriété publique, leur opposition commune à la paix et au renforcement de la dictature du prolétariat irritait Lénine. Les interventions de Kollontaï au IVe Congrès des Soviets avaient été particulièrement agressives et lui avaient valu en retour des commentaires sévères de la presse. Kollontaï démissionna de son commissariat. Alors qu'au début de l'année 1918 elle se trouvait au cœur du système politique – dans le Parti, dans le gouvernement –, en l'espace de quatre mois elle perdit toutes ses fonctions officielles. Et à partir du moment où la vie de Dybenko fut menacée, elle décida de se consacrer tout entière à sa défense. Elle alla plaider sa cause auprès de Lénine, qui la renvoya à la commission extraordinaire chargée de son cas. Elle assiégea la commission, comme elle assiégea personnellement Krylenko placé à sa tête pour obtenir l'autorisation de visiter Dybenko, détenu au Kremlin sous la garde de tchékistes. Pour donner plus d'efficacité à sa campagne de défense de Dybenko, Alexandra décida de frapper un grand coup, elle annonça leur mariage ! De nouvelles dispositions sur le mariage venaient d'être adoptées. Le mariage civil remplaçait le mariage religieux, un enregistrement dans le service de l'état civil compétent suffisait à constater l'union. Alexandra proclama haut et fort que l'enregistrement de son mariage avec Dybenko donnait le coup d'envoi à ces nouvelles dispositions et les consacrait. Est-ce vrai ? On ne le sait pas. Le document d'état civil qui témoigne de l'enregistrement du mariage n'a pas été retrouvé. Mais Lénine prit l'affaire au sérieux, il l'assortit d'un commentaire peu amène, disant que Dybenko devrait s'accommoder pour le restant de ses jours d'une femme aussi obstinée. Mariage ou pas, Kollontaï et Dybenko étaient les sujets de rumeurs nombreuses et souvent hostiles. En mai, Dybenko fut acquitté et libéré. Acquitté, mais exclu du Parti. Il n'allait pas abandonner la lutte pour autant. Et il partit aussitôt en Ukraine où il avait, après la défense de Narva, déjà combattu les armées allemandes. Kollontaï voulut le rejoindre. Mais toujours les rumeurs la poursuivaient. Le bruit courut qu'en des temps aussi tragiques pour la Russie Kollontaï et Dybenko se prélassaient joyeusement en Crimée. En réalité, Dybenko se livrait en Ukraine à des activités clandestines, à du sabotage, ce qui lui permettra de se débarrasser de son statut de réprouvé assez vite et d'obtenir sa réhabilitation. Pas plus que Dybenko, Alexandra ne pouvait supporter de rester à l'écart des événements, elle entendait rentrer dans l'action et Lénine était conscient des services qu'elle pourrait lui rendre. L'affaire Dybenko oubliée, il enjoignit à Kollontaï d'effectuer une tournée de conférences en Russie. C'était une tournée de propagande, d'autant plus utile au Parti que la guerre civile s'annonçait et qu'il savait la nécessité de mobiliser les esprits. Disciplinée, Alexandra prendra la parole à Iaroslavl, Rybinsk, Nijni Novgorod, Kazan, parlant partout de son expérience de commissaire du peuple et des problèmes cruciaux de la société ; partout les foules acclament cette agitatrice si convaincante. Elle a vite retrouvé une place dans la vie politique. Mais elle voulait aussi retrouver les siens et prendre de la hauteur après ces mois si bousculés. Ayant achevé sa tournée et ses conférences, elle revint pour un court moment dans l'ancienne capitale auprès de Micha.

L'été 1918 est l'été de tous les dangers pour la Russie et pour le pouvoir des bolcheviks. L'économie russe est désorganisée, les paysans – des koulaks, se justifie Lénine – sont soumis à des prélèvements exorbitants, la population des villes meurt de faim et le mécontentement grandit. Le gouvernement sait que le pays est près de se révolter, mais il craint davantage encore les menaces armées qui pèsent sur lui. Les troupes allemandes campent toujours sur le territoire russe et exigent la livraison des matières premières et des céréales qui leur étaient garanties par le traité de Brest-Litovsk. En même temps, des armées blanches surgissent de tous côtés qui prétendent en finir avec la révolution. La contre-révolution avait commencé en mai, dans la région de la Volga, lorsque les prisonniers de guerre tchèques s'étaient soulevés contre les bolcheviks et avaient obtenu le soutien des gouvernements alliés. Puis la révolte s'était étendue. En Sibérie, elle avait à sa tête l'amiral Koltchak, dans le Sud le général Denikine en était le chef et dans la région de la Baltique, c'était le général Ioudenitch. Tous trois avaient su rassembler des forces considérables, composées de cosaques toujours prêts à se rebeller, de déserteurs et de paysans. Le pouvoir était assiégé, coupé de tout. De surcroît, des gouvernements autoproclamés proallemands s'ajoutaient au tableau, tel celui du général Sulkevitch, qui tenait la Crimée d'une main de fer. Pour s'opposer à ces diverses armées, Trotski n'avait à sa disposition que des troupes mal formées, mal équipées, peu nombreuses et toujours prêtes à déserter. Devant une situation si inégale il va faire appel à des officiers de l'armée tsariste, que l'on dotera du titre de « spécialistes », pour restaurer la discipline et la hiérarchie qui avaient été abolies à l'heure de la révolution. L'ordre fut imposé de manière implacable et la peine de mort retrouva sa place au sommet de l'échelle des sanctions. Les soldats durent à nouveau saluer solennellement les officiers. Enfin, les logements et les cantines des officiers et des soldats furent à nouveau séparés. Ces dispositions, le retour à l'ordre ancien imposé un an à peine après la proclamation de l'ordre du jour n° 1, quelle rupture ! Les socialistes révolutionnaires, les mencheviks et même de nombreux bolcheviks ne pouvaient accepter que le pouvoir tourne ainsi le dos aux idéaux d'Octobre, et leur désarroi ne sera pas sans conséquences, les révoltes qui éclatent partout en témoignent, de même que des provocations spectaculaires. À l'été 1918, le 6 juillet, l'ambassadeur allemand Mirbach était assassiné par un SR de gauche, Bloumkine, qui voulait ainsi provoquer la rupture du traité de Brest-Litovsk contre lequel les SR n'avaient cessé de mener une violente campagne. Aussitôt qu'il eut connaissance de cet assassinat, Lénine se précipita à l'ambassade d'Allemagne pour y présenter ses condoléances, enjoignant à l'ambassadeur russe à Berlin, Joffé, d'en faire de même. Il voulait à tout prix éviter une rupture avec l'Allemagne. Puis viendra un autre assassinat, ou plutôt une tentative d'assassinat, celle qui, peu après, visa Lénine en personne. L'événement eut lieu le 30 août, alors qu'il finissait de visiter une usine dans le vieux Moscou. Deux coups de feu éclatèrent soudain, Lénine s'effondra. Un témoin affirma qu'une femme les avait tirés. L'affaire parut d'abord très simple. La tireuse se rendit aux forces de police, dit se nommer Fannya Kaplan et expliqua sans ambages que son intention était de tuer Lénine et qu'elle avait agi seule. Lénine fut ramené au Kremlin. S'il avait été atteint par les deux balles, sa vie n'était pas en danger. Mais l'attentat souleva une émotion considérable et des enquêtes approfondies furent ordonnées pour vérifier les dires de Fannya Kaplan. Elle se déclara socialiste révolutionnaire, ajoutant : « J'ai tiré sur Lénine, car je considère qu'il a trahi la révolution. » Fannya Kaplan fut exécutée le 4 septembre sans autre forme de procès. Le « poète prolétarien », Demian Bednyi, avait été convié à assister à son exécution au prétexte qu'elle pouvait « inspirer son œuvre ». Les archives ouvertes après la disparition du système soviétique ont révélé que l'affaire était tronquée et que Fannya Kaplan, loin d'être coupable, avait été la victime innocente de cette manipulation. Ce n'était d'ailleurs pas la première fois que la vie de Lénine était menacée. En janvier 1918, la voiture où il se trouvait avait été mitraillée et il ne dut son salut qu'à la prompte réaction du Suisse Fritz Platten, qui était à ses côtés et eut le réflexe de lui faire baisser la tête.

Ces attentats manqués témoignent avant tout de la haine que Lénine et les bolcheviks suscitent alors. Peu auparavant deux bolcheviks éminents, Volodarski et Ouritski, avaient été abattus, l'un en juin, l'autre quelques jours avant l'attentat prêté à Fannya Kaplan.

Après la tentative manquée d'attentat contre Lénine, le pouvoir décida d'y répondre par une politique de terreur systématique. Déjà au début de l'été, Lénine avait donné au gouverneur de Penza l'ordre « d'exercer une terreur implacable contre les koulaks, les prêtres et les gardes blancs ». Ce qu'il préconisait ainsi, n'était-ce pas la terreur révolutionnaire ? Au lendemain de l'attentat, cette politique terroriste fut officiellement reconnue. Le cadre en était le « décret sur la terreur rouge » aussitôt publié ; Lénine multiplia les instructions, ordonnant que « des otages soient désignés dans chaque district » pour contraindre les paysans à livrer les grains. La Tcheka devient par sa volonté l'élément dominant de l'État. Les camps de concentration fleurissent alors. Et à la même époque – juillet 1918 –, Lénine ordonne l'assassinat du tsar et de toute sa famille à Iekaterinbourg, ainsi que celui de la plupart des membres de la famille impériale à Alapaïevsk.

Ainsi, à l'été 1918, la Russie est placée sous un régime de terreur ; le peuple vit dans la haine et la peur d'un pouvoir sans scrupules. Mais aussi le pays est menacé de tous côtés, par les Alliés, l'Allemagne et les armées blanches. Qui peut imaginer alors que le pouvoir qui a déclenché ces haines, ces peurs et ces menaces pourra survivre à l'enfer qu'il a créé et aux puissants adversaires armés qui l'assiègent ?

Tel est le pays où va s'exercer l'activité d'Alexandra Kollontaï. Elle s'était élevée peu auparavant contre la volonté de Lénine de signer la paix de Brest-Litovsk. Elle était aussi opposée au sein du Parti au rétablissement de la peine de mort. Pourtant, dès ce moment, elle va mettre toute son énergie, le meilleur d'elle-même à servir Lénine et le Parti. Son adhésion au bolchevisme est alors totale.

Pendant que la terreur se déployait et que se déroulaient ces séquences dramatiques, prises d'otages et assassinats, Alexandra, imperturbable, poursuivait la tournée de propagande que le Parti lui avait enjoint d'effectuer. Elle y trouvait certes un avantage, car cette mission la réhabilitait dans un Parti où elle s'était déconsidérée. Sa réputation de femme avait aussi souffert de rumeurs malveillantes. On l'accusait de mêler ses amours à la vie politique, et Lénine en avait ri à ses dépens. Mais à nouveau, elle imposait l'image de la militante qui donnait toutes ses forces au Parti. La tournée de propagande qui lui était infligée n'était pas de tout repos, et partout où elle allait la menace des armées blanches planait. Lorsqu'en août elle arriva à Iaroslavl, une des étapes inscrites à son programme de meetings, elle se trouva en grand danger, la ville étant encerclée par les troupes de l'amiral Koltchak. Kollontaï et tous les membres de l'équipe durent se replier sur Kostroma, puis s'en retourner dans la capitale. Cependant, sur le chemin de Moscou, elle put s'arrêter dans la petite ville d'Orekhovo, où l'industrie textile mobilisait toutes les forces de travail. Cette industrie faisant appel avant tout à une main-d'œuvre féminine, Kollontaï retrouva aussitôt ses grandes préoccupations, la défense des droits des femmes et leur implication dans la politique. Revenue à Moscou, elle réunit des femmes, de simples ouvrières et des responsables de ce domaine, Klavdia Nikolaïeva et Konkordia Samoïlova, pour évoquer avec elles l'organisation de la conférence nationale des femmes qu'elle souhaitait convoquer en novembre. Elle reprit aussi sa campagne pour obtenir du Parti une représentation des femmes en son sein par des instances dédiées. Le Comité central y resta fermement opposé.

Un autre problème l'attendait à son retour, c'était – une fois encore – celui des démêlés de Dybenko avec le Parti, jamais pleinement résolu. Elle pensait le retrouver – ils ne s'étaient pas vus depuis des mois –, mais quand elle arriva à Moscou, elle fut confrontée à leur habituelle partie de cache-cache. Elle apprit qu'il était parti pour la Crimée pour reprendre le combat contre les Allemands qui occupaient la région et contre le gouvernement du général Sulkevitch qui collaborait avec l'occupant. Mais il était tombé dans un piège et s'était retrouvé en prison à Sébastopol. Son sort dépendait donc des Allemands, maîtres de la Crimée. Comment le sauver ? À qui s'adresser ? Elle se tourna une fois encore vers Sverdlov, toujours attentif à ses demandes. Elle avait eu raison car sa requête fut suivie d'effet. Sverdlov lui demanda d'accomplir une nouvelle tournée de propagande dans la région de Moscou, tandis qu'il œuvrerait à la libération de Dybenko. Il en avait les moyens car il négociait au même moment un échange de prisonniers avec les Allemands. Dybenko fut inclus dans l'échange. Aussitôt libéré, sans reprendre son souffle, Dybenko réussit à réunir une petite troupe avec laquelle il attaqua les armées de Koltchak à Ekaterinoslav. L'audace paya, il défit l'adversaire. Mais il retrouva ensuite son arrogance habituelle : n'était-il pas redevenu un héros ? Kollontaï sauta sur l'occasion pour s'adresser à Lénine, lui demandant de le réintégrer dans le Parti, et Lénine recommanda à Sverdlov de le faire. Dybenko était sauvé !

Sans perdre de temps, Kollontaï passa à son autre passion, le problème des femmes et, dans le même courrier qui avait sauvé Dybenko, elle expliqua à Lénine que mettant toute son ardeur d'agitatrice à son service, elle lui demandait en retour son soutien pour la conférence nationale projetée. Lénine salua sa volonté affichée de se consacrer pleinement au Parti, l'assurant qu'il oubliait leurs différends et soutiendrait son projet de conférence. Mais il la mit aussi en garde contre toute tentative de créer une organisation féminine séparée. Kollontaï était revenue en grâce auprès de Lénine et dans le Parti, mais certains de ses dirigeants, tels Kamenev et Zinoviev, restaient hostiles à ses projets, les traitant de « féministes », un terme presque infamant.

Kollontaï ne s'en inquiéta pas, elle l'avait emporté et la grande conférence nationale des femmes, qui lui tenait tant à cœur, fut ouverte le 16 novembre 1918. Des ouvrières déléguées par leurs usines vinrent de partout. On avait prédit à Alexandra qu'elle ne pourrait réunir que quelques dizaines de femmes, elles furent plus de mille à prendre part à la conférence, déjouant ainsi tous les pronostics. Cette participation massive posa de grands problèmes, car rien n'avait été prévu pour réunir, loger et nourrir un si grand nombre de femmes. Sverdlov se montra comme toujours disposé à aider Alexandra. Elle lui marqua sa reconnaissance en lui demandant de prononcer le discours d'ouverture. Kroupskaïa avait aussi soutenu ce projet et les efforts de Kollontaï pour le mener à bien. Il est à peu près certain que c'est elle qui poussa Lénine à venir rejoindre les congressistes le troisième jour et à s'adresser à elles. Même si son propos ne fut pas très original, il fut ovationné par une salle en délire qui entonna ensuite *L'Internationale*. Le premier jour, Inessa Armand avait pris la parole. Excellente oratrice, elle sut mobiliser les ouvrières en leur exposant quelles charges insupportables la famille leur imposait, alors que l'État ne leur apportait aucune aide pour alléger ce poids. Kollontaï, parlant après elle, traita la partie positive du tableau, exposant les ambitions qu'elles devaient nourrir pour arriver à concilier leur vie de travail – qui était, pour Kollontaï, la partie la plus enrichissante de l'existence – et leur vie de famille. Elle déclara que le modèle familial traditionnel devait disparaître pour libérer les femmes des tâches domestiques. Les femmes devaient pouvoir élever leurs enfants, les aimer, profiter de leur présence sans avoir à se préoccuper des problèmes matériels. Le nouveau modèle familial était ainsi résumé : « Deux membres de l'État ouvrier, unis par l'amour et le respect, libérés de la jalousie, les femmes n'étant plus dépendantes des hommes et par là devenues leurs égales. » L'État devait fournir aux femmes les moyens matériels d'élever leurs enfants sans en avoir la charge. Des nurseries, des restaurants ou cantines communes devaient être créés dans les maisons d'habitation. Au vrai, une certaine communalisation existait déjà dans les grandes villes, où l'afflux de population ouvrière et la pénurie de logements avaient imposé une vie communautaire, notamment des cuisines communes. Pourtant, les femmes rassemblées en ce mois de novembre n'adhéraient pas spontanément au modèle familial harmonieux que leur proposait Kollontaï. Les discours d'Inessa et d'Alexandra furent applaudis, mais ils furent aussi ponctués de cris hostiles ou alarmés : « Nous ne voulons pas qu'on nous prenne nos enfants. » Kollontaï tenta de rassurer l'auditoire sur ce point, mais elle n'y parvint pas vraiment.

La conférence se sépara sur des décisions concrètes, qui devaient être mises en œuvre dans les trois années à venir. Tout d'abord, chaque organisation du Parti devait accueillir une commission permanente, composée de déléguées élues, ouvrières et paysannes, qui seraient chargées de l'agitation dans chaque entreprise ou lieu de travail. Au niveau supérieur, une commission centrale, dirigée par Kollontaï et Inessa Armand, superviserait le travail accompli et les résultats en seraient soumis au IXe Congrès du Parti l'année suivante. Dans cette commission centrale, Alexandra allait retrouver une grande partie des responsabilités qu'elle avait exercées comme commissaire du peuple.

Comme tous les bolcheviks, Kollontaï n'était pas seulement intéressée par les problèmes de politique interne, elle avait les yeux fixés sur le monde extérieur, sur le développement des événements révolutionnaires qui permettraient à la révolution russe de s'inscrire dans un contexte plus large. Et il est vrai qu'en Allemagne, en ce mois de novembre, alors même qu'Alexandra bataille pour attirer les femmes russes vers la politique, l'heure de la révolution paraît venue. Une grève générale paralyse Berlin le 9 novembre, le prince-chancelier Max de Bade démissionne et le socialiste Ebert le remplace. Est-ce l'octobre russe de l'année précédente qui se répète ? L'Allemagne décide alors de faire la paix avec les Alliés qui peuvent enfin célébrer leur victoire le 11 novembre. Deux jours plus tard, Lénine dénonce le traité de Brest-Litovsk, annulant ainsi tous les engagements pris par son pays. Et il clame qu'il a eu raison de faire la paix pour gagner du temps, que le répit ainsi gagné a sauvé la révolution russe et permis de préparer la révolution mondiale. Il sera vite déçu, la révolution que les événements d'Allemagne laissaient entrevoir n'aura été qu'une brève illusion. Dès la mi-janvier le Parti social-démocrate, guidé par son aile conservatrice, réussit à reprendre le contrôle du pays. Rosa Luxemburg et Liebknecht, que la révolution de novembre avait tiré de prison, y perdirent la vie. Alexandra Kollontaï, désespérée, rédigea aussitôt un hommage à celui qui était, pour elle, le cœur de la révolution, Karl Liebknecht et à celle qui en était l'esprit, Rosa Luxemburg.

Malgré cet échec, la IIIe Internationale va voir le jour à Moscou en mars 1919, et elle est portée par les bolcheviks. Son président, Zinoviev, annonça solennellement que le Komintern allait provoquer et soutenir partout l'éclosion de mouvements révolutionnaires, et dès la fin du même mois, les événements semblent lui donner raison. En Hongrie, Béla Kun installe un pouvoir communiste ; en avril, Munich devient le centre d'une autre révolution, dont l'existence sera brève, mais le Komintern y verra une confirmation de la combativité des forces prolétariennes allemandes.

D'abord enthousiasmée, Alexandra Kollontaï fut vite épuisée par les tâches qu'elle assumait, les espoirs et les déconvenues apportés par ses missions, et plus encore par les incertitudes du paysage révolutionnaire. Tout la bouleversait en cette fin d'année 1918. Comme tous les dignitaires du Parti, elle avait la chance de vivre dans des conditions privilégiées par rapport à celles que connaissait le citoyen ordinaire. Elle était logée à l'hôtel National, l'un des plus prestigieux de Moscou, qui était bien chauffé – un rare avantage. La nourriture y était frugale, mais les membres du Parti étaient loin de connaître la famine subie par la majorité des habitants des villes. En dépit de cette situation quelque peu protégée, la santé d'Alexandra se dégradait. Elle connut alors une première alerte, et le diagnostic fut « angine de poitrine », conformément au langage médical de l'époque. Elle fut d'abord soignée à l'hôtel par des amis, et par Micha quand il le pouvait, puis il fallut recourir à la chirurgie, de sorte que durant trois mois, de novembre à mars, elle resta éloignée du Parti. Elle ne réapparut qu'au Ier Congrès du Komintern, où elle intervint sur son sujet de prédilection, les femmes. Elle déclara que le Komintern devait les associer à son organisation et à ses tâches, et dut constater à son grand dépit que ce thème ne mobilisait guère l'attention des congressistes. Il est vrai qu'à cette époque son principal soutien dans le Parti, Sverdlov, payant lui aussi le prix d'une vie intense et de conditions de travail difficiles, s'effondra. Dans un ultime effort, il avait mobilisé toute son énergie et était parti au début de mars en Ukraine, afin d'y combattre les communistes de gauche qu'il jugeait dangereux. La typhoïde y sévissait, il l'attrapa et elle l'acheva. Sa mort, le 16 mars 1919, privait le Parti d'un très haut responsable intègre, respecté de tous et relativement modéré. Elle privait Alexandra Kollontaï d'un soutien, d'un protecteur et d'un ami véritable. Elle fut profondément affectée par cette perte et très consciente de ses conséquences politiques.

Le VIIIe Congrès du Parti s'ouvrit deux jours après la mort de Sverdlov. À l'ouverture du Congrès, Lénine prononça son éloge et déclara que l'immense travail accompli par Sverdlov, la pluralité des tâches qu'il assumait, ne pourraient jamais trouver de remplaçant ; qu'il y faudrait tout un groupe. Cet hommage si juste conduisait le Parti à en tirer les conséquences ; elles seront considérables – et tragiques – pour la suite de l'histoire du pays. Pour remplacer Sverdlov, deux instances furent créées : un bureau d'organisation – Orgburo – et un bureau politique – Politburo. Ce dernier devait être constitué d'un petit groupe de personnes issu du Comité central. Pour coordonner les activités de ces instances, on désigna un homme, dont nul n'imaginait ce qu'il allait faire dans l'avenir de la modeste fonction qui lui était confiée : Joseph Staline.

Durant le Congrès auquel elle assistait en qualité de déléguée de la Commission féminine, Alexandra Kollontaï participa aux débats généraux qui traitaient de l'organisation du Parti, mais elle intervint aussi pour défendre comme toujours la cause féminine. L'évolution autoritaire du Parti, le poids grandissant de la bureaucratie furent dénoncés par une opposition de gauche qui réclama avec force le retour à une direction collective prolétarienne. Les opposants demandèrent à cette fin que le Comité central soit porté de quinze à vingt et un membres. La demande fut agréée, mais le Comité central fut élargi sans que ses

Alexandra Kollontaï à l'âge de dix-sept ans, 1er octobre 1889.

VIIIe congrès de l'Internationale socialiste, Copenhague, 1910. Alexandra Kollontaï se tient au centre, en compagnie de Clara Zetkin.

Formation d'un conseil des commissaires du peuple dirigé par Lénine, 8 novembre 1917. Alexandra Kollontaï est assise à la gauche de Lénine, au centre. Krasnogorsk, Film Archive.

Alexandra Kollontaï avec son fils Micha, 17 juillet 1915.

Carte postale soviétique imprimée fin 1917 ou début 1918. Sont représentés, de gauche à droite, Maria Spiridonova, Trotski, Alexandra Kollontaï, Lénine, Lounatcharski, Krylenko et Kamenev.

Carte postale commémorant la seconde révolution russe, sans doute imprimée en décembre 1917. Sont représentés, de gauche à droite, Trotski, Lénine, Lounatcharski, Maria Spiridonova, Alexandra Kollontaï, Fiodor Raskolnikov, Kamenev et Zinoviev.

Pavel Dybenko, figure politique et militaire soviétique, et sa compagne Alexandra Kollontaï.

Alexandra Kollontaï, au centre, en compagnie des participantes de la Conférence des femmes orientales, 1er décembre 1920.

Alexandra Kollontaï et Pavel Dybenko rendent visite à la famille de Pavel, 24 septembre 1919.

Alexandra Kollontaï et Clara Zetkin lors du Congrès de l'Internationale communiste en 1921.

Alexandra Kollontaï lors d'un Congrès de femmes communistes, Moscou, octobre 1921. Photo extraite d'*Histoire des Soviets*, Henri de Weindel, 1922-1923.

Inessa Armand en compagnie de Lénine et de son chat, Moscou, vers 1920.

Alexandra Kollontaï et Marcel Body à Oslo, 7 septembre 1923. Oslo Museum.

Alexandra Kollontaï, ambassadrice soviétique, en Suède, en 1934, alors qu'elle a reçu l'Ordre de Lénine.

La diplomate Alexandra Kollontaï se rend au palais royal à Stockholm pour remettre ses lettres de créance, fin 1930.

Alexandra Kollontaï chez elle, à Moscou, en avril 1946. Sur l'étagère derrière elle est posé un portrait d'Isabel de Palencia, ministre républicaine d'Espagne.

éléments les plus conservateurs, Zinoviev, Kamenev et Rykov, aient envisagé de céder du pouvoir. Ils déclarèrent que le Comité central devait, au contraire des exigences de l'opposition, disposer d'un pouvoir total, parce qu'il représentait la dictature du prolétariat. Alexandra se sentait proche de l'opposition de gauche et elle se rallia à ce groupe pour critiquer les excès de la bureaucratie.

Mais convaincue de devoir avant tout porter la parole des femmes qui, dit-elle dans un discours enflammé, lui écrivaient pour décrire leur misère et en appeler au Parti pour qu'il vienne à leur secours, Kollontaï demanda qu'il émancipe la femme et la mère, et elle conclut à la nécessité de mettre fin à la famille traditionnelle. Cette proposition heurta Lénine. « Pourquoi voulez-vous faire disparaître la famille ? objecta-t-il. Nous devons sauver la famille, la protéger. » Le propos de Lénine n'était pas de pure circonstance, il correspondait à sa conception d'une société reposant sur des fondements stables. Il sera toujours en opposition avec Alexandra Kollontaï sur l'organisation sociale et la famille, et le sachant, après le discours virulent qu'elle avait prononcé au Congrès, elle opta pour une position moins radicale. Elle en fut récompensée puisque le Congrès vota en fin de compte une résolution exprimant son soutien à l'activité de la Commission des femmes.

Mais aussitôt le Congrès terminé, Alexandra fut une nouvelle fois requise par le Parti pour participer à une campagne de propagande en Ukraine. La paix revenue entre belligérants n'avait pas été suivie de la pacification du pays. Tout au contraire, la Russie restait divisée en zones contrôlées par des généraux blancs ou des gouvernements nationaux opposés au pouvoir soviétique, les menaces pesant sur le pouvoir étaient innombrables et l'Ukraine était particulièrement inquiétante à cet égard. Après la défaite des Allemands qui avaient considéré que le « grenier à blé » de la Russie était leur quasi-colonie, les bolcheviks avaient établi un gouvernement à Kharkov. Les nationalistes ukrainiens refusaient de reconnaître ce gouvernement. L'indépendance de l'Ukraine était revendiquée par de très nombreux Ukrainiens, alors que pour Lénine et Boukharine, l'unité du prolétariat devait avoir pour conséquence l'unité territoriale de l'ancien empire. À la confrontation entre bolcheviks et nationalistes ukrainiens, s'ajoutait alors une double menace, les armées du général Denikine avançant vers Donetsk et celle de l'amiral Koltchak arrivant de l'Oural. Comment arrêter les armées blanches ?

Alexandra Kollontaï partit d'autant plus volontiers pour l'Ukraine que Dybenko se trouvait alors en Crimée et qu'elle voulait l'y rejoindre, fût-ce pour un bref séjour. Après ses multiples tribulations au sein du Parti, Dybenko, y avait été réintégré le 3 janvier 1919 et le Comité central avait prétendu de surcroît qu'il n'avait jamais été exclu. Cette bonne nouvelle était arrivée en son absence, car il était parti sans consulter quiconque pour le front d'Ukraine deux jours plus tôt, et c'est à Alexandra que revint l'agréable mission de lui annoncer le revirement du Parti à son égard. Mais avant de le rejoindre, elle devait accomplir sa mission, user de son talent oratoire pour convaincre les Ukrainiens de se rallier à la bannière bolchevique. Elle avait été intégrée à un groupe de propagandistes qui devait parcourir l'Ukraine déchirée et dévastée à bord d'un train spécial. Cette équipée la conduisit au début de juin à Kharkov ; alors qu'elle y arrivait, les troupes du général Denikine, qui avaient déjà pris le contrôle de la République rouge de Crimée, en approchaient. Le gouvernement de la République avait fui à Simferopol et le jeune frère de Lénine, Dimitri Oulianov, dont le principal titre de gloire était sa parenté avec le chef du gouvernement bolchevik, en prit la tête.

Kollontaï dut s'agréger au flot des fuyards que la menace des troupes de Denikine poussait toujours plus loin. Elle arriva ainsi à Simferopol le 23 juin et en repartit presque aussitôt pour chercher refuge à Kiev où elle retrouva enfin Dybenko. Retrouvailles joyeuses, mais obérées par les lourdes responsabilités de chacun d'entre eux.

Dybenko était alors commissaire à la Guerre et Alexandra commissaire à l'Agitation, c'est-à-dire à la Propagande. Ils purent envisager un court moment une vie commune, conforme aux conceptions d'Alexandra. Ils vécurent ainsi moins la vie d'un couple traditionnel que celle de deux compagnons de combat, égaux de par leurs fonctions politiques. Pour Alexandra, ce fut une période heureuse dont témoigne son journal. Mais ce temps de bonheur fut bref. Dès la fin du mois d'août, les amants durent quitter Kiev, s'en aller chacun de son côté. Dybenko partit avec son armée vers le Sud pour combattre Denikine, tandis qu'Alexandra dut organiser l'évacuation de plusieurs centaines de femmes et d'enfants. Cette tâche accomplie, elle s'engagea munie de faux papiers dans un voyage hasardeux qui devait lui permettre de regagner Moscou. Au cours de cette épopée, elle rencontra d'innombrables fuyards qu'elle tentait de rassurer, en leur affirmant que la retraite militaire était momentanée, fruit de savants calculs, et que l'Armée rouge allait très vite être de retour en Ukraine.

De retour à Moscou après deux semaines d'un difficile trajet en train et en bateau, Kollontaï reprit avec bonheur ses quartiers à l'hôtel National. Elle retrouvait ses charges, mais dans des conditions nouvelles. La Commission féminine avait été élevée à un statut plus officiel – elle était devenue Section féminine du Comité central –, Jenotdel, et les interventions de Kollontaï au VIIIe Congrès n'y étaient pas pour rien. Elle ne pouvait que s'en féliciter. Mais elle fit au même moment une découverte fort amère. Le Parti avait mis à la tête du Jenotdel Inessa Armand, réservant à Alexandra la position peu glorieuse de représentante des déléguées du monde rural. Certes, Inessa avait elle aussi œuvré à convaincre le Parti de l'importance de l'organisation féminine, mais Alexandra Kollontaï s'était battue pour cette cause depuis 1906 et l'avait défendue devant le Parti à chacun de ses congrès. La fonction de représentante des femmes en milieu rural était une fiction, elle ne s'accompagnait ni d'un programme, ni d'instructions, ni de moyens. Alexandra était condamnée à travailler sous l'autorité d'Inessa, alors qu'elles avaient toujours été en rivalité, que leurs caractères étaient dissemblables et qu'elles n'avaient jamais entretenu de relations très amicales.

Alexandra décida pourtant de faire bonne figure et elle se mit au travail, élaborant des propositions propres à améliorer l'existence des femmes. Constatant que la prostitution prenait des proportions inquiétantes, elle en fit une des priorités de l'action du Jenotdel. Mais, respectant sa fonction principale, elle allait à la campagne pour s'adresser aux femmes. Malgré son piètre état de santé, Kollontaï consacra beaucoup d'énergie à parcourir les villages, tentant de gagner des femmes indifférentes – voire hostiles – à son propos et à l'organisation qu'elle représentait. À cette époque, Dybenko voulut l'emmener dans son village natal pour lui présenter ses parents. Alexandra découvrit une famille de paysans russes que la révolution n'avait pas changés. Ils étaient croyants, les icônes étaient placées, selon l'usage, dans un coin de la pièce où tous se rassemblaient, un grand poêle chauffait l'isba, des serviettes brodées égayaient les murs. Les parents du bolchevik étaient des paysans bienveillants, attachés au *dvor*, à leur bien – un cheval, deux vaches, des poules, un petit peu de terre. Ils n'imaginaient pas la violence qui, ailleurs, dévastait déjà le monde rural, et regardaient avec confiance leur fils et la femme qui l'accompagnait, qui pour eux était sa femme, donc une fille qu'ils adoptèrent sans réserve. Durant les deux jours passés avec eux, Alexandra comprit mieux encore qui était Dybenko, ce qui l'attachait si fort à lui et ce qui l'en séparait. Et elle pressentait à son grand désarroi que son amour pour lui ne pourrait pas durer. L'image de femme mariée, de femme de Dybenko que lui renvoyait l'accueil si chaleureux de ses parents lui était insupportable. Elle n'était pas disposée à être la femme de quelqu'un, fût-ce de Dybenko, qu'elle aimait pourtant passionnément.

De retour à Moscou, Kollontaï fut confrontée à une tâche urgente, elle devait préparer la Ire Conférence internationale des femmes communistes qui aurait lieu en juillet, en même temps que le IIe Congrès du Komintern. Cette conférence fut un échec même si ce constat ne fut pas acté. Les femmes qui y étaient déléguées n'étaient autres que celles qui allaient participer aux assises du Komintern, ce qui impliquait qu'elles n'avaient aucune expérience des questions féminines, ni même d'intérêt pour elles. Seul acquis de cette conférence, l'appel lancé au Komintern pour en obtenir la création d'une instance dédiée aux femmes. Clara Zetkin défendit cet appel en séance plénière du IIe Congrès, son autorité et sa force de conviction y firent merveille. Le Komintern y réagit en décidant de créer la section féminine réclamée par Clara Zetkin.

Ce fut un grand moment pour Kollontaï, son rêve se réalisait, ses revendications avaient été entendues. Et elle allait enfin voir ses efforts récompensés. Après avoir été l'adjointe d'Inessa au Jenotdel du Parti et du Komintern, elle en prend la tête en septembre. Un événement imprévu l'explique, qui pour Lénine aura été un vrai tremblement de terre. Inessa était épuisée par un travail intensif et par une existence trop rude. Depuis des mois, elle se traînait, malade ; à l'été, elle s'effondra. Lénine avait insisté pour qu'elle aille se soigner dans un sanatorium du Caucase, où le climat était plus clément. Elle s'y installa, y contracta le choléra et mourut. Le 11 octobre, un cortège composé du Comité central et de centaines de communistes accompagnait la dépouille d'Inessa de la gare de Kazan jusqu'au Kremlin, où elle fut ensevelie dans le mur. Lénine assista dévasté, méconnaissable, « cadavre vivant », notera Kollontaï dans son journal, à cette cérémonie funèbre. Son désespoir impressionna tous ceux qui le virent ce jour-là.

Mais pour Alexandra, quelle aubaine ! Elle hérita des deux présidences des sections féminines du Comité central et du Komintern exercées par Inessa. Et dans la foulée, elle fut adjointe à Clara Zetkin au Secrétariat international des femmes et à l'exécutif du Komintern. Peu après, une cérémonie semblable – moins spectaculaire cependant – fut organisée pour ensevelir dans le mur John Reed, le journaliste américain qui avait suivi de près la révolution et en avait fait un récit exceptionnellement vivant. À l'été 1920, il s'était rendu en Asie centrale pour assister à une conférence des communistes de la région, il y attrapa le typhus qui ravageait alors la Russie. John Reed fut l'une des innombrables victimes de cette épidémie qui terrifiait un pays déjà en proie à la guerre civile et à la famine, maux que le gouvernement était incapable d'enrayer.

Alexandra Kollontaï n'était guère plus brillante que ne l'avaient été Inessa et John Reed, même si elle survécut à cette période terrible. Mais son cœur était de plus en plus malade, et ses reins se révélèrent à leur tour en piètre état. Elle dut interrompre son travail, séjourner dans une maison de repos, puis se reposer chez elle. Elle ne pourra reprendre ses activités qu'à l'hiver, alors qu'un nouveau champ d'action s'ouvre à elle, l'Opposition. Durant ses mois de maladie, Dybenko fut présent auprès d'elle, revenant fréquemment du front où les combats le requéraient, ou de l'école militaire où il avait été envoyé pour se perfectionner, pour retrouver sa Choura, sa Colombe comme il l'appelait. Malgré les attentions si touchantes de Dybenko, Alexandra savait que leur amour arrivait à son terme. Elle n'avait pas supporté son statut de « femme de Dybenko », elle ne supportait pas davantage les écarts de conduite dont elle le soupçonnait. Elle était jalouse et ne supportait pas de l'être. Tout altérait les sentiments qu'elle portait encore à son amant. Et de façon étonnante, c'est un autre amour, un amour surgi du passé, devenu amitié véritable, qui va l'attirer vers de nouveaux combats. Cet ami, amant jadis, c'est Chliapnikov, dont elle s'était séparée cinq années plus tôt.

Déjà, lorsqu'elle avait rejoint Dybenko au Caucase, Alexandra y avait retrouvé Chliapnikov, qui y avait organisé une école du Parti pour les ouvriers et en assurait le fonctionnement. Elle s'était intéressée à ce projet qui entendait former des ouvriers afin qu'ils puissent ensuite participer réellement à la gestion du pays ; elle y retrouvait son obsession constante d'associer la classe ouvrière au pouvoir. C'est pourquoi elle avait accepté de donner dans cette école un certain nombre de cours au printemps et à l'été 1920, tout en poursuivant son travail auprès des femmes. Ces activités l'avaient d'ailleurs aidée à supporter la vie commune avec Dybenko. Quand elle l'avait rejoint au Caucase, elle avait été désemparée et déçue en découvrant que le bolchevik, le combattant qu'elle estimait, se montrait soudain attaché aux avantages et aux commodités que lui offrait son statut dans l'armée. Il manifesta une fierté presque enfantine à lui montrer un logement trop somptueux, des facilités domestiques. Elle pensa qu'il était en train de s'embourgeoiser ! Chliapnikov lui avait été alors d'un grand secours. À son retour à Moscou, sa santé rétablie, Alexandra fut confrontée à une situation politique contraire à ses vues, qui la rapprocha encore plus de Chliapnikov. Un nouveau combat allait commencer pour elle, combat partagé avec ce dernier : l'Opposition ouvrière.

CHAPITRE VII

Contre Lénine : l'Opposition ouvrière

Depuis 1915 Alexandra Kollontaï avait rejoint Lénine, défendant ardemment ses thèses pour la paix, pour une nouvelle Internationale, pour la révolution immédiate. Certes elle s'était trouvée en désaccord avec lui par moments, sur la peine de mort, sur Brest-Litovsk surtout. Mais la fidélité à Lénine, la reconnaissance de son autorité politique et morale finirent toujours par les réconcilier, ou plutôt par imposer à Kollontaï de se soumettre ou de taire ses doutes.

Cette adhésion constante à la ligne imposée par Lénine va pourtant prendre fin en 1921, lorsque Alexandra Kollontaï s'engage dans l'Opposition aux côtés de Chliapnikov. À cette époque, il dirige le syndicat des ouvriers de la métallurgie. Sa seule préoccupation était de défendre la place des ouvriers et du syndicalisme dans l'État russe, ce qui va l'opposer au Parti. Au cours de l'année 1920, la guerre civile s'épuisant, les bolcheviks peuvent à nouveau réfléchir aux questions du pouvoir, de la forme et des fonctions de l'État. Lénine et ses proches continuent à jurer qu'ils ont édifié une démocratie prolétarienne, mais chacun peut constater que contrairement à la promesse de Lénine dans *L'État et la Révolution*, le pays n'est pas dirigé par une cuisinière, mais par une petite élite. La IXe Conférence du Parti en avait ouvertement débattu en septembre 1920. Deux groupes s'étaient alors affrontés. L'opposition de gauche exigeait que l'on réforme un Parti et un gouvernement bureaucratisés. Le parti bolchevique accepta d'en débattre. En revanche, il était braqué devant le défi que lui lançait l'Opposition ouvrière conduite par Chliapnikov. Cette opposition réclamait que les syndicats contrôlent l'industrie et que les ouvriers participent réellement au processus de décision du Parti et du gouvernement que la bureaucratie avait confisqué.

Kollontaï avait assisté à la IXe Conférence, mais elle n'avait pas soutenu alors l'Opposition ouvrière. Elle s'était opposée à Lénine sur la question de la paix de Brest-Litovsk, puis elle s'était réconciliée avec lui et elle le soutenait avec constance. Durant la conférence, elle était intervenue avec modération, demandant que les critiques formulées par l'Opposition ouvrière puissent être librement débattues dans le Parti, sans pour autant faire l'objet de sanctions : « On ne doit pas sanctionner ceux qui critiquent en les expédiant au soleil », dit-elle, ce qui était une manière adroite d'évoquer l'expulsion.

En novembre 1920, Trotski proposa une réforme des syndicats. Il fallait, dit-il, les réorganiser en s'inspirant de l'armée, c'est-à-dire en militarisant la représentation ouvrière afin qu'elle puisse participer efficacement au fonctionnement de l'économie. Cette réforme impliquait que le syndicalisme fût inclus dans le gouvernement et dans l'action gouvernementale, proposition qui provoqua l'opposition violente des tenants de l'autonomie syndicale. Lénine y ajouta sa conception personnelle de la place des syndicats dans le système de pouvoir. Il contesta le principe de leur intégration dans le gouvernement, expliquant que les syndicats représentaient la classe dirigeante – le prolétariat –, qu'ils étaient donc « des écoles du communisme pour les masses » chargées d'assurer la liaison entre l'avant-garde – le Parti – et les ouvriers les plus attardés. Les syndicats n'étaient pas des instances de gouvernement, ils n'étaient pas non plus capables de diriger l'industrie. La position de Lénine fut soutenue par neuf membres du Comité central, et sous l'appellation de *Plateforme des dix*, elle devait être présentée au Xe Congrès. Le Congrès – Zinoviev le précisa – aurait à se prononcer sur des propositions ou plateformes, présentées par des groupes dont les membres auraient été délégués au Congrès à cette fin. Ce fut la seule fois où le principe des plateformes fut accepté par le Parti.

Durant ces débats préparatoires, Lénine avait perçu qu'il aurait pour principal adversaire l'Opposition ouvrière. Chliapnikov avait fait adopter sa plateforme dès janvier 1921 par trente-huit signataires, qui étaient principalement les responsables syndicaux des industries d'armement, de la métallurgie ou des mines. Les signataires de cette plateforme réclamaient que soit créée une assemblée élue par les syndiqués, qui serait le Congrès panrusse des producteurs.

Lénine comprit d'emblée que la plateforme de l'Opposition ouvrière pourrait séduire la classe ouvrière.

Dès qu'il en eut connaissance, il organisa la riposte. Il accusa tout d'abord Chliapnikov de défendre « une opposition syndicaliste en rupture avec le communisme » qui voulait ignorer le Parti et la révolution qu'il avait accomplie. Lénine accusait ainsi Chliapnikov de vouloir substituer les syndicats au Parti comme instruments du changement révolutionnaire.

Le conflit qui opposait Lénine à Chliapnikov n'était pas sans fondement. Lénine avait écrit que le Parti qu'il forgeait était le porteur de la conscience de classe, l'avant-garde du prolétariat, et qu'il était par là même chargé de conduire celui-ci vers la révolution. Et il en avait été ainsi. Mais Lénine n'avait jamais défendu ouvertement l'idée que la révolution étant accomplie, le pouvoir reviendrait au Parti et à lui seul. Or depuis octobre 1917, le Parti n'avait cessé d'étendre son pouvoir et les bolcheviks s'en accommodaient fort bien. Kollontaï observa d'abord le débat, restant silencieuse, puis elle déclara qu'elle soutenait l'Opposition ouvrière le 28 janvier 1921 dans un article publié ce jour-là dans la *Pravda*. Elle y accusait le Parti de trahir le prolétariat.

Pour Chliapnikov et pour l'Opposition ouvrière, l'entrée en scène à leurs côtés de Kollontaï était une chance considérable. Ses dons oratoires exceptionnels – auxquels même Chliapnikov ne pouvait faire concurrence – allaient les servir dans les débats. À son article, elle avait ajouté une remarquable contribution écrite : *L'Opposition ouvrière*, un texte de cinquante pages imprimées qui fut diffusé à la veille du Congrès. Alexandra Kollontaï y décrivait l'opposition en ces termes : « Elle groupe la partie avancée des prolétaires organisés, des professionnalistes, des ouvriers, la pointe d'avant-garde, la tête du prolétariat russe qui a supporté tout le fardeau de la lutte révolutionnaire et qui, au lieu de se disperser à travers les administrations d'État en perdant sa liaison avec les masses ouvrières, est restée liée avec ces masses [...] organisées en syndicats. »

Ayant ainsi posé les termes du conflit existant entre la majorité du Parti et l'Opposition ouvrière, Kollontaï s'arrêta longuement sur le rôle des syndicats, attaquant sans ménagement les justifications de Lénine, les qualifiant d'« instrument pour l'éducation des masses alors que leur affaire est la direction de l'économie nationale ». Pour Kollontaï, l'initiative des masses était essentielle à la mise en place d'un vrai système de gestion économique, « le Parti ne peut éduquer celui qui construit l'économie communiste, seul le syndicat le peut ». Pour jouer son rôle, le Parti doit « guérir de la bureaucratie qui y sévit » et Kollontaï proposait une série de remèdes, dont le *principe électif* dans le Parti et une large ouverture aux ouvriers. Dans sa conclusion, elle affirme sans ambiguïté la nécessité de l'Opposition : « L'homme de la classe ouvrière déclare : "Ilitch réfléchira et retournera tout ça dans son cerveau. Il nous écoutera et il mettra le cap sur l'Opposition" », et encore : « Plus les sommets du Parti se hâteront de tenir compte du travail de l'Opposition [...], plus vite nous passerons le seuil désiré où l'humanité sera libérée des lois économiques. » La réconciliation entre l'Opposition et le Parti, sur les bases proposées par la première, débouchera sur le moment où l'humanité sera « au-delà du domaine de la nécessité. » Cette évocation du rêve de Marx dit bien la force et la conviction des propositions d'Alexandra Kollontaï dans ce document qu'elle a offert au Parti à la veille du Xe Congrès.

Le propos d'Alexandra Kollontaï n'était pas unique en son genre. Chliapnikov disait la même chose, mais *L'Opposition ouvrière* était son œuvre, elle l'avait signée. Cela ne pouvait être indifférent à Lénine.

Le Xe Congrès, qui s'est ouvert le 8 mars 1921, va siéger sur le fond d'une crise politique d'une extrême gravité. Le 1er mars, les marins de Kronstadt se sont soulevés. La crise était prévisible, la situation matérielle du peuple russe était au printemps 1921 effroyable, aussi bien dans les campagnes que dans les villes. Depuis deux ans, la campagne russe était ravagée par des insurrections provoquées par les réquisitions de grains imposées aux paysans. De véritables armées, comme celle de Makhno en Ukraine ou d'Antonov à Tambov, mobilisaient des dizaines de milliers de paysans soulevés contre le pouvoir bolchevique, qui y répondait par des expéditions punitives d'une extraordinaire violence. En 1921, le pays est près de sombrer dans l'anarchie. Et dans les villes, la situation est tout aussi grave, d'abord en raison de la pénurie alimentaire. En janvier 1921, la ration de pain allouée aux citadins est diminuée d'un tiers, et les ouvriers, qui sont à peine nourris, y répondent par des grèves qui paralysent Moscou, Petrograd et d'autres villes. En février 1921, Petrograd paraît être au bord de l'insurrection générale, et le 1er mars le mouvement de révolte a gagné Kronstadt, base de la flotte de la Baltique. Les marins des cuirassés *Petropavlovsk* et *Sébastopol* se mutinent et exigent que le pouvoir soit remis aux soviets, mais en excluant les communistes. La résolution qu'ils adressent au gouvernement demande aussi la liberté de réunion, et surtout la liberté de travail pour les paysans. Le gouvernement répond par la violence. Trotski va diriger la répression de la « commune » de Kronstadt, qui sera conduite sur le terrain par Toukhatchevski, assisté d'officiers issus de l'ancienne armée impériale. Plus de cinquante mille soldats seront jetés dans la bataille pour mater les révoltés dont le nombre ne dépasse pas cinq mille. Le Congrès du Parti, qui siège du 8 au 16 mars, s'est ouvert alors même que Trotski a lancé un ultimatum aux rebelles, exigeant leur reddition. Le mouvement ne faiblit pas. On peut aisément imaginer ce Congrès où des nouvelles de Kronstadt ne cessent d'arriver, la rébellion étant la toile de fond des débats.

Dès qu'il vit Alexandra dans la salle de séance où elle s'apprêtait à traduire l'intervention du Français Jacques Sadoul, Lénine l'apostropha sur un ton quelque peu agressif. « Que faites-vous avec cet individu ? » lui demanda-t-il avant de se plonger dans *L'Opposition ouvrière*, dont la lecture le rendait manifestement furieux. Le lendemain, l'Opposition ouvrière entrait en scène. Chliapnikov parla en premier, puis ce fut Kollontaï, que Lénine avait, au détour d'un couloir, tenté de dissuader de s'exprimer au nom de l'Opposition. Chliapnikov et Kollontaï se montrèrent soucieux de ménager le Parti dans leurs discours : « Nous considérons comme nécessaires la discipline et l'unité du Parti », dirent-ils. Ayant ainsi manifesté sa déférence au Parti, Chliapnikov dénonça ensuite la politique ultra centralisée du cercle dirigeant tandis que Kollontaï insista, comme il l'avait fait, sur la rupture entre le Parti – parti de cadres et de dirigeants – et les masses. « Le Parti est devenu une bureaucratie étrangère aux masses, à la classe ouvrière. » L'Opposition ouvrière demandait au Parti par la voix de ses deux chefs de file d'en revenir à sa vocation originelle : être le parti du prolétariat et rompre avec une bureaucratie arriviste qui avait usurpé le pouvoir. Pour illustrer leurs propos, tous deux brandissaient la révolte de Kronstadt, illustration et résultat de la trahison de la révolution qu'ils décrivaient. Les responsables de l'Opposition ouvrière espéraient que cette révolte serait l'électrochoc qui conduirait le Parti à une prise de conscience. C'est pourquoi ils insistaient tant sur ce sujet. Mais ils n'avaient pas imaginé que l'insurrection ait pu produire un tout autre effet sur les délégués. Loin de les inciter à réfléchir, la tragédie de Kronstadt les effraya et les conduisit tout naturellement à s'en remettre pour régler cet immense problème à la direction du Parti, c'est-à-dire à Lénine.

Lénine répondit à l'Opposition ouvrière et à ses critiques du Parti sans aucun ménagement. Il dénonça un « factionnalisme » d'autant plus inacceptable que « l'État révolutionnaire » se trouvait en grand danger. Et il mit sur le même plan « le péril anarchiste », représenté par la rébellion de Kronstadt, et le syndicalisme de l'Opposition ouvrière. L'Opposition ouvrière, continua Lénine, avait su séduire de bons communistes avec de mauvais arguments, mais le Parti était prêt à oublier leurs errements momentanés et à leur ouvrir ses rangs. Évoquant Chliapnikov et Kollontaï, il se montra méprisant, violent à l'égard des responsables de ces errements, ironisant sur la complicité qui les unissait. Cette allusion à leurs anciens liens amoureux, à la vie privée de Kollontaï tout particulièrement, la blessa profondément. Elle y vit une manifestation du sentiment traditionnel de supériorité masculine contre lequel elle s'était toujours battue, et dont son œuvre témoignait. Mais en accusant Kollontaï et Chliapnikov d'anarchisme, Lénine rattachait leur position à la rébellion de Kronstadt, à un factionnalisme contre lequel le Congrès allait sévir. Les résolutions prises à la fin du Congrès montrèrent que Lénine voulait briser l'Opposition ouvrière sans lui faire la moindre concession. La résolution votée par le Congrès le 16 mars sur « les déviations syndicalistes dans le Parti » définissait le mouvement comme une manifestation de l'esprit petit-bourgeois porté par les mencheviks et les paysans dans le Parti. Cet esprit était condamné sans appel et ceux qui persisteraient à le défendre ne pouvaient rester dans le Parti. L'expulsion les guettait. La résolution sur l'unité du Parti condamnait le factionnalisme et donnait au Parti mission d'« expulser immédiatement » tous ceux qui la menaçaient.

La disposition concernant l'exclusion des membres du Parti stipulait qu'il y fallait, précision de taille, une majorité des deux tiers. Cette partie de la résolution devait rester secrète, ce qui témoignait de la difficulté du débat qui avait conduit à son adoption. Radek déclara : « Les dispositions sur les exclusions sont des dispositions extrêmement dangereuses, qui un jour nous engloutiront tous. Mais dans la situation dramatique de notre pays, je ne vois pas d'autre solution que de les voter pour garantir l'unité du Parti. » L'argument de la nécessité de préserver l'unité du Parti avait convaincu les plus hésitants. Mais Radek avait vu juste, il allait être « englouti » avec presque tous ceux qui avaient voté cette disposition.

Autre décision capitale du Xe Congrès, l'approbation de la NEP, la Nouvelle Politique économique qui remplaçait le communisme de guerre. La NEP avait été proposée par Lénine dès le 8 février, au moment où la base de Kronstadt entrait en dissidence. Lénine expliqua au Congrès qu'une période de transition était indispensable à la Russie. Quel aveu ! Il signifiait que la Russie n'était pas prête en 1917 pour le socialisme… Et le corollaire de ce constat était que le Parti avait le devoir impératif de veiller avec intransigeance à ce que la transition n'altère pas son idéal et ne détourne pas le pays du but qu'il s'était fixé, le socialisme. Cela impliquait que le Parti ne pouvait transiger, ni accepter que quiconque s'écarte de la ligne fixée. Le Congrès vota d'autant plus aisément l'adoption de la NEP qu'il était concentré sur les problèmes politiques, sur l'unité du Parti, la lutte contre les opposants et son organisation. Si Lénine fut suivi par la majorité des congressistes lors du vote des résolutions sur l'unité du Parti et sur la condamnation des oppositions, Chliapnikov, Alexandra Kollontaï et leurs compagnons de lutte s'y étaient opposés avec violence. Chliapnikov menaça de démissionner de tous les organes dirigeants et prétendit en appeler à l'instance communiste suprême, au Komintern, qui devait tenir son troisième congrès peu après.

En attendant la réunion du Komintern, tous les membres de l'Opposition ouvrière votèrent contre ces résolutions à l'exception d'Alexandra Kollontaï, car elle ne disposait au Congrès que d'une voix consultative. Elle restait silencieuse, méditant sur l'attitude peu respectueuse dont Lénine avait fait preuve à son égard, et qui fut renforcée par une tirade venimeuse de Boukharine. Le 17 mars, il divertit le Congrès en citant un article d'Alexandra Kollontaï qui, dit-il, développait une argumentation « sentimentalo-religieuse » à propos de la maternité. Alexandra se refusa à polémiquer avec ce qui lui parut être une manifestation de mépris à l'égard des femmes. Et l'isolement dans lequel on la confina pouvait l'encourager dans ce sentiment. Lénine avait au contraire ménagé Chliapnikov en le maintenant au Comité central en dépit de ses prises de position et de ses réticences à y rester. Il finit par accepter la décision de Lénine, mais elle ne l'empêcha pas de se battre pour que les syndicats ne soient pas subordonnés à l'appareil central du Parti. La querelle avec Lénine était donc loin d'être close. Le 18 mars 1921, la situation était clarifiée. Chliapnikov restait dans l'appareil central. Dybenko lui aussi échappa à la vindicte de Lénine puisque au lendemain de l'écrasement de Kronstadt, dont le prix fut considérable – les morts se comptaient par centaines et les blessés par milliers –, il fut nommé commandant de la forteresse. Peu après, il quitta Kronstadt pour combattre la rébellion paysanne à Tambov et il y réussit si bien que, quelques mois plus tard, il était nommé commandant de la côte occidentale de la mer Noire et enfin commandant de la cinquième division de Perekop. Dans le même temps, l'autodidacte Dybenko suivait les cours de l'Académie militaire qu'il achèvera en 1922, ce qui lui vaudra par la suite des commandements prestigieux.

Alexandra lui écrivit qu'étant devenue suspecte dans le Parti elle nuirait à sa carrière, elle devait donc s'éloigner de lui. Ces remarques généreuses étaient conformes à son caractère, mais elles répondaient aussi au refroidissement croissant de leur relation. Dybenko n'était pas insensible au charme féminin, Alexandra était consciente de la distance que l'âge creusait entre eux, et elle connut des moments de jalousie. Dybenko avait de son côté quelques doutes sur la solidité de leur entente, il était inquiet des liens qu'elle avait renoués avec Chliapnikov et que leur combat commun avait mis en lumière. Lénine ne les avait-il pas pris pour cible au Congrès ? La fin de leur grande passion s'annonçait ainsi, et pour Alexandra, qui ressentait durement son isolement politique, cette solitude du cœur était une épreuve de plus.

Comme toujours, Alexandra trouvait dans le travail une compensation aux difficultés de sa vie privée. Au sortir de la confrontation du Xe Congrès, elle revint au problème des femmes, dont elle entendait changer la destinée. Son projet est à ce moment-là particulièrement audacieux, car ce qu'elle veut changer c'est le statut si lourd de contraintes des femmes de la périphérie musulmane. Le Jenotdel avait recruté des disciples en Asie centrale et au Caucase, des femmes courageuses qui se donnèrent pour mission de défendre leurs semblables soumises à un droit coutumier odieux. De très jeunes filles étaient contraintes d'épouser des hommes âgés qu'elles ne connaissaient même pas. Elles étaient aussi obligées de s'envelopper de voiles épais qui recouvraient leurs visages et leurs corps, et les isolaient du monde extérieur. Le Jenotdel bataille pour les arracher au sort qui leur était promis et ouvrit à leur intention en Asie centrale des clubs où des cours leur étaient proposés et des films étaient projetés. Les mères de famille pouvaient, lorsqu'elles y venaient, confier leurs enfants aux garderies ouvertes par le Jenotdel au sein de ces clubs. Certes, il n'était pas question d'évoquer la liberté sexuelle, et pas davantage des activités extérieures auxquelles les femmes pourraient se livrer, mais le club leur offrait déjà un moment de liberté. Il arriva même que le Jenotdel réussisse à arracher des jeunes filles à leurs familles pour les envoyer étudier en Russie centrale. C'est à Bakou, au Caucase, que le Jenotdel obtint à cette époque ses plus spectaculaires succès. Les volontaires n'étaient pas très nombreuses, mais le Jenotdel misait sur la vertu de ces exemples. Enfin, Alexandra avança l'idée fort hardie que des femmes musulmanes pourraient participer au Congrès féminin qui devait se tenir à la veille du IIIe Congrès du Komintern.

La prudence des collaboratrices du Jenotdel, attentives à ne jamais heurter les convictions de leurs interlocutrices, la séduction de leurs propositions et de leurs méthodes – les projections de films étaient particulièrement attirantes pour des femmes enfermées dans leurs foyers – s'étaient révélées efficaces pour ouvrir les cœurs au Jenotdel, mais avaient aussi provoqué de violentes réactions chez les hommes qui s'opposaient avec force à une ingérence étrangère à leurs modes de vie. Dans des régions où l'islam était fortement implanté, où dominait une société rurale ou nomade, le pouvoir bolchevique était perçu comme l'ennemi à la fois de la religion et des peuples musulmans. Le pouvoir était russe, son projet était russe, et les peuples d'Asie et du Caucase considéraient tous les Russes comme des dominateurs. Comment ignorer qu'aux frontières de l'Asie centrale, en Afghanistan, un journal paraissait depuis 1913 dont la manchette proclamait *l'Asie aux Asiatiques* ? Le Jenotdel était vu par les hommes de la périphérie russe comme une arme de la domination coloniale. En s'accrochant au statut traditionnel des femmes, en s'opposant au projet émancipateur du Jenotdel, c'est un combat politique que livrait en définitive la société masculine. Le pouvoir y répondait en qualifiant de « délit contre-révolutionnaire » l'opposition masculine aux propositions du Jenotdel. Or cette opposition était violente, parfois même sanglante. Les femmes qui assistaient aux réunions du Jenotdel étaient frappées, brutalisées, menacées, enterrées vives. Celles qui osaient rejeter le voile étaient harcelées, maltraitées et de très jeunes filles, à peine pubères, étaient enlevées et livrées à des maris imposés. C'est dire combien les projets d'Alexandra Kollontaï et de ses émules avaient besoin d'être reconnus et soutenus par le pouvoir bolchevique, seul en mesure de leur fournir les ressources matérielles et humaines pour agir et étendre leurs activités.

Kollontaï pouvait pavoiser ! À la veille du Congrès du Komintern, quarante-cinq femmes venues principalement du Turkestan étaient arrivées à Moscou dévoilées, prêtes à affronter un monde qui leur était inconnu. Elle publia alors dans la *Pravda* un article annonçant que la IIe Conférence des femmes du Komintern allait siéger à Moscou du 9 au 15 juin 1921 et accueillir des participantes exceptionnelles, des femmes musulmanes. Pour Alexandra Kollontaï, quelle réussite ! Elle avait su concilier, pendant près de six mois, l'organisation du Jenotdel en terre musulmane et les cours d'économie et de « problèmes des femmes » que le Parti lui avait imposé d'assurer à l'université de Sverdlovsk pour un public de jeunes ouvrières. Mais elle ne tirera aucun bénéfice de ce succès. Tout au contraire, les séances du Komintern seront pour elle une terrible épreuve dont elle sortira meurtrie moralement et vaincue politiquement.

Le IIIe Congrès du Komintern s'ouvrit le 21 juin au Kremlin. Les bolcheviks voulaient que ce Congrès se consacre à deux grands problèmes : il devait présenter la Nouvelle Politique économique (NEP) à la communauté communiste internationale pour qu'elle se l'approprie, mais aussi en finir avec l'opposition de gauche en la condamnant. Kollontaï avait soigneusement préparé sa participation en faisant traduire en français son long texte sur *L'Opposition ouvrière*, dont elle distribua un certain nombre d'exemplaires aux délégués capables de le lire dans cette langue. Lénine, de son côté, avait fait largement distribuer son rapport sur la NEP, et Trotski avait agi de même avec les textes du Parti qui condamnaient l'Opposition ouvrière. Kollontaï devait d'abord présenter un rapport sur le travail accompli auprès des femmes dans le cadre du Komintern, rapport qui ne souleva pas de problèmes, mais que les congressistes écoutèrent en ne manifestant qu'un ennui poli. Cependant, lorsqu'elle vit les textes diffusés par le Parti, et constatant que l'atmosphère était très favorable à Lénine et à ses thèses, Kollontaï décida d'intervenir aussi sur le sujet principal – La NEP et l'Opposition ouvrière – et elle alla en informer Lénine. Il s'efforça de la dissuader de le faire, invoqua la discipline du Parti ; elle lui répondit qu'elle était prête à ignorer la discipline. Le conflit avec Lénine était donc ouvert. Des bruits de couloir avaient plus ou moins informé tous les participants de l'affrontement qui se préparait, il n'est donc pas étonnant que tous les congressistes aient été présents, retenant leur souffle, Lénine en tête, pour entendre l'intervention d'Alexandra.

L'intervention de Kollontaï fut très longue : elle parla en allemand, première langue du Komintern, elle fut passionnée, et comme toujours son propos impressionna l'auditoire par la qualité du raisonnement et de la présentation.

Son discours commença par le sujet du jour, la NEP. Kollontaï déclara tout de go que le monde était arrivé à un moment où le capitalisme était à bout de souffle, mourant, et que dans ces circonstances, la NEP était une trahison de la classe ouvrière, qu'elle ruinait ses chances d'accéder au pouvoir. En Russie, on pouvait déjà mesurer les effets désastreux de la NEP : le capitalisme rebondissait, une nouvelle bourgeoisie était en train de naître et la classe ouvrière était tenue à l'écart de toutes les décisions. La crise qui ravageait le pays était la conséquence du choix de la NEP. Ayant dressé ce constat, Kollontaï interpella le Komintern, l'appelant à soutenir l'Opposition ouvrière qui défendait le prolétariat révolutionnaire au sein du Parti. Après avoir tenu ce discours en allemand, elle le traduisit selon son habitude elle-même en français et en anglais.

Pendant qu'elle parlait, les principaux responsables du parti bolchevique, Lénine, Trotski, Zinoviev, Boukharine, Kamenev, Radek et Rykov, qui étaient assis côte à côte derrière elle, manifestaient une désapprobation ostentatoire, levant les yeux au ciel, gesticulant et chuchotant sans arrêt. La salle assistait figée à ce spectacle peu banal, et lorsque Kollontaï eut achevé son discours, au lieu du déluge d'applaudissements qui toujours concluait ses interventions, ce fut un silence de mort. Elle sortit de la salle sans que nul se lève pour la saluer, sans même qu'un seul signe de main vînt briser cette démonstration d'hostilité. Les participants à ce Congrès n'étaient pas prêts à entrer en dissidence pour Kollontaï, ils attendaient la parole des détenteurs de l'autorité communiste, Lénine d'abord, puis Trotski et Boukharine. Ce fut un chœur unanime qui déplora l'indiscipline de Kollontaï et son manquement aux règles du Parti, puis évoqua malicieusement son passé menchevik qui, déclara Trotski, l'inspirait toujours.

Après avoir subi ces affronts et constaté sa défaite, Alexandra Kollontaï put mesurer les conséquences de l'hostilité de ses pairs. Lorsqu'elle revint au Jenotdel, elle dut constater que, là aussi, elle était devenue une brebis galeuse, que ses collègues préféraient la tenir à distance, la jugeant dangereuse pour leur organisation. Les responsables du Jenotdel voyaient juste, car le Parti lui fit payer la dissidence de Kollontaï en lui enlevant du personnel et des moyens financiers. Certaines collaboratrices de l'organisation préférèrent démissionner plutôt que d'être englobées dans les mesures disciplinaires qu'elles pensaient voir s'abattre sur Kollontaï. En janvier 1922, la sanction arriva. Le Comité central la destitua de la direction du Jenotdel au motif qu'elle avait démontré son incapacité à assumer cette fonction.

Il était impossible de réagir à cette condamnation, car il n'existait pas d'instance d'appel au-dessus du Comité central. Alexandra revint à Sverdlovsk pour y assurer ses cours, puis elle dut répondre à un autre ordre du Parti qui l'envoya faire de la propagande à Odessa, où elle resta six mois. Cet éloignement lui fut pénible, elle le supporta sachant qu'il la préservait peut-être d'autres ennuis, car elle avait commis pendant le Congrès du Komintern une imprudence qui pouvait aggraver sa situation : elle avait alors confié plusieurs exemplaires de *L'Opposition ouvrière* à un délégué du Parti communiste allemand, Reichenbach, afin de mettre ce texte en sécurité – pour le cas où il serait détruit en Russie – et aussi pour nourrir les débats du parti allemand. Nombre de communistes allemands étaient en effet, comme l'Opposition ouvrière, inquiets de la ligne imposée par Lénine à son Parti. Kollontaï avait demandé à Reichenbach de n'utiliser son texte qu'à l'intérieur du parti. Mais il passa outre. *L'Opposition ouvrière* fut publiée à Berlin, puis en Angleterre et même à Chicago, et nourrit partout des débats passionnés. En Allemagne, les responsables du Parti communiste furent indignés par le texte de Kollontaï, d'autant que ses critiques contre la bureaucratie, son autoritarisme, son mépris du prolétariat rejoignaient des propos semblables exprimés par les communistes allemands, et la direction du parti, fidèle à Lénine, ne pouvait les accepter. En 1912 déjà, Alexandra Kollontaï avait provoqué l'ire des responsables communistes allemands en dénonçant leur réformisme. Dix ans plus tard, ils retrouvaient la « dangereuse provocatrice » qui les avait tant choqués dans le passé. L'hostilité à son égard du parti allemand ne va pas servir non plus les rapports de Kollontaï avec le Komintern. Elle ignorait que durant son absence de Moscou, Chliapnikov, récusant l'autorité de Lénine et la condamnation du Xe Congrès, était reparti en campagne, comptant en appeler au XIe Congrès du Parti communiste de Russie, qui devait avoir lieu en 1922, et aussi à l'exécutif du Komintern. Le ton des relations de Chliapnikov avec le Parti atteignait un degré de violence jusqu'alors inconnu. Frounze, élu au Comité central lors du Xe Congrès, avait déclaré, en bon militaire qu'il était, que le plus efficace moyen de dialoguer avec Chliapnikov était celui qui s'accompagnait de fusils ! Comme Chliapnikov s'obstinait à critiquer la NEP à tous les niveaux du Parti, Lénine décida au cours de l'été 1921 de demander son expulsion immédiate. Il ne fut pas suivi, ce qui témoigne du trouble du Parti à propos de la NEP et de son constat du raidissement de ses plus hauts responsables.

Les membres les plus acharnés de l'Opposition ouvrière plaçaient leurs espoirs dans le XIe Congrès du Parti, car ils constataient le trouble du Comité central dès lors qu'était posée la question de leur exclusion du Parti. Mais Chliapnikov et ses amis ne voulant se priver d'aucun soutien, ils décidèrent en février 1922, un mois avant le XIe Congrès du PCR, d'en appeler aussi au Komintern. Chliapnikov présenta à l'instance internationale une pétition signée de vingt et un noms. Alexandra se joindra à la pétition au dernier moment, demandant à expliquer la position des signataires à l'exécutif du Komintern. L'Internationale va charger alors une commission de sept membres – dont quatre étaient russes, Trotski, Zinoviev, Staline et Rudzutak, les autres étant l'Allemande Clara Zetkin, l'Anglais MacManus et le Bulgare Kolarov – d'entendre l'Opposition ouvrière. Les auditions commencèrent par Kollontaï le 24 février 1922. Elle présenta ses activités à la tête du Jenotdel, évoqua ses problèmes jusqu'à la perte de sa fonction, se montrant avant tout anxieuse de démontrer l'injustice des accusations – insuffisance et incompétence – portées contre elle. Le 26 février, la commission se pencha sur la *Déclaration des vingt-deux* qui, après un exposé de la querelle, affirmait que l'Opposition était persécutée tout autant qu'interdite. La commission conclut au terme de ces auditions que l'Opposition ouvrière avait porté atteinte à l'unité du Parti, ce qui valait condamnation, et elle fut suivie par l'exécutif du Komintern.

Le XIe Congrès du Parti, réuni le 28 mars, rouvrit le procès de l'Opposition ouvrière. La direction du Parti dut constater que l'humeur des délégués n'était pas aussi hostile aux opposants qu'elle le souhaitait. La raison en était que, au cours de l'année écoulée, le Parti s'était livré à de nombreuses purges sur le terrain, appliquant les directives du Xe Congrès, et nombre de membres du Parti en étaient effrayés. N'allait-on pas vers un avenir de purges et d'exclusions ? Mais ce climat relativement favorable aux opposants ne dura pas, tant le Parti fut impressionné par l'intervention de Lénine. On savait en 1922 que sa santé était très ébranlée. Il avait dû abandonner toute activité à plusieurs reprises pour se reposer et se soigner. On ne pensait même pas qu'il pourrait assister au Congrès. Le bruit de son absence avait couru. Lorsqu'il y apparut affaibli, très changé, son apparence émut tous les assistants. Mais la vigueur de son discours contre l'Opposition ouvrière et son énergie apparemment retrouvée, une énergie qui avait un caractère désespéré, bouleversèrent le Parti qui lui prêta du coup une attention particulière, et surtout s'inclina devant une autorité que nul n'osait encore contester. Lénine accusa tous les opposants de s'être livrés au « fractionnalisme » interdit par le Xe Congrès et demanda, exigea même leur expulsion immédiate. Le choix de la NEP, que l'Opposition ouvrière critiquait, donnait, déclara-t-il, une raison supplémentaire au Parti de manifester son intransigeance. Certes, dit-il, la NEP est une retraite – une retraite momentanée – qui a pour but de sauver les acquis de la révolution. Mais quand une armée doit faire retraite, rien n'est plus indispensable que la discipline qui doit être imposée par tous les moyens, et ceux qui, en temps de guerre, violent ce principe sont passés par les armes. Le Parti n'a donc pas d'autre choix que d'expulser les rebelles. Lénine fit dans ce discours la part belle à Kollontaï. Tout lui fut reproché, son passé menchevik, d'avoir « organisé » la publication dans divers pays de *L'Opposition ouvrière*, ce qui avait eu pour conséquences de fournir des armes aux adversaires du Parti contre lui. Elle fut présentée plus ou moins comme responsable principale de l'Opposition ouvrière. Alexandra se défendit, niant être le chef de l'Opposition, expliquant que son ouvrage avait été publié sans son accord et contre sa volonté, rappelant enfin qu'elle avait rompu avec le menchevisme dès 1915 et soutenu Lénine et les thèses de Zimmerwald dès le début. Chliapnikov et Kollontaï exposèrent avec véhémence ce qui avait provoqué leur entrée dans l'Opposition : avant tout la rupture du Parti avec le prolétariat, ce qui avait entraîné la démoralisation et la perte de confiance dans le Parti d'un grand nombre de ses membres et de la classe ouvrière. L'émotion qui portait les deux orateurs gagna l'assistance et, oubliant

Lénine, elle les applaudit à tout rompre. Plus encore, elle manifesta ses sentiments, son adhésion aux propos de Kollontaï et Chliapnikov en refusant d'exclure ceux dont Lénine venait d'exiger l'expulsion. Comme le Parti ne pouvait désavouer Lénine, la majorité vota la condamnation de l'Opposition ouvrière et expulsa deux de ses membres de faible notoriété, et sauva en revanche de bons vieux bolcheviks, Kollontaï et Chliapnikov en tête.

Mais Alexandra fut écartée de ses fonctions. On proposa la direction du Département des femmes à Angelica Balabanova, qui repoussa avec indignation l'idée de prendre la place d'une camarade qu'elle estimait. Tout en épargnant Alexandra, le Parti l'avait mise en garde, il ne tolérerait aucune activité qui pût être qualifiée de fractionnelle sous peine de se voir frappée d'une exclusion définitive. Alexandra ne pouvait de surcroît prendre à la légère l'attitude de Lénine. Il s'était acharné sur elle au XIe Congrès et l'avait tournée en ridicule, elle ne pouvait espérer se réconcilier un jour avec lui. Du côté du Komintern, sa situation n'était guère meilleure. Ses relations détestables avec Zinoviev lui interdisaient d'espérer que l'Internationale lui confie quelques tâches ou missions. Certes, elle restait en principe membre du Secrétariat international des femmes, mais ne voulant avoir aucun rapport avec Zinoviev, elle était condamnée à se rendre invisible. L'infatigable Alexandra se retrouvait ainsi en marge du monde auquel elle avait appartenu, qu'elle avait loyalement servi et où elle avait si longtemps brillé.

Dans un premier temps, elle n'imagina pas d'autre issue à ses problèmes que la fuite. Odessa, où se trouvait Dybenko, l'attirait. Le Parti lui accorda non pas une mission, mais un congé et elle partit pour cette destination. Durant deux mois elle y vécut – écrivant à défaut d'agir –, et voyant peu Dybenko. Il lui offrit cependant un ridicule petit drame qui acheva de l'éloigner de cet amant instable : il fit une tentative, ou plutôt simula un suicide au terme d'une de leurs éternelles querelles, et ne réussit qu'à se faire une blessure à la jambe. Pour Alexandra c'en était trop, elle chercha désespérément les moyens d'en finir avec une histoire d'amour où l'amour était mort, après avoir contribué à ternir sa réputation.

Comment lui vint l'inspiration d'écrire à Staline ? La question est pour l'heure sans réponse. Les carnets d'Alexandra sont silencieux sur ce point. Staline n'était pas un de ses familiers. Il avait été l'un des membres de la commission d'enquête du Komintern qui avait condamné l'Opposition ouvrière. Mais il occupait depuis le début de l'année 1922 une fonction nouvellement créée, dont nul ne savait encore ce qu'elle impliquait de compétences et d'autorité : il était secrétaire général du Parti. Alexandra Kollontaï lui écrivit pour solliciter une mission, un poste qui lui permît d'être utile au Parti. Demande modeste qu'elle lança dans un moment de désarroi, comme on lance une bouteille à la mer. Elle expliquait à Staline tous ses problèmes et lui demandait, invoquant son expérience et ses compétences linguistiques, un poste quelconque dans n'importe quel pays éloigné ou non, ou encore à l'agence Tass.

À sa grande surprise, la réponse fut rapide. Un télégramme – signe évident de l'intérêt porté à sa demande – lui enjoignait de revenir à Moscou où le ministère des Affaires étrangères allait lui proposer un poste de diplomate. Cette proposition était remarquable, car les femmes étaient encore exclues de la carrière diplomatique et, de surcroît, la Russie commençait à peine à retrouver les usages de la vie internationale avec lesquels elle avait brutalement rompu en 1917. Enfin, on imagine que le Comité central n'était pas favorable à l'idée d'offrir un poste d'ambassadeur à Alexandra Kollontaï. Mais elle avait dans ce monde diplomatique si fermé un ami proche, Tchitcherine, qui plaida pour elle. À l'heure de Brest-Litovsk, Tchitcherine avait remplacé Trotski aux Affaires étrangères et, en 1922, il codirigeait la politique extérieure russe avec Maxime Litvinov. Il disposait d'une grande autorité qui servit la cause d'Alexandra Kollontaï. Staline accepta l'idée de lui confier une ambassade, mais il fallut ensuite trouver un pays qui accepterait de l'accueillir. Sa réputation de bolchevik active avait franchi les frontières et son image n'était pas, et de loin, celle d'une diplomate, outre que les femmes n'étaient pas bienvenues dans ce milieu. Le Canada, consulté à ce sujet, refusa d'examiner une candidature si inhabituelle. Au terme de longues tractations, en septembre 1922, la Norvège se montra prête à l'accueillir, mais non au poste d'ambassadeur de Russie, qui d'ailleurs n'existait pas en Norvège – les relations entre les deux pays n'étaient pas encore situées à ce niveau –, mais au sein de la représentation commerciale. Alexandra Kollontaï était disposée à accepter toute proposition extérieure et la Norvège lui était familière. Durant les mois qui suivront, elle se prépara à cette nouvelle vie, étudiant les usages protocolaires et les objectifs de la politique étrangère de son pays.

Elle pouvait être reconnaissante à Staline, qui avait écouté ses doléances et répondu à sa requête ; ses relations avec lui seront dès lors marquées par ces débuts si aisés. Pourquoi Staline la soutint-il alors qu'elle était au ban du Parti, si fortement désavouée par Lénine ? Rien ne permet de répondre à cette question, mais on peut penser que Staline, nouvellement installé au secrétariat général, saisit la chance d'inclure dans son cercle de fidèles une personnalité aussi forte et aussi utile par ses dons intellectuels qu'Alexandra. À l'heure où commence son ascension discrète, propre par là à n'inquiéter personne dans le Parti, Staline a pu être tenté de s'assurer d'une alliée sûre pour l'avenir en protégeant Kollontaï. Il aura eu raison, la suite le prouvera.

Alexandra consacra les mois précédant son départ à ses préparatifs, et surtout à ses amis et à ses proches. Micha était pris par son métier d'ingénieur et par l'administration du domaine paternel, elle savait qu'elle n'allait pas lui manquer, mais elle entendait veiller sur lui de loin. Micha comme son inséparable Zoia lui promirent de lui rendre visite souvent dans son poste diplomatique, et leur engagement était d'autant plus sérieux que la Norvège n'était pas éloignée et qu'elle était par tradition accueillante aux Russes.

Le 9 octobre 1922, Alexandra prit congé de Micha, de Zoia et des très nombreux amis qui l'avaient escortée à la gare. Elle était très émue à l'idée de commencer une nouvelle vie. C'était, certes, un exil, mais un exil prestigieux. Elle comptait poursuivre son œuvre, elle avait de nombreux projets de livres grâce à la paix de l'esprit retrouvée, après que ses déboires politiques l'en eurent privée. Et son départ, son nouveau métier n'impliquaient pas pour autant qu'elle renonce à ce qui avait été jusque-là l'essentiel de sa vie : la politique. Elle voulait toujours changer le monde, changer la condition humaine, celle des femmes avant tout, mais elle allait s'employer à le faire hors de son pays et par des moyens nouveaux. La diplomate restait une politique et entendait continuer à servir la cause du socialisme.

CHAPITRE VIII

De la révolution à la diplomatie

En octobre 1922, la Norvège n'avait pas encore reconnu la Russie des Soviets, il n'y avait donc pas à Christiania, la capitale, d'ambassade ni d'ambassadeur de cet étrange pays. Une simple légation russe était dirigée par un ancien menchevik, Iakov Souritz. Il avait à ses côtés – ou au-dessous de lui, les fonctions de l'un et de l'autre étaient fort imprécises – un représentant du Komintern, Mikhaïl Kobetski. Ni l'un ni l'autre ne savaient exactement de quelle mission le gouvernement soviétique avait chargé Alexandra Kollontaï en Norvège, mais tous deux pensaient que s'agissant d'une si forte personnalité, l'une des têtes de l'Opposition ouvrière tout juste vaincue, sa nomination à l'étranger était davantage une disgrâce qu'une promotion.

Déconcertés par cette arrivée peu compréhensible et inexpliquée – le protocole du commissariat aux Affaires étrangères de Russie fonctionnait pourtant déjà de manière traditionnelle –, Kobetski et Souritz décidèrent d'un commun accord que la prudence s'imposait et qu'aucun d'entre eux n'irait à la gare accueillir Alexandra Kollontaï, ainsi pensaient-ils déjouer un éventuel piège. À sa descente du train, Alexandra Kollontaï ne trouva donc personne, nul représentant de son pays, hormis un chauffeur et un modeste employé, pour la saluer. Elle ne commentera jamais cette étonnante absence de réception et décida sur-le-champ d'organiser à son gré sa vie de représentante de la Russie en Norvège. Elle se rendit d'abord à la représentation commerciale russe où elle ne fit qu'un bref passage. Puis, dédaignant la chambre d'hôtel qui lui avait été réservée, elle partit pour Holmenkollen, dont elle aimait tant le superbe paysage montagneux dominant la capitale, et s'installa dans la pension de famille où dans le passé elle avait séjourné et coulé des jours heureux. Elle n'y était pas attendue, mais elle fut accueillie comme une amie, chaleureusement, et ce sera toujours sa résidence préférée en Norvège. Elle était accompagnée d'une secrétaire et amie proche, Maria Ipatievna Kollontaï, celle qui lui avait succédé dans la vie de Vladimir Kollontaï et qui, depuis son veuvage, était devenue sa compagne d'exil et une collaboratrice précieuse. Alexandra retrouva à Holmenkollen les paysages qui l'avaient enchantée sept ans plus tôt et la tranquillité d'esprit si favorables aux travaux intellectuels auxquels elle rêvait de se consacrer.

Dès le lendemain de son arrivée, elle reçut la visite d'un personnage assez voyant, un Français jovial, chauve, mais pourvu d'une belle moustache, qu'elle avait croisé au hasard de ses déplacements quelques années plus tôt. Il s'appelait Marcel Body. C'était un communiste venu de France pour participer à la révolution. Ami de Victor Serge, il avait travaillé avec Zinoviev à Petrograd puis l'avait suivi au Komintern. Il avait été rédacteur de *L'Internationale communiste* avant que Zinoviev ne l'envoie en Norvège pour l'y représenter. Body était officiellement l'assistant de Souritz. Mais il était polyglotte, français, doté d'excellentes manières, de convictions communistes affichées et auréolé de l'autorité du Komintern, ce qui lui conférait un prestige très supérieur à celui du représentant officiel de la Russie.

Lors de cette première visite, Marcel Body décrivit à Kollontaï le fonctionnement de la légation russe, précisant qu'elle y serait attachée avec le titre de conseiller. Il lui recommanda de s'installer dans la capitale, à proximité de la représentation de son pays. Au début, Alexandra Kollontaï éprouva un sentiment de défiance à l'égard de ce visiteur ; il représentait Zinoviev, son ennemi de toujours. Elle eut l'impression d'être mise sous surveillance.

Mais très vite, au fil d'entretiens quasi quotidiens, les relations d'Alexandra Kollontaï avec Body changèrent, passant de la méfiance à une amitié et à une très grande compréhension, avant de relever, on le sait, d'un domaine plus intime. Kollontaï suivit sans rechigner les conseils de ce nouvel ami et déménagea à Christiania dans un hôtel confortable, proche de la représentation russe. Pendant un temps, peu au fait des charges de sa mission – Body ne lui en disait rien –, Kollontaï décida de se livrer à l'occupation qui lui était la plus naturelle, la plus indispensable à son existence aussi : l'écriture. Pour travailler dans de bonnes conditions, elle séjournait tantôt à Christiania, tantôt elle retournait dans la pension de Holmenkollen, ce partage du temps entre ses deux résidences, entre ville et montagne, la stimulait, disait-elle. C'est ainsi qu'en quelques mois elle vint à bout d'un roman, *Les Amours des abeilles travailleuses*, somme de ses thèmes favoris, qui lui apporta la gloire. Après avoir été saluée comme polémiste ou essayiste, c'est la romancière qui était reconnue. Une immense satisfaction pour Alexandra.

Ce roman était autobiographique : Alexandra Kollontaï s'y livre avec une étonnante sincérité et beaucoup de nostalgie. L'héroïne, Vassilissa Malyguina, c'est bien elle, une femme de conviction, une bolchevik attachée à la cause des femmes, hantée par un projet généreux : elle veut libérer les femmes des préjugés et des tâches matérielles que la société capitaliste leur impose pour leur permettre de vivre pleinement l'amour, la maternité, et surtout de travailler au bien commun. Plus que le projet, ce sont les obstacles et les déconvenues de l'héroïne que le roman relate. L'amour qui unit Vassilissa et Volodia n'est autre que celui qui lia durant plusieurs années Kollontaï et Dybenko. Ce devait être un amour d'égaux, de camarades tout autant que d'amants. Vassilissa est une vraie communiste, c'est pourquoi elle décide que son travail – utile à la société – doit passer avant son mariage et que le mari-camarade doit le comprendre et y applaudir. Quand, après un temps de séparation, elle rejoint ce mari, c'est pour découvrir qu'il est devenu un *nepman*, un homme corrompu par la NEP et non plus le bolchevik qu'elle a connu et aimé. Qu'au lieu du partage de l'idéal bolchevique, c'est à un partage de l'amour qu'elle doit consentir. Pour finir, elle quittera son mari, le laissant à l'autre femme, une femme traditionnelle qui veut être protégée et entretenue par un homme, une femme qui incarne le monde bourgeois. Revenue à Moscou, Vassilissa découvre qu'elle est enceinte. Sa décision est simple, elle élèvera seule son enfant, non pas seule selon la conception bourgeoise, mais au sein d'une communauté. Ce sera un enfant élevé selon le modèle communiste. Ce que Kollontaï raconte par le biais de la fiction, c'est sa vie avec Dybenko lorsqu'elle était allée le rejoindre. Elle a découvert alors qu'en dépit de la révolution d'où devait sortir un monde nouveau la liaison ou le mariage des héros restent conformes à la tradition, le mensonge et la trahison en font toujours partie. Comme Dybenko, Volodia veut une femme qui lui soit entièrement dévouée et, confronté au refus de la sienne d'assumer ce rôle, il se tourne vers une autre. Envolées la franchise et la camaraderie du monde nouveau. Volodia est le symbole de l'homme de la révolution trahie, de la NEP. C'est un *nepman*, ébloui par les privilèges, par l'argent, qui rejette la condition de l'homme ordinaire. Face à cet échec humain et politique, Vassilissa reste fidèle à son rêve. Rentrée à Moscou, elle crée une maison communautaire, où toutes les tâches matérielles sont mises en commun afin que les femmes qui y vivent puissent se consacrer à leur devoir social. Leurs enfants sont pris en charge par la crèche de la maison communautaire. Ils y sont choyés par une nurse professionnelle, sont élevés ensemble dans l'esprit de la communauté, ce sont des enfants communistes et non plus les enfants d'un couple ou d'une femme. En définitive, Kollontaï juxtapose dans ce roman deux mondes. Celui de la révolution dévoyée par la NEP et de dirigeants qui se sont approprié le pouvoir du peuple, dont Volodia est l'illustration, et le monde communiste que la révolution portait en elle. Ce roman était le premier d'une trilogie dont chaque volume sera construit, comme *Les Amours des abeilles travailleuses*, autour d'une héroïne, incarnation du rêve révolutionnaire. Chacune de ces trois femmes rencontre l'amour, mais toutes les trois veulent concilier l'amour et le travail, un travail utile à la société. L'amour n'a de sens que dans cet équilibre. Toutes trois devront pourtant constater que la révolution sexuelle a buté sur la force des préjugés et des habitudes de vie. Elles découvrent que les femmes doivent payer leur émancipation d'un prix très lourd, la solitude. Seul le projet communiste leur donne une véritable indépendance à l'intérieur d'une communauté et leur assure une vie heureuse.

Ce roman, et toute la trilogie, obtinrent un succès considérable et portèrent les idées de Kollontaï dans le monde entier. Pourtant, ce qu'il faut surtout retenir de ce succès, c'est un malentendu. Les critiques et les lecteurs y virent un éloge de la liberté, voire d'un dévergondage sexuel. Et l'on tendit à réduire la conception de la sexualité de Kollontaï à la « théorie du verre d'eau », dont on sait combien elle choquait Lénine. Le succès littéraire de Kollontaï ne traduit d'ailleurs pas une approbation générale, elle fut notamment contestée par les féministes avec qui elle avait travaillé à créer un département dédié aux femmes au sein du Parti. Ses propositions furent attaquées par Polina Vinogradskaia, son ancienne collègue du Jenotdel. Vinogradskaia mêla dans sa critique les remarques sur les écrits de Trotski sur l'art et la nouvelle société et les propos de Kollontaï. Pour Vinogradskaia, l'heure n'était pas aux réflexions littéraires alors que les ouvriers se débattaient avec des problèmes cruciaux de survie – voilà pour Trotski – et les femmes dont Kollontaï avait fait un sujet littéraire étaient plus anxieuses de trouver de quoi nourrir leurs enfants que de réformer l'amour.

Peu après, la même Vinogradskaia se livra à une attaque beaucoup plus violente des thèses de Kollontaï, l'accusant de « faire souffler dans les voiles du bateau socialiste le vent des problèmes sexuels », expliquant que Kollontaï avait été, et était restée une petite-bourgeoise imbue de « George Sandisme », porteuse des idées de Kropotkine et de Tolstoï, pour conclure : « Comment a-t-elle pu être si longtemps tenue pour l'une des responsables du mouvement féministe non seulement russe mais aussi du Komintern ? »

Dans le climat politique russe du début des années 1920, une telle attaque eût pu être ravageuse. Mais elle tombait à plat puisque Kollontaï s'était sagement éloignée de Russie et qu'après quelques incertitudes son statut diplomatique avait été confirmé. Au moment même où son roman parut, Marcel Body, qui jouait pour elle les intermédiaires avec le Kremlin, vint lui apporter une heureuse nouvelle : Litvinov, qui était l'adjoint au commissaire aux Affaires étrangères, avait enfin enjoint à Souritz de l'intégrer dans la légation comme conseiller. C'était peu, mais Kollontaï commença ainsi à exister officiellement. De plus, Body lui assura que Souritz devrait sous peu quitter la Norvège, et que son poste devenu vacant lui serait proposé. Tout était donc une question de temps et de patience.

En décembre, le gouvernement soviétique la chargea d'une mission témoignant de l'estime qu'il avait pour ses compétences. L'Union internationale des syndicats devait tenir à La Haye un congrès consacré aux problèmes de la paix. Kollontaï, dont les dons linguistiques et les capacités de persuasion étaient connus de tous, fut chargée de convaincre ce forum, surtout composé de socialistes modérés, des vertus du programme de paix, en quatorze points, défendu par les bolcheviks. Pour maintenir la paix, le gouvernement bolchevique proposait avant tout d'opposer aux gouvernements bourgeois un Front uni des ouvriers, d'annuler le traité de Versailles et de publier tous les traités secrets. Ces propositions furent rejetées par les congressistes venus de la plupart des pays européens et par la plupart des délégués russes qui étaient mencheviks ou socialistes révolutionnaires. En revanche, lorsque Kollontaï lut une déclaration dans laquelle les bolcheviks disaient leur volonté d'assurer aux femmes l'égalité, elle fut applaudie sans réserve.

À son retour à Christiania, après cette mission dans l'ensemble réussie, elle fut confrontée à un délicat problème personnel. Dybenko annonçait son arrivée et lui demandait de l'aider à obtenir un visa que les Norvégiens ne souhaitaient pas lui donner. En 1923, l'image de Dybenko est celle de l'homme qui a brisé la révolte de Kronstadt et qui porte la responsabilité du massacre des marins. La presse norvégienne se déchaîna contre lui, soulignant combien la relation bien connue entre la représentante d'un État étranger et le « massacreur » était choquante, témoignage éloquent de l'« amoralisme de l'État révolutionnaire ». Kollontaï eut beau plaider que Dybenko et elle étaient unis par les liens du mariage, rien n'y fit, sa réputation en souffrit. Mais l'épisode Dybenko fut bref, car Alexandra avait déjà tourné la page. Elle savait qu'il avait une autre vie, elle savait aussi que leur liaison – couronnée ou non par le mariage – exaspérait le Kremlin. Ce fut leur dernière rencontre, marquée par le constat que leur amour n'existait plus. La fin de l'épisode Dybenko confronta une fois encore Alexandra à la solitude, mais la présence quotidienne de Body l'apaisait. Après avoir regardé avec méfiance celui qui était à ses yeux l'homme du Komintern, elle avait ensuite éprouvé pour lui une amitié qui chassa ses préjugés. Elle avait aussi compris que l'homme chargé par Zinoviev de la surveiller et de rendre compte au Komintern de ses relations et de ses mouvements en Norvège était Kobetski, qui soumettait d'ailleurs Body à de fréquents interrogatoires à son sujet.

Malgré les critiques soulevées à Moscou par son roman, sa position n'allait pas tarder à prendre un tour heureux. En mai, elle eut vent de la nomination de Souritz en Turquie – il sera ensuite ambassadeur à Paris – et comprit qu'elle était appelée à lui succéder. Certes, le poste abandonné par Souritz ne se situait pas à un haut niveau de la hiérarchie diplomatique, c'était encore une légation essentiellement chargée des relations commerciales. Kollontaï mit cependant tous ses efforts à montrer l'importance de ce poste. En consultant l'annuaire téléphonique de la capitale norvégienne, elle avait découvert qu'il faisait encore mention de l'Ambassade impériale de Russie. Elle exigea le retrait de cette indication et la mise en valeur de la légation commerciale.

En mai, sa nomination avait provoqué un scandale qui l'avait étonnée. Si elle avait noué, ou renoué, des relations avec des personnalités de la gauche radicale norvégienne, des syndicalistes, des femmes socialistes avec qui elle avait organisé, en 1915, une Journée internationale des femmes en Norvège, elle s'était surtout consacrée à ses écrits. Elle fut donc fort surprise des manifestations indignées que sa nomination suscita. Des Norvégiens qui lui étaient inconnus propageaient des rumeurs infamantes sur son compte. Sur sa vie privée surtout, décrite comme un modèle de dépravation. On disait que sa mission réelle, secrète, était de détruire la morale en Norvège. Son portrait peu flatteur – vêtue en homme, ce qui à l'époque était condamné, alcoolique, parlant haut et fumant comme un sapeur – résumait une vie qui horrifiait. Pour compléter le tableau, on y ajouta sa complicité dans des meurtres au temps de la révolution, et son plaidoyer pour la « nationalisation » des femmes et des enfants.

Consternée par ce déferlement de propos hostiles, Kollontaï décida de les ignorer et d'accomplir, impavide, les charges de sa fonction. La légation était avant tout chargée du commerce entre la Norvège et la Russie, donc des échanges de produits de pêche norvégienne et de blé russe. Kollontaï concentra son attention sur les pêcheurs et leurs produits, les harengs qui pullulaient dans les eaux norvégiennes. Le succès couronna ses efforts, elle conclut un accord sur l'achat par la Russie de harengs et de morue salée aux Norvégiens à un prix qui, après une longue négociation, fut approuvé par les deux parties. Cet accord, et c'est le plus important, ouvrit le marché russe aux pêcheurs norvégiens. Elle réussit ensuite une seconde négociation, non moins difficile, portant sur le contrôle et la limitation des activités des pêcheurs norvégiens dans les eaux russes.

Forte de ces succès, Alexandra Kollontaï décida d'en user pour mettre fin aux attaques dont elle était victime au même moment dans son pays.

Au procès venimeux que continuait à lui faire Polina Vinogradskaia s'ajoutait pour elle un motif d'inquiétude encore plus sérieux. La *Pravda* publiait régulièrement des articles signés A.M.K. Ces articles présentaient ses thèses sur l'amour et la sexualité sous une forme particulièrement brutale. Elle reçut alors un abondant courrier de Russie – la *Pravda* disait recevoir les mêmes lettres – s'indignant de thèses jugées grossières, dangereuses pour la société, incitant la jeunesse à la dépravation. On accusait Kollontaï d'être en contradiction totale avec les idées du Parti et d'être un danger pour la société. Kollontaï, au vu des articles signés A.M.K., avait multiplié les courriers à la *Pravda* pour exiger que le journal mette fin à la confusion créée par ces initiales, précisant qu'elle n'en était pas l'auteur. Elle s'était même adressée à Staline pour lui demander d'intervenir. Rien n'y fit. Le succès de la négociation commerciale aidant, elle décida de se rendre à Moscou pour régler l'affaire avec Staline, et lui demanda audience. Elle avait trouvé un excellent argument pour justifier son voyage et l'appel à Staline : la nécessité de défendre les droits territoriaux de la Russie dans le Spitzberg. Jusqu'en 1920, cette île qui était riche en charbon et jalonne de ports de pêche n'avait pas de statut juridique, et la Russie en avait partagé les facilités avec la Norvège et la Suède. Mais cette année-là, à Paris, la conférence de la paix avait reconnu la souveraineté de la Norvège sur l'île, ce qui fut considéré par la Russie comme un affront et une dépossession injuste. La Russie révolutionnaire étant absente des tractations de 1920, elle n'avait pu réagir alors. Staline, comme tous les bolcheviks, gardait un souvenir amer d'une paix et d'un ordre qui avaient été négociés sans que la Russie y prît part. Pour Kollontaï, venir demander à Staline comment il voulait que son représentant en Norvège traite ce problème, ce qu'il devait revendiquer, était une démarche fort habile et une excellente raison pour obtenir un entretien avec lui.

Enfin, Moscou avait un autre attrait pour Kollontaï : Micha y vivait et il venait de se marier. Alexandra souffrait de leur longue séparation. Ce voyage professionnel lui promettait aussi un heureux moment familial.

À l'été 1923, Moscou n'était plus la capitale qu'Alexandra Kollontaï avait quittée pour la Norvège. Sur le plan de la vie quotidienne, tout y était devenu plus facile, la NEP avait produit son effet. Politiquement aussi, le paysage était transformé. Lénine, très gravement malade, était soigné dans la résidence du Mont des Moineaux. Il avait déjà cédé sa place à Staline, dont l'autorité était partout visible. Alexandra Kollontaï et Marcel Body, qui l'escortait, avaient été logés, comme il convenait à des personnalités officielles, à l'hôtel National. En dépit de ses problèmes physiques – son cœur ne lui laissait pas de repos –, Kollontaï accomplit toutes les démarches qu'elle devait faire au commissariat des Affaires étrangères et à celui du Commerce extérieur.

Marcel Body, qui a relaté ces visites dans un article de souvenirs, constatait que rien de concret ne sortait de leurs rencontres, que nul ne prenait de décisions claires, voire n'expliquait sa position. Il comprenait sans que cela soit dit que l'ombre de Staline planait sur tous les entretiens. On savait déjà que tout dépendait de lui. Le recours à Staline, décidé avant même le départ de Norvège, s'imposait donc plus que jamais. En même temps qu'elle poursuivait ces entretiens officiels, Alexandra Kollontaï fut l'objet d'une démarche étrange et inquiétante. Elle reçut à son hôtel la visite de plusieurs membres de l'ancienne Opposition ouvrière. L'un de ces visiteurs inattendus, Nikolaï Kouznetsov, lui dit : « Vous nous représentez à l'étranger. » Kollontaï, qui n'était pas naïve, soupçonna une provocation et refusa de répondre à cet appel à rejoindre l'Opposition. Elle ne s'était pas trompée, car peu de jours plus tard elle était convoquée par la Commission de contrôle du Parti, confrontée à un enregistrement de toute la conversation avec ces visiteurs et soumise à un interrogatoire serré sur ses liens supposés avec l'Opposition ouvrière qui, de fait, n'existait plus. Elle fut convoquée plusieurs jours de suite par la Commission de contrôle qui, en dépit de ses protestations d'innocence, semblait convaincue de sa participation à un mouvement d'opposition fantôme. Il est vrai que la NEP indignait de nombreux membres du Parti qui y voyaient une trahison de la classe ouvrière et de la victoire d'Octobre. La vigilance de la Commission de contrôle est donc aisée à comprendre. Le Parti pouvait craindre que Kollontaï, dont le prestige était encore grand en dépit des critiques, ne conforte les adversaires de la NEP et, plus largement, tous ceux qui, dans le Parti, tentaient de s'opposer au pouvoir grandissant de Staline. Face à une commission inquisitoriale décidée à lui faire reconnaître sa complicité avec des opposants, Kollontaï était plus que jamais convaincue que seule l'explication avec Staline pourrait la tirer d'affaire.

Cette rencontre avec le tout-puissant maître du Parti se déroula au Kremlin. À son arrivée, Kollontaï fut saluée par les proches collaborateurs du secrétaire général du Parti, Molotov et Kouïbychev, puis on la fit entrer chez Staline. Elle raconta par la suite à Marcel Body cette entrevue, insistant sur l'amabilité cauteleuse de Staline. Il s'était enquis de sa santé, de ses activités, de ses souhaits, lui avait demandé ce qu'il pouvait faire pour elle. En réponse, elle se livra à un grand déballage, racontant ses déboires, la provocation, les interrogatoires de la Commission de contrôle, mais revenant aussi sur les articles de la *Pravda* signés A.M.K. qui lui étaient imputés et qui la déshonoraient. Staline l'écouta « avec bienveillance », racontera-t-elle à Body. Il lui promit d'intervenir pour régler tous ses problèmes. Elle put mesurer la sincérité de son interlocuteur dès le lendemain. Les convocations de la Commission de contrôle prirent fin et les articles signés A.M.K. disparurent de la *Pravda*. Elle put terminer ses visites protocolaires le cœur léger, consacrer du temps à Micha et aux amis qu'elle était heureuse de retrouver, puis elle s'en retourna en Norvège, confortée dans son statut et plus à l'aise pour travailler. Sa mission première allait être d'obtenir la reconnaissance de l'URSS par la Norvège.

Ce n'était pas un objectif aisé à atteindre. Les accords commerciaux avaient certes rapproché les deux pays. Mais le gouvernement norvégien était fort inquiet. D'étranges touristes y venaient, en quête de contact avec les travaillistes norvégiens. Et ils tentaient de les convaincre d'adhérer à la IIIe Internationale alors que ceux-ci étaient manifestement attachés à leur indépendance. Après son retour de Moscou, Kollontaï réussit cependant à mener à bien deux opérations qui rapprochèrent Moscou et Christiania. Tout d'abord, elle contribua à la création d'une compagnie maritime mixte russo-norvégienne. Puis l'accord sur le Spitzberg étant signé, elle proposa au gouvernement norvégien de s'engager dans la négociation sur la reconnaissance de l'URSS. Elle fut aussitôt convoquée au ministère des Affaires étrangères qui lui fit part de son accord, et l'année 1923 s'acheva sur cette perspective favorable. Kollontaï crut qu'elle pouvait envisager l'avenir avec confiance. Elle ignorait encore que la situation politique en Russie viendrait démentir son optimisme.

Le 16 janvier 1924, quand s'ouvrit le XIIIe Congrès du Parti, tout suggérait que Staline allait encore renforcer son autorité et commencer à briser ceux qui s'opposaient à lui. Toute opposition était présentée comme contraire aux intérêts du prolétariat. Nadejda Kroupskaïa devait y prendre la parole au nom de Lénine, qui vivait alors ses derniers jours, muré dans le silence et coupé du monde par la volonté de Staline, qui s'était abrité derrière de supposées directives médicales pour l'isoler du Parti. Kroupskaïa allait communiquer au Parti ce qui sera appelé par la suite le « testament » de Lénine, la lettre au Congrès qu'il avait dictée dans un ultime effort conscient afin d'écarter Staline du pouvoir. Il y dénonçait l'autorité excessive et les défauts de caractère de Staline, le disait indigne d'exercer sa charge. Le dernier message de Lénine ne servit à rien. Nul n'osa même l'entendre. Zinoviev clamait que les craintes de Lénine étaient démenties par les faits. Staline triomphait, tandis que la descente aux enfers de Trotski s'accélérait.

Quelques jours plus tard, le 21 janvier, Lénine mourait. Kollontaï en fut affectée et elle organisa une cérémonie pour commémorer le Père de la révolution. Elle parla avec sa fougue habituelle, même si elle ne pouvait réprimer ses sanglots. Oubliés les dissentiments qui l'avaient séparée de Lénine, elle était dominée par le sentiment d'une immense perte. Et la certitude qu'il lui fallait œuvrer encore plus pour la Russie. Au premier plan de ses préoccupations, elle plaça la reconnaissance de la Russie telle que l'avait forgée Lénine.

En janvier 1924, Kollontaï n'était pas seule à se pencher sur cette question. Dans nombre de capitales, Londres, Rome, Stockholm, la question de la reconnaissance de la patrie de la révolution était posée. Alexandra s'assigna pour but de faire de la Norvège le premier pays qui reconnaîtrait le pays des Soviets, et elle s'employa avec ardeur à convaincre le gouvernement norvégien des bénéfices qu'il en retirerait, notamment sur le plan commercial. Lors d'un des entretiens qu'elle eut au ministère des Affaires étrangères sur ce sujet, elle annonça au ministre qu'il disposait de vingt-quatre heures pour en décider. Sa visite et l'ultimatum eurent lieu le dernier samedi de janvier 1924. Le surlendemain était un lundi, jour où le parlement norvégien ne siégeait pas, sa décision devait donc être reportée au mardi. Or, la veille, l'Angleterre puis l'Italie reconnurent la Russie des Soviets. L'ultimatum tombait à l'eau. Alexandra avait échoué à poser la Norvège comme le pays d'avant-garde, le plus conscient de l'importance de la Russie. La reconnaissance qu'elle avait si passionnément voulue n'aura lieu finalement que le 15 février. Mais le lendemain de cette reconnaissance, ce n'était plus la conseillère d'une légation commerciale qui rendait visite au ministre norvégien des Affaires étrangères, mais l'ambassadeur de Russie. Quelques jours encore, et Alexandra Kollontaï reçut l'ordre d'organiser une véritable ambassade à Christiania, et le 6 septembre 1924, elle présentait ses lettres de créance au roi de Norvège. On peut rêver sur cette scène inimaginable peu auparavant. Une révolutionnaire tenue pour complice implicite du massacre de l'empereur de Russie, de sa femme et de ses enfants, et de toute la famille Romanov. De surcroît, une femme ambassadeur, du jamais vu dans les annales diplomatiques ! Et quelle femme, une femme affichant des mœurs très libres, prônant l'émancipation féminine et la liberté sexuelle…

Pourtant, ce face-à-face entre le roi et la révolutionnaire eut bien lieu. La révolutionnaire était devenue ambassadeur, et même la première femme ambassadeur. Il est difficile d'imaginer les sentiments qui habitaient Alexandra Kollontaï ce jour-là.

CHAPITRE IX

L'ambassadeur Kollontaï

Janvier 1925, Alexandra Kollontaï règne sur l'ambassade russe d'Oslo. La capitale norvégienne a en ce début de 1925 changé de nom, Christiania est désormais Oslo. Et dans ce nouveau contexte, Alexandra Kollontaï va devenir un personnage nouveau, inédit. Elle se distingue par sa grande élégance – ses achats vestimentaires vont être par la suite vivement critiqués à Moscou –, par les réceptions somptueuses qu'elle offre dans son ambassade – celle du 7 novembre 1925, qui célébrait la révolution d'Octobre, fut particulièrement remarquée pour l'abondance et le raffinement des buffets comme pour les divertissements qui l'accompagnaient. Commentaire d'Alexandra Kollontaï : « Tous les journaux en parlent pour signaler son éclat... Jamais l'ambassade de la Russie tsariste n'avait rien organisé de comparable. »

Comme la révolutionnaire austère et attentive à incarner l'image de la classe ouvrière est loin de cet ambassadeur évoluant avec aisance et bonheur dans la société aristocratique et diplomatique du royaume de Norvège. Et comme Moscou et ses conflits politiques peuvent lui sembler lointains.

Pourtant, à Moscou, on gardait l'œil sur cette personnalité encombrante. Et elle dut très vite en prendre conscience. Un beau jour du printemps 1925, un membre de la Commission de contrôle du Parti fit son apparition à l'ambassade qu'il contempla d'un œil critique : « Pourquoi notre drapeau ne flotte-t-il pas sur le bâtiment ? » demanda-t-il. Il lui fut répondu que l'usage était de ne le faire flotter que les jours fériés. Peu satisfait, le contrôleur multiplia les questions sur les mesures de précautions prises pour éviter l'espionnage, puis il en vint à un sujet qui stupéfia ses interlocuteurs, car il s'adressait à tour de rôle à Kollontaï et à Marcel Body – tous deux étant clairement objets de sa curiosité professionnelle. Comment l'un et l'autre n'avaient-ils pas adressé de rapport à Moscou l'un sur l'autre ? Body a noté qu'ils furent choqués par cette question, mais aussi que l'émissaire de Moscou était choqué de leurs rapports de confiance, de la solidarité qui les unissait. En vivant à l'étranger, Kollontaï et Body avaient quelque peu oublié l'extraordinaire climat de suspicion, l'espionnite et les obligations de délation qui étaient la règle à Moscou. Déshabitués de ces usages policiers, ils y réagirent avec une curieuse naïveté. Furieux des propos du contrôleur, Alexandra et Body écrivirent, aussitôt que celui-ci eut quitté Oslo, une lettre virulente à Kouïbychev – alors secrétaire de la Commission de contrôle – pour dénoncer des « pratiques peu conformes à l'esprit communiste ». La réaction de Moscou ne se fit pas attendre. Leur lettre de doléance avait été communiquée au contrôleur qui décida en retour de se venger d'eux, et il obtint que les « coupables » soient séparés, Body étant rappelé à Moscou. Pour Alexandra Kollontaï, cette décision était inacceptable, elle décida aussitôt de partir à Moscou avec Body, de demander un congé pour rester avec lui et d'en profiter pour écrire. Plus calme qu'elle, Body sut la convaincre d'attendre. Il décida d'ailleurs de rester à Oslo, comme si l'ordre de retour à Moscou ne lui était pas parvenu. Entre-temps, Alexandra Kollontaï eut l'idée d'envoyer aux archives du Parti les lettres qu'elle avait reçues de Lénine. Cette initiative, qui n'était certainement pas innocente, allait servir Staline. En ce printemps 1925, la lutte entre Staline et Trotski battait son plein. Trotski avait publié en 1924 dans *Les Leçons d'octobre*, une analyse dévastatrice de la voie suivie par le Parti depuis la révolution. Il avait la même année perdu le contrôle du commissariat à la Guerre et dû abandonner la présidence du Conseil militaire révolutionnaire. Pour autant il ne s'avouait pas vaincu. À cet égard, les lettres de Lénine, dont Kollontaï s'était dessaisie et qui allaient être publiées dans la *Pravda*, étaient fort utiles à Staline, car elles étaient critiques de Trotski. Staline dut comprendre le geste d'Alexandra Kollontaï comme un appui à sa position, et peut-être est-ce la raison pour laquelle elle resta libre de ses mouvements, alors que dans la même période le climat politique russe s'alourdissait et que la situation des membres de l'ancienne Opposition ouvrière devenait toujours plus précaire.

Plus de six mois s'étaient écoulés depuis que Body avait reçu la lettre de rappel à Moscou et l'avait ignorée. Mais en novembre 1925, Litvinov l'informa qu'il lui fallait obéir sans délai aux ordres de Moscou, d'autant que son successeur à Oslo était déjà désigné et s'apprêtait à rejoindre son poste. Il lui était impossible de tarder davantage. Sans hésiter, Alexandra Kollontaï mit son propre projet de départ à exécution, demandant à Litvinov d'être libérée de son poste. À l'appui de sa demande, elle invoqua une santé qui avait été particulièrement défaillante en 1924. Elle demandait un congé pour effectuer des démarches à Moscou qui lui permettraient, elle l'espérait, de quitter définitivement Oslo. Plusieurs raisons la poussaient à agir ainsi. Ne pas être séparée de Body. Mais aussi revoir Micha et enfin se soigner. À ces raisons personnelles s'ajoutait son désir de participer à la rédaction de la loi sur le mariage, alors en préparation. Kollontaï retrouvait soudain son intérêt passionné pour les questions de mœurs et les droits des femmes que la diplomatie lui avait un temps fait négliger. Body était obligé de partir, Kollontaï partit avec lui, mais, pour commencer, ils prirent le chemin des écoliers, qui allait les conduire à Berlin en passant par Stockholm. Dans la capitale suédoise, Kollontaï intervint dans une conférence où elle traita de « la famille de demain ». Elle entrait ainsi dans le débat qui se développait en Russie. Elle exposa avec fougue sa conception de la nouvelle famille et ses avantages. En réalité, ce qu'elle exposa n'avait que peu de rapports avec la famille, c'était plutôt un catalogue des obligations de la communauté à l'égard des femmes.

Body et Kollontaï avaient de nombreux projets pour leur séjour berlinois. Mais tout fut annulé car Body rencontra fort opportunément Christian Rakovski, alors ambassadeur à Paris, qui lui conseilla vivement de rentrer en France pour y régulariser sa situation sous peine d'être accusé de désertion. Body se plia à ce qui était presque une injonction, et Kollontaï décida de se rendre à Moscou sans plus tarder. Durant les mois qu'elle y passa, logée par les soins du commissariat aux Affaires étrangères, elle put suivre le débat sur le mariage et constater la prise en compte de ses idées. Le mariage, régi jusqu'alors par la loi de 1918, fut l'objet d'un débat public intense où les positions les plus radicales furent librement exposées. Il fallait répondre à des questions tranchées : qu'était le mariage ? Que consacrait la loi ? Une union légalement enregistrée ? Non enregistrée ? Ou seulement reconnue par l'Église ? Une liaison ? Le législateur de 1918 avait décidé qu'un simple enregistrement à l'état civil tenait lieu de mariage, il y avait ajouté le droit de divorcer sans formalités et le droit de percevoir une pension. En 1925, on constatait qu'un nombre croissant de couples ne prenait même plus la peine de faire enregistrer leurs unions, et les femmes en étaient les principales victimes lorsqu'elles perdaient leur emploi ou qu'elles étaient abandonnées par un mari à qui elles ne pouvaient rien demander.

Cela explique qu'on jugea utile de poser en 1925 la question de la reconnaissance de toutes les unions, enregistrées ou non, ouvrant le droit à recevoir une pension alimentaire. Cette proposition rencontra une très vive opposition, avant tout chez les paysans. Des groupes féministes avaient avancé l'idée que la pension devait être un partage des biens possédés par le couple durant son union. Or, en milieu rural, conformément au code de 1922, la notion de biens recouvrait celle de *dvor*, c'est-à-dire tout ce qui était propriété de la communauté familiale – bâtiment, bétail... Le partage des biens impliquait donc la dislocation de tout l'ensemble possédé par le paysan, et non seulement par lui mais par tous ceux qui appartenaient au *dvor*, frères ou autres parents compris. Les paysans ne pouvaient l'accepter. En milieu urbain, l'opposition était tout aussi forte, elle partait de la crainte que les femmes – car les femmes étaient l'élément faible du couple – s'engagent dans une relation sexuelle à seule fin d'y gagner une pension. Un article publié dans les *Izvestia*, qui relatait ces débats, souligna que les femmes étaient les plus nombreuses à soutenir la reconnaissance de l'union de fait comme égale du mariage enregistré, alors que les hommes urbains ou ruraux y étaient opposés. Les hommes s'inquiétaient en effet d'une multiplication des modes de relations hommes-femmes qui tous leur imposeraient, en cas de rupture, de payer une pension. Des esprits malicieux suggérèrent que ces nouvelles dispositions allaient créer une catégorie humaine nouvelle, les chasseresses de pensions ; que de nombreuses femmes sans emploi, mal portantes ou simplement peu désireuses de travailler, trouveraient dans la loi en préparation un moyen relativement aisé de répondre à leurs besoins matériels. Débarquant dans ces querelles, dans un pays où la NEP avait modifié la situation économique – la vie reprenait, les villes étaient approvisionnées, les emplois se multipliaient, et les paysans retrouvaient leurs outils de travail –, Kollontaï dut réviser quelque peu ses vues. Après avoir violemment critiqué la NEP en 1922, elle devait constater ses effets bénéfiques et donc y adapter ses propositions pour la famille. Elle avait toujours considéré que la famille était une structure éphémère, fondée sur l'amour que se portaient deux personnes à un moment donné. Que cet amour disparaisse, et la poursuite d'une vie commune n'avait plus de raison d'être. L'union pouvait avoir pour conséquence la naissance d'enfants, mais les enfants n'étaient pas le bien de leurs parents, ils étaient des membres futurs de la société, ceux qui allaient travailler pour elle. Dès lors, c'est à la société qu'il incombait de les prendre en charge, de les faire vivre et de les éduquer. La vie communautaire, si soigneusement décrite par Kollontaï dans maints écrits, devait y pourvoir. En 1926, en constatant l'existence de la NEP et ses avantages, Kollontaï dut admettre qu'elle pourrait durer un certain temps et que les dispositions sur la famille devaient prendre en compte ce fait nouveau, et elle l'accepta. En conséquence, l'organisation communautaire – appartements partagés, restaurants d'immeubles, crèches... – relevait d'un avenir imprévisible, alors que les dispositions énoncées par la nouvelle loi – avant tout, la pension alimentaire – devaient être prises en compte. Simplement, au lieu d'une pension alimentaire, elle suggéra – préférant une responsabilité collective à un statut individuel – que la pension qui incombait à une personne soit remplacée par un fonds d'assurance général, alimenté par une taxe – ou impôt – payé par tous les travailleurs, la contribution minimale étant fixée à deux roubles. Ce fonds servirait aussi à financer les institutions nécessaires à la prise en charge des enfants et des mères en situation précaire. Ainsi la société continuerait-elle à jouer son rôle dans la protection du futur citoyen communiste. Kollontaï y ajouta une proposition étrangère à la pensée socialiste, c'est-à-dire que le mariage fût assorti d'un contrat définissant les engagements et les obligations des époux. L'idée fut qualifiée de « capitaliste » et rejetée sans égard pour la personnalité qui l'avait proposée.

Lorsqu'elle parlait des femmes, Kollontaï s'opposait à la plupart des marxistes par la définition qu'elle en donnait. Alors que pour les marxistes la femme était un être faible et l'homme l'être fort qui devait la protéger, Kollontaï considérait que la femme était naturellement forte et que sa faiblesse toujours mise en avant n'était que la conséquence du statut qui lui était fait, de la position prééminente et protectrice que les hommes avaient de tout temps adopté à son égard, ce dont témoignait le principe même de la pension alimentaire qu'elle rejetait. Elle se plaisait à rappeler une confidence de Marx à Laura – la future Laura Lafargue, amie de Kollontaï – qui disait que, pour lui, la plus grande vertu de l'homme était sa force et celle de la femme sa faiblesse. Trotski, le seul dirigeant communiste russe de l'époque qui ait pris un intérêt au débat sur le mariage et qui était plutôt sensible à la cause des femmes, partageait pourtant avec Marx la certitude que la faiblesse était la grande caractéristique féminine.

Durant ce débat, on critiqua Kollontaï et sa conception de la sexualité, l'accusant de défendre une liberté sexuelle sans limites, sans entraves, d'encourager les unions multiples ou simultanées, la dépravation, et en définitive on lui fit le reproche qu'en proposant un fonds d'assurance au lieu d'une pension elle déresponsabilisait les êtres dans leur relation amoureuse. En somme, tout en elle, selon ses critiques, révélait des conceptions et des origines bourgeoises ! Elle fut particulièrement attaquée par son ancienne collègue du Jenotdel, Sofia Smidovitch, qui lui fit grief de vouloir propager chez les femmes des « passions africaines ». L'expression est étonnante, mais elle recouvrait un reproche précis, l'espoir de voir naître une nouvelle femme dont la vie sexuelle dépendrait de sa seule volonté. Pour Smidovitch, ces « passions africaines » condamnaient les couples à la promiscuité et à l'instabilité permanente, alors que l'URSS – car en 1926 ce nouveau pays sans référence à la nation ni au territoire existe depuis deux ans – considère que la famille est une composante de la société et rejette la débauche qui mine l'énergie sociale. Lénine, lorsqu'il critiquait la « théorie du verre d'eau », avait déjà insisté sur la nécessité d'une morale prolétarienne comme composante de son combat. En 1926, Kollontaï est restée aussi étrangère à cette vision des relations entre sexes qu'elle l'était au début de la révolution. Elle y voyait alors un vestige de pensée ou d'influence bourgeoise chez certains bolcheviks. En 1926, c'est à elle qu'est fait le reproche d'« une vision bourgeoise de la morale et du sexe ». C'est aussi une vision d'intellectuelle, écrira Smidovitch. Pour la première fois, c'est elle que l'on traite de représentante de l'élite intellectuelle – ou de l'intelligentsia – en même temps que de bourgeoise, ce qui contribue à ternir son image. Nul n'imagine encore en 1926 que ce reproche va servir peu de temps plus tard à briser des opposants.

La loi sur la famille fut, après d'âpres débats, adoptée. Son adoption témoignait de la volonté du Parti de maintenir une famille fondée sur une conception traditionnelle de la femme et de la mère.

Lorsque Svetlana Staline partagera avec les Occidentaux ses souvenirs sur son père, elle insistera sur son attachement à la conception classique de la famille et du rôle de la femme dans la société. Une femme qui n'était pas vraiment pour lui l'égale de l'homme. La loi de 1926 reflète les idées de Staline et est annonciatrice de l'orientation qu'il va imposer à la société soviétique dès le début des années 1930.

Pour Alexandra Kollontaï, les mois passés à débattre de la loi sur le mariage furent tout à la fois passionnants – ce fut la dernière fois que, dans le pays de Staline, la société était appelée à s'exprimer – mais décevants aussi. En dépit de concessions réelles, notamment sur l'avortement qui pour Kollontaï relevait de la libre disposition de son corps par la femme, un monde sans famille était repoussé à un futur imprévisible. Cette loi, qui consacrait l'existence de la famille et non sa disparition, lui avait offert l'occasion d'un ultime combat pour la cause qui lui était si familière, le sort des femmes dans le monde. La bataille étant achevée, elle devait régler ses propres affaires, c'est-à-dire remettre les clés de l'ambassade d'Oslo à son successeur, prendre congé des autorités norvégiennes, qui s'étaient toujours montrées accueillantes, et se préparer à une nouvelle étape de sa vie diplomatique.

En chemin pour Oslo, elle passa par Berlin où elle rencontra Ruth Fischer, une autorité du Parti communiste allemand et du Komintern, que Staline brisera quelques années plus tard en faisant assassiner l'homme qui partageait sa vie, Maslow (un homonyme de l'ancien amant d'Alexandra). Kollontaï avait toujours été à l'aise avec les communistes allemands, c'est pourquoi elle n'hésita pas à confier à Ruth

Fischer les sentiments qui l'habitaient au terme de ce séjour moscovite de plusieurs mois. Elle lui dit son angoisse devant la situation qui se développait en Union soviétique, et lui décrivit le caractère absurde et incontrôlable des luttes pour le pouvoir, l'évolution « contre-nature » du Parti devenu une machine à broyer les hommes au service d'un tout petit groupe et, en définitive, la dépression où la plongeait un spectacle qui impliquait l'échec de toute sa vie et de tout ce pour quoi elle avait combattu. Son état était si désespéré que Ruth Fischer, pourtant forte personnalité, en fut très impressionnée ; elle fit part à ses camarades de l'inquiétude que Kollontaï éprouvait et qu'elle lui avait communiquée. Cette inquiétude était si forte qu'en 1960 encore, dans un séminaire organisé à Paris sur le Komintern, Ruth Fischer relata sa rencontre avec Kollontaï, ses confidences, les conclusions très alarmantes qu'elle-même en avait tirées, et la confirmation que la vie – les persécutions de Staline – lui en donnera par la suite.

CHAPITRE X

Le Mexique. Une mission impossible

Ruth Fischer ne fut pas la seule à remarquer le découragement et peut-être la panique de Kollontaï. Un témoignage précieux en est fourni par celui qui fut aussi un acteur de cette histoire, Marcel Body. Toute la fin de la mission d'Alexandra Kollontaï à Oslo est liée à Body. Ils avaient quitté Oslo ensemble le 12 décembre 1925, après l'escapade de Berlin déjà évoquée, ils s'étaient séparés le 25 décembre, Body se rendant en France alors que Kollontaï allait à Moscou, puis à Berlin pour y suivre un traitement. C'est là que Body la rejoignit en avril 1926. Tous deux s'installèrent à Halensee, dans une pension de famille qu'Alexandra appréciait. À son arrivée dans cette maison où Alexandra avait toujours trouvé la paix, Body trouva sur sa table une lettre qu'elle lui avait écrite, lui expliquant que n'osant lui en dire le contenu de vive voix, elle le priait d'en prendre connaissance sans délai. Combien cette lettre était révélatrice des difficultés dans lesquelles elle se débattait. Qu'on en juge :

Cher Marcel Iakovlevitch.

C'est après mûre réflexion que je veux vous proposer de continuer à travailler ensemble, ce qui implique bien entendu que nous devons loyalement informer le Comité central de cette décision. Nous nous installerons en France ou dans tout autre pays. Et là nous écrirons, redevenus libres, nous dirons objectivement, honnêtement ce que nous savons des événements et des hommes de la révolution, et nous mettrons ceux-ci en garde contre les excès où la politique partisane est en train de les conduire.

Quel programme ! Ce que Kollontaï proposait à Body était de rompre avec le Parti et de recommencer leurs vies ensemble en se livrant aux bonheurs de l'écriture. Vivre en exil et en rupture avec le Parti, comme en avait décidé avant elle Angelica Balabanova, une communiste qu'elle estimait. Mais Kollontaï ne voulait pas d'un tel choix pour elle seule, la solitude lui pesait trop, elle voulait partager une nouvelle vie avec l'homme qui « l'avait discrètement accompagnée » durant sa mission en Norvège. Kollontaï oubliait tranquillement dans ce projet que Body était marié et père d'un enfant. Elle faisait fi aussi des dangers d'une rupture avec le Parti, tout en sachant que nul communiste ne pouvait dans l'esprit de Staline décider librement de son destin. Au milieu des années 1920, il était déjà difficile de recenser toutes les victimes de la colère de Staline. À Moscou, dès 1926, Staline avait réussi, de congrès en conférences du Parti, à éliminer des postes de responsabilité presque tous les compagnons de Lénine : Zinoviev, exclu du bureau politique et éliminé de la présidence du Komintern, Kamenev et Trotski, éliminés du bureau politique. La peur planait sur le Parti et sur ses grands dirigeants. Trotski s'efforça en vain de convaincre Zinoviev et Kamenev de « ne pas capituler » devant Staline. Deux ans plus tard, Boukharine, dont Staline s'était servi pour évincer Zinoviev du Komintern, dira à Kamenev : « Staline nous étranglera tous. » Cette prise de conscience de la toute-puissance et de la violence staliniennes, Body la partage et tente d'en convaincre Kollontaï. Il plaide tout à la fois que le Parti – c'est-à-dire Staline – n'accepte pas qu'on le quitte et que sa réaction sera impitoyable. Mais il veut dans le même temps convaincre Kollontaï qu'elle peut encore aider des compatriotes à échapper à un pouvoir menaçant, voire aux difficultés du système communiste, car elle conserve en URSS son prestige et son influence. Enfin, Body lui répète que si elle veut témoigner des errements du pouvoir de Staline, de la révolution trahie, il lui faut rester libre de ses mouvements, c'est-à-dire être en accord apparent avec Staline et les siens.

Cet épisode douloureux n'aura duré que quelques semaines. Kollontaï dut reconnaître – à contrecœur – la justesse des arguments de Body, et elle repartit pour Moscou au début de juillet. Litvinov l'avait informée de sa nomination d'ambassadeur au Mexique, nomination approuvée par Staline, il lui était donc impossible de la discuter. Elle tenta cependant d'obtenir en compensation à cette décision autoritaire que Body soit affecté auprès d'elle. La réponse fut brutale : on proposa à Body un poste à Tokyo ou en Chine et

Kollontaï reçut l'ordre de rejoindre son ambassade sans délai. Avant son départ, Staline la reçut. Elle lui dit qu'elle ne partageait pas les positions de Trotski et Zinoviev, qu'elle adhérait à la « ligne générale », c'est-à-dire à celle que Staline avait imposée. Après la remise des lettres de Lénine au Parti, c'est-à-dire indirectement à Staline, cette déclaration inspirée par la prudence confirmait au maître de l'URSS qu'elle avait rompu avec l'opposition. Kollontaï avait un court moment rêvé de rompre avec le Parti. Y ayant renoncé, elle préférait montrer son accord avec la ligne officielle.

Ses rapports avec Moscou étaient apaisés, pour autant son départ pour le Mexique n'allait pas sans poser de problèmes. Elle avait souhaité s'y rendre par la voie la plus simple, en passant par les États-Unis. Il lui fallait pour cela un visa de transit ; sa demande souleva un tollé outre-Atlantique. C'est « une communiste, membre important du Parti et du Komintern », réagit le secrétaire d'État américain, Frank Kellogg. Les discours enflammés qu'Alexandra avait tenus dix ans plus tôt aux États-Unis n'étaient pas oubliés et l'on ne souhaitait pas y voir cette propagandiste si convaincante des thèses marxistes. Il lui fallut changer d'itinéraire et passer par La Havane. On lui retint une place sur un paquebot hollandais, et ce fut une nouvelle déception. En arrivant à La Haye, elle découvrit que la cabine qui lui était réservée se trouvait à l'intérieur, sans hublot, et aucune autre cabine n'était disponible. Découragée, Alexandra refusa de partir. On trouva enfin un paquebot français, le *Lafayette*, qui quittait Saint-Nazaire quelques jours plus tard et pouvait lui garantir des conditions matérielles décentes. Elle sauta sur l'occasion, mais il fallait pour embarquer se rendre en France et pour cela disposer d'un visa français. À la différence du séjour qu'elle avait effectué à Paris des années auparavant, quand elle était une jeune femme inconnue, Kollontaï était, en 1926, tout à la fois une communiste réputée et ambassadrice, elle ne pouvait donc se déplacer clandestinement. Rakovski, alors ambassadeur en France, régla l'affaire et lui remit son visa dans la belle chambre d'hôtel où elle s'était installée pour un bref séjour. Leur rencontre manqua de chaleur, Rakovski déplorait qu'elle eût tourné le dos à l'opposition.

Le *Lafayette* faisait escale à La Havane, mais Kollontaï n'eut pas le droit d'y descendre. À cette déception s'ajouta un choc moral. Elle apprit à bord que Krassine, qui représentait son pays à Londres, venait d'y mourir. Ce révolutionnaire s'était, comme elle, transformé en diplomate et s'était écarté du Parti autant qu'il l'avait pu. Kollontaï appréciait sa réserve et son intégrité politique. L'annonce de sa mort la peina profondément et assombrit la fin de son voyage. À Veracruz, autre escale, Kollontaï vit du pont où elle était confinée que le quai était envahi par des manifestants. Ils déployaient des banderoles à la gloire de l'Union soviétique, mais aussi des drapeaux américains lacérés, portant des inscriptions injurieuses pour les États-Unis. Staline avait interdit à Kollontaï de prendre parti dans les conflits américano-mexicains, et même d'avoir des contacts avec les communistes locaux. Elle dut se contenter de regarder, passive et indifférente en apparence, cette manifestation organisée en son honneur. Il en alla de même à l'arrivée à Mexico, où des communistes rassemblés sur le quai criaient « *Viva compañera Kollontaï* » en agitant un drapeau rouge. Il lui fallut, fidèle une fois encore aux ordres reçus, détourner son regard. De même, lorsque le chef du protocole du ministère des Affaires étrangères du Mexique l'accueillit par « *Saludo compañera Kollontaï* », elle rétorqua vivement : « Je suis Son Excellence. »

À peine installée à l'hôtel, elle découvrit que son organisme aurait du mal à s'adapter au climat et à l'altitude de la capitale mexicaine. Elle fut prise d'un tel malaise qu'il fallut convoquer d'urgence un médecin qui diagnostiqua des difficultés cardiaques, mais il lui promit qu'avec le temps son organisme s'adapterait. Il n'en sera rien, et son séjour mexicain fut marqué par de sérieux problèmes de santé.

Plus encore que le climat et sa santé défaillante, ce sont les difficultés politiques qui affecteront la mission de Kollontaï et la réduiront à un bref passage de moins d'une année.

Le président du Mexique, Plutarco Elías Calles, était un homme de gauche, et sa situation était difficile. Il était confronté à des rivalités de partis, à un puissant courant anticommuniste, et il était surveillé par les États-Unis qui craignaient de voir le Mexique basculer dans la révolution. Le Parti communiste mexicain avait été dirigé jusqu'en 1925 par un Américain, Bertram Wolfe. En face de lui, se dressait la puissante confédération syndicale des ouvriers mexicains, très attachée à la défense des travailleurs et adversaire irréductible du Parti communiste qu'elle accusait d'être inféodé à Moscou, et par là même étranger aux intérêts nationaux. Aux États-Unis, le secrétaire d'État Kellogg dénonçait une collusion entre le Parti communiste mexicain et les communistes américains. Le rôle joué par Wolfe jusqu'à son expulsion en 1925 justifiait son inquiétude ; s'y ajoutait le constat que l'URSS avait une certaine influence dans le pays grâce à son ambassade et à une propagande active. Ces éléments multiples, internes et extérieurs qui pesaient sur la situation mexicaine expliquent peut-être les mauvais débuts de Kollontaï à Mexico. D'abord, le président Calles avait tardé à recevoir ses lettres de créance, la plaçant dans une situation d'autant plus inconfortable que son prédécesseur, l'ambassadeur Pestkovski, avait été prié par le même Calles de quitter le Mexique, son activisme étant jugé dangereux pour l'indépendance du pays. Kollontaï présenta enfin ses lettres de créance le 24 décembre 1926 et prit ainsi place dans le cercle fermé des ambassadeurs étrangers. Sans attendre ce moment, elle avait rendu publique sa conception de sa mission afin d'écarter les soupçons d'ingérence politique pesant sur elle. Elle affirma qu'elle s'attacherait à donner la priorité aux échanges économiques et aux relations culturelles. Le Mexique était exportateur de plomb et candidat à l'achat de blé russe. Avec son énergie habituelle, Kollontaï engagea aussitôt une négociation sur ces sujets, et elle fut réussie. Elle s'en vanta dans un courrier adressé à son ancien amant et camarade de l'Opposition ouvrière, Chliapnikov, qui avait alors la responsabilité du Bureau de l'importation des métaux.

Les échanges culturels, ou plutôt les présentations de la culture soviétique, étaient très recherchés au Mexique. Les films soviétiques y jouissaient d'un grand succès. Kollontaï organisa des projections et négocia la vente de films au Mexique. Mais le succès de ses démarches dans le domaine du commerce et de la culture ne la protégea pas des difficultés politiques. Peut-être même ce succès y contribua-t-il. Tout d'abord, le secrétaire d'État américain s'inquiéta d'un éventuel soutien soviétique aux Mexicains dans le conflit pétrolier qui les opposait aux États-Unis. Puis il dénonça l'interventionnisme « rouge » au Nicaragua où les États-Unis s'employaient à réduire l'agitation révolutionnaire. La presse américaine, non contente de critiquer l'URSS, multiplia les attaques personnelles contre son ambassadeur au Mexique, et Kollontaï le ressentit durement. Elle fut aussi prise à partie et accusée d'intervention dans la politique intérieure lors d'une grande grève qui paralysa les chemins de fer mexicains. Les critiques lancées contre elle prirent pour prétexte les secours envoyés aux grévistes mexicains par des syndicats soviétiques. Cette manifestation de solidarité ouvrière fut dénoncée tout à la fois par les États-Unis et le gouvernement mexicain, et Kollontaï, sommée d'y mettre fin, ne put que reconnaître son incapacité à intervenir dans le domaine des relations syndicales entre ces pays. Pour autant, les relations entre syndicats furent dénoncées comme manifestations d'agitation révolutionnaire soviétique et portées au débit de l'ambassadeur.

Pour échapper à un climat politique si difficile, Kollontaï chercha un réconfort dans les contacts personnels. Ils furent décevants. Elle ne trouva pas d'écho dans le milieu diplomatique, car l'URSS inquiétait la plupart des pays qui voyaient en elle le centre d'une révolution qu'il fallait exporter. Seule consolation, elle fit la connaissance du peintre Diego Rivera, dont la peinture la séduisait et avec qui elle aurait pu se lier d'amitié si son séjour n'avait été aussi bref.

Au moment où les relations américano-mexicaines atteignaient un degré de tension très élevé – toujours la querelle pétrolière –, où l'on craignit à Mexico une intervention américaine ou une contre-révolution manipulée par les États-Unis, Alexandra Kollontaï décida de chercher refuge à Cuernavaca. Elle y avait déjà effectué un bref séjour peu auparavant pour reposer son cœur. Cette fois, cependant, l'idée était malheureuse. Kollontaï se trouva piégée dans une sombre affaire mexicaine – tentative de coup d'État ou opération de banditisme local, nul ne le sait – qui l'obligea à fuir en catastrophe avec des compagnons d'infortune qu'elle ne connaissait pas, situation peu conforme aux règles diplomatiques. Rentrée saine et sauve à Mexico, elle décida que sa mission n'était plus tenable ; en mai 1927, elle écrivit à son ministre Litvinov qu'elle ne pouvait, sous peine de passer rapidement de vie à trépas, rester au Mexique. Litvinov répondit en lui proposant d'aller en Uruguay représenter l'URSS. C'en était trop pour Kollontaï qui voulait à toute force rentrer en Europe. Elle plaida que sa santé ne lui permettait pas de vivre dans des pays si étrangers à ses habitudes climatiques. Elle se disait prête à accepter n'importe quelle mission, à n'importe quel niveau, à condition que ce fût en Europe. La réponse fut rapide, Kollontaï était autorisée à prendre un congé de deux mois pour raisons de santé, ainsi en avait décidé le Politburo.

Kollontaï quitta Mexico sans faire d'adieux protocolaires puisqu'il s'agissait officiellement d'un congé. Elle salua seulement quelques amis et s'embarqua en emportant une toile de Diego Rivera. Nul doute que l'affaire avait été soumise à Staline. On était au milieu de l'année 1927, à Moscou, le climat politique était irrespirable. Trotski, Zinoviev et Kamenev avaient forgé une opposition assez unie pour pouvoir faire face à Staline. Mais celui-ci sut profiter d'un événement extérieur pour isoler cette opposition montante qui, en d'autres circonstances, aurait pu peut-être trouver un soutien dans le Parti.

En mai 1927, l'Angleterre rompit les relations diplomatiques avec l'URSS après la découverte dans les locaux de la représentation soviétique à Londres d'un considérable matériel de propagande et d'espionnage. Cette rupture provoqua en URSS une vraie psychose de guerre que la presse orchestra. Le pouvoir y avait certainement contribué. Staline accusa l'opposition de susciter des conflits internes alors que le pays était sous le coup d'une menace extérieure. Il déclara même que la guerre mondiale était plus que prévisible. L'opposition se trouva ainsi en posture d'accusée. Et de quel crime ! Car affaiblir le pays en un tel moment, n'était-ce pas déjà de la trahison ?

Staline profita de la situation pour démanteler l'opposition, expédiant certains de ses membres à l'étranger au prétexte de nominations prestigieuses. Preobrajenski fut envoyé à Paris auprès de l'ambassadeur Rakovski, Piatakov fut nommé ambassadeur en Turquie, Kamenev à Rome. Zinoviev et Trotski furent ainsi isolés. Staline ne disposait pas encore, semble-t-il, d'une majorité suffisante au Comité central pour s'en débarrasser, mais le XVe Congrès n'était pas loin… En attendant, une sournoise campagne antisémite fut lancée contre Trotski. La rumeur l'accusait de promouvoir la révolution permanente parce qu'il n'avait pas confiance dans le peuple russe et dans ses capacités révolutionnaires, et cela « de par sa nationalité »... On n'en est encore qu'aux insinuations, mais cette campagne laisse entrevoir la tournure que prendra le régime soviétique quelques années plus tard.

Kollontaï n'alla pas alors à Moscou. Micha et sa propre santé la préoccupaient avant tout. Elle se rendit donc à Berlin où se trouvaient son fils, sa belle-fille et où son premier petit-fils allait peu après voir le jour. Elle resta d'abord auprès de Micha, pour qui elle avait obtenu un poste à Berlin dans les services commerciaux soviétiques, un exil qui le protégeait ; mais, inquiète de son état de santé, elle partit pour Baden-Baden où elle connaissait d'excellents médecins. Ils constatèrent une sérieuse détérioration de son organisme et lui prescrivirent un traitement rigoureux. En Allemagne, Kollontaï nourrissait aussi un autre rêve, revoir Marcel Body à qui elle tenta de fixer un rendez-vous. Elle n'avait pas oublié le projet qu'elle lui avait soumis deux ans plus tôt, organiser leurs vies ensemble. Mais Body n'était pas plus libre en 1927 qu'il ne l'était en 1925. Outre ses charges de famille, il était en difficulté avec le Parti communiste français. Il avait pris position contre sa condamnation des opposants russes, contestant par là même la soumission totale de son parti au Parti communiste russe.

Quand son traitement fut achevé, Alexandra se rendit à Berlin pour y faire la connaissance de son petit-fils, prénommé Vladimir, en souvenir de Kollontaï, son premier mari et père de Micha. Body réussit alors à s'échapper quelques jours de France pour l'y rejoindre. À nouveau Kollontaï et Body s'inventeront un avenir. Body avait installé sa famille à Paris et semblait disposé cette fois, du moins Kollontaï en étaitelle convaincue, à réfléchir à des projets communs. Un sentiment très fort les unissait, suffisamment fort pour les encourager à oublier tout ce qui s'y opposait et à décider de tout quitter pour une vie commune. Alexandra Kollontaï avait alors cinquante-cinq ans – à l'époque, c'était pour une femme un âge avancé –, elle était grand-mère, sa silhouette, naguère si souple et élégante, s'était fort alourdie. Si elle était toujours habitée par une énergie incroyable, elle n'était plus tout à fait l'éblouissante Kollontaï. Body était plus jeune de quelques années. Pour Kollontaï, n'était-ce pas le moment décisif ? Celui de l'engagement, dans un dernier compagnonnage, avec l'homme qui partageait sa conception de l'amant-camarade.

CHAPITRE XI

Retour au paradis scandinave

Alexandra Kollontaï était revenue à Moscou en juin 1927, alors que la préparation du XVe Congrès du Parti portait la tension à un niveau extrême. Chaque tendance se préparait à un affrontement que l'on savait inéluctable. Trois mois plus tard, on l'informa qu'elle était nommée à Oslo, un retour dans un poste qu'elle avait aimé occuper. On doit à Marcel Body une relation troublante de cette nomination. Alors qu'il passait par Oslo au printemps de la même année, il avait été interrogé par l'ambassadeur soviétique alors en poste en Norvège, un dénommé Makar : « Alexandra Kollontaï me céderait-elle son poste [celle-ci était encore au Mexique] pour prendre le mien ? » Selon Body, Alexandra sauta sur la proposition, et Litvinov la soutint auprès du Comité central. On peut penser que ce récit rend compte de la volonté de Staline de régler deux problèmes en même temps, trouver un poste à Kollontaï après le Mexique en la tenant éloignée de Moscou et des luttes politiques alors si vives, et donner un successeur à Makar, qui avait réussi à empoisonner les relations russo-norvégiennes par de multiples maladresses.

Kollontaï fut informée officiellement de sa nomination à la fin du mois d'octobre. Molotov, qui s'apprêtait alors à succéder à Boukharine à la tête du Komintern, la reçut, certainement pour s'assurer de sa fidélité à la ligne de Staline et pour lui rappeler l'importance accordée par celui-ci au Parti communiste norvégien, l'un des plus proches de Moscou. Kollontaï sut le rassurer. Elle le fera par ses propos lors de l'entrevue avec Molotov, mais surtout par ses écrits publics. Elle publie en effet, le 30 octobre 1927, un article significatif dans la *Pravda*, article qui sera largement repris par la presse communiste, notamment en France. Elle y fait – évoquant la sélection des délégués au XVe Congrès du Parti déjà proche – l'éloge de l'unité, disant son espoir que le Congrès sera unanime à condamner les oppositions. C'est le moyen, écrit-elle, de tenir compte de l'évolution morale des masses, qui sont attachées à l'unité du Parti. Elle écrit : « Les masses ne croient pas à l'opposition. Elles accueillent chaque déclaration de l'opposition avec ironie. Dans cette période de construction, l'unité est nécessaire non seulement en action, mais aussi par l'esprit, la pensée. » Et écrivant cela, Kollontaï fait référence, au demeurant, aux principes de Lénine, qu'elle avait, dans un passé déjà éloigné, vivement contestés : « L'opposition, ajoute-t-elle, doit cesser de violer l'unité du Parti, cesser d'être en conflit avec la volonté de millions de membres des collectivités du Parti. »

Comment comprendre cette prise de position si étrangère à l'idéaliste, à la révolutionnaire du passé ? Kollontaï elle-même a entretenu une certaine confusion. Alors même qu'elle publie ces lignes si agréables à Staline, elle rend visite à Natalia Sedova, la femme de Trotski, cible première du Congrès à venir. Les jours qui suivirent la parution de cet article furent marqués par de terribles affrontements à Moscou entre les partisans de Staline et ceux qu'il combattait. Le 7 novembre, pour le dixième anniversaire de la révolution, deux manifestations envahirent les rues de la capitale. D'un côté, la manifestation officielle organisée par le Parti rassemblait des foules immenses. De l'autre, l'opposition peinait à être visible, Trotski fut injurié par les manifestants du camp adverse, et cette tentative de sortie de l'opposition se solda par un désastre total.

Le XVe Congrès était convoqué au début de décembre, il confirma la défaite politique des opposants. Staline y fit approuver l'exclusion du Parti de ses adversaires et exigea d'eux qu'ils se livrent à une autocritique publique. Si Zinoviev et Kamenev acceptèrent de se soumettre à ces exigences, Trotski et ses amis les plus proches refusèrent de s'humilier ainsi. Les opposants furent expulsés en masse du Parti et les chefs de l'opposition furent exilés. Rakovski à Astrakhan, Preobrajenski dans l'Oural, Radek en Sibérie, Trotski à Alma-Ata. Celui-ci résista si fort à l'ordre qui lui était donné qu'on dut le porter de force dans le train. Joffé, fidèle de Trotski, s'était suicidé le 16 novembre, laissant une lettre d'adieu à son intention, où il l'encourageait à poursuivre la lutte « en suivant l'exemple de Lénine ».

Alexandra Kollontaï quitta son pays le 27 décembre 1927 pour rejoindre Oslo. Elle s'était prudemment tenue à l'écart de ce spectacle tragique qui vit s'effondrer toute l'opposition et que Boukharine commenta de manière ambiguë en s'adressant à Zinoviev et Kamenev après leur abjuration : « Le rideau de fer de l'histoire allait tomber sur vous, mais vous vous êtes sauvés juste à temps. » Propos aussi ironiques qu'insultants !

En cette fin décembre, l'ambassade d'Oslo était pour Alexandra Kollontaï une solution de salut. La hache ne s'était pas abattue sur elle alors que presque tous ses amis y avaient succombé. Certes, Chliapnikov était encore en vie, il écrivait ses Mémoires. Dybenko commandait l'armée en Asie centrale, son hostilité déclarée, virulente à Trotski avait contribué à sa sécurité, du moins en cette première phase de purges radicales.

Saine et sauve, Alexandra Kollontaï adressa un message de réconfort aux époux Trotski exilés à Alma-Ata ; ce fut la seule fois où elle manifesta sa solidarité à l'opposition.

À Oslo, à l'abri de son ambassade, elle va s'attacher à prouver à Staline qu'elle est utile à son pays et qu'il peut avoir besoin d'elle.

Elle doit d'abord restaurer un climat de confiance, car l'image et l'action de son prédécesseur Makar avaient porté un rude coup aux relations russo-norvégiennes. Elle écrit à Litvinov qu'elle a trouvé à Oslo le même climat de défiance envers Moscou qu'elle avait constaté à Mexico, mais qu'elle allait s'employer à renouer les liens existant dans le passé. Trois domaines de négociation s'ouvraient à elle. D'abord, développer les échanges commerciaux quelque peu assoupis, régler la question épineuse des droits de pêche dans l'Arctique, qui opposaient, comme c'est souvent le cas, les riverains, et surtout mener à bien la signature d'un traité de non-agression entre la Norvège et l'Union soviétique. Sur ce dernier point, l'URSS se sentait particulièrement vulnérable, menacée par la volonté de l'Angleterre de l'affaiblir dans tout le monde scandinave, et cette volonté, à l'heure où les relations entre Moscou et Londres étaient rompues, inquiétait fort la Russie. Pour convaincre ses interlocuteurs de la bonne volonté russe, Kollontaï opta pour un langage et un style de négociation extrêmement modérés, présentant la position russe dans les termes les plus acceptables à Oslo. Litvinov fut même agacé par ce qu'il tenait pour des concessions excessives et inutiles.

Par ailleurs, Kollontaï s'efforça de faire de son ambassade un lieu de réceptions et de rencontres prestigieuses. Elle y reçut Ilia Ehrenbourg qui fit l'éloge de la modernité en art et de l'art révolutionnaire. Mais elle fut aussi conviée à commémorer Ibsen et elle put, à cette occasion, parlant de *Maison de poupée*, montrer que l'héroïne d'Ibsen, Nora, avait été un modèle d'émancipation pour toutes les femmes de sa génération, démontrant qu'un mari pouvait être quitté sans conséquences, et que seule comptait la reconnaissance de l'égalité des femmes avec les hommes.

Lorsqu'elle était arrivée à Oslo, Kollontaï avait pu s'installer dans l'ancienne ambassade des tsars, et cela lui permit de donner un lustre particulier à ses réceptions, même si elle déplora qu'étant ambassadeur et femme elle eût à assumer de manière traditionnelle l'ensemble des tâches – travail et vie domestique – qui incombaient à ses semblables. Mais cela ne suffit pas à freiner son activité, ni surtout à l'empêcher d'écrire. Elle poursuivit durant son séjour norvégien la rédaction de son journal que, méfiante comme l'était toute Soviétique habituée aux mœurs policières de son pays, elle enfermait à clé dans un tiroir de son bureau, espérant ainsi le protéger des regards indiscrets.

Toujours très active, elle recevait pour de brefs séjours Micha et sa famille, ainsi que quelques amis. Elle considéra qu'elle utilisait au mieux et à la satisfaction du Comité central ses deux années norvégiennes. Elle avait en effet réconcilié Oslo et Moscou. De surcroît, sa santé s'était améliorée – le climat scandinave lui convenait mieux que celui du Mexique – et la vie paisible d'Oslo la reposait des tensions politiques soviétiques. Le résultat en fut qu'elle émerveilla Ehrenbourg par son éternelle jeunesse, son charme et son élégance ; il en fera à son retour à Moscou un récit enthousiaste.

En avril 1928, elle eut la satisfaction de voir ses efforts reconnus par Moscou. Elle reçut un message de Tchitcherine, lui enjoignant de regagner la capitale pour quelques jours. Et elle se vit confier une mission inattendue et combien prestigieuse ! Amanullah Khan, le souverain afghan, devait effectuer un voyage officiel en URSS, il serait accompagné de la reine. Pour les recevoir, le gouvernement jugea qu'il fallait faire appel à une femme cultivée, parfaitement éduquée et à l'aise avec les règles protocolaires. Pour des raisons propres à la politique soviétique, nulle femme de dignitaires ne semblait pouvoir jouer ce rôle, mais Kollontaï, forte de son expérience diplomatique, forte aussi de ses origines aristocratiques en fut chargée. La proposition la troubla, mais elle en fut aussi enchantée et elle se précipita à Berlin – et non à Paris – pour y acquérir une garde-robe digne de la circonstance. Elle revint à Moscou somptueusement vêtue.

Elle joua son rôle à la perfection. Toujours placée à côté du souverain et proche de Staline, elle fit visiter au couple royal afghan Leningrad, les palais impériaux, et s'entretint longuement avec Amanullah Khan. Comme il lui avait confié que la reine Soraya était sa deuxième épouse, mais qu'il n'était pas divorcé de la précédente, elle en conclut qu'il était favorable à la liberté dans l'amour, à une vision nouvelle des relations hommes-femmes, donc qu'il était proche de ses idées. Et la reine Soraya lui sembla aussi une femme moderne. Elle confiera à son journal sa compréhension quelque peu biaisée des confidences royales. Elle eut aussi l'occasion lors de cette mission « royale » de rencontrer dans une réception Dybenko et constata – c'est ce qu'en dit le journal – que la passion qu'elle avait éprouvée pour lui était éteinte. Elle tourna ce jour-là la page Dybenko à jamais.

L'aventure royale l'avait amusée et servie, car elle avait joué son rôle à la perfection et impressionné tous ceux qui la croisèrent par son aisance et son élégance.

La visite royale terminée, alors qu'elle s'apprêtait à regagner Oslo, elle fut appelée au téléphone par Staline, et ils eurent un long entretien. Il lui dit qu'il doutait de la fidélité du Parti communiste norvégien à l'égard de Moscou. Mais Alexandra Kollontaï avait compris de longue date qu'il fallait dire à Staline ce qu'il souhaitait entendre, elle s'employa donc à le rassurer. Elle se porta garante de la fidélité des communistes norvégiens, peu soucieuse de la vérité.

Puis, elle fit une rencontre à laquelle elle tenait beaucoup, celle du commissaire du peuple au Commerce extérieur, Anastase Mikoyan. Elle lui vanta les mérites du poisson norvégien, lui expliqua qu'il était nécessaire d'acheter des poissons pêchés par les Norvégiens, car c'était la garantie de leur fidélité politique qui préoccupait Staline. Mikoyan comprit l'allusion, il la chargea d'acheter une quantité considérable de morue à la Norvège, et, forte de cette mission, Kollontaï rentra à Oslo où elle fut admirée et fêtée.

Par ailleurs, un autre exploit soviétique allait peu après grandir l'estime dont elle jouissait à Oslo. Une expédition polaire norvégienne – conduite par les explorateurs Nobile et Amundsen – fut victime d'intempéries et d'incidents techniques. Les explorateurs disparurent, des équipes de secours partirent à leur recherche. Nobile, qui avait réussi à survivre, fut sauvé par le brise-glace soviétique *Krassine*. Son retour fut un événement national à Oslo et son sauvetage par une équipe soviétique consacra l'amitié retrouvée entre les deux pays. Les retombées de ce succès furent bénéfiques pour l'ambassadeur. Mais son séjour à Oslo fut ensuite troublé par une nouvelle convocation à Moscou. Alexandra y fut appelée à l'été pour assister à une réunion de l'exécutif du Komintern. Sa présence était jugée nécessaire par Staline pour éclairer le Parti sur les divergences qui opposaient au sein du Parti norvégien des partisans et des adversaires de Trotski. Durant cette réunion, elle croisa Thorez – réputé fidèle entre les fidèles de Staline –, Henri Barbusse et Dimitrov, dont la réputation au sein du

Komintern était déjà plus que dégradée. Kollontaï put constater une fois encore le climat de suspicion qui régnait en URSS. Un grand procès, dit le « procès de Chahty » – des ingénieurs et des techniciens étaient accusés de saboter l'économie soviétique –, venait de s'ouvrir, alourdissant encore une atmosphère politique étouffante. Il s'achèvera sur l'annonce de peines capitales. Pour Alexandra, qui avait toujours été horrifiée par la peine de mort, ce verdict était insupportable, mais elle savait que le temps des indignations était révolu, que la prudence pour assurer sa sécurité et celle de Micha lui commandait le silence. Elle poursuivit donc son séjour comme si de rien n'était. Son existence moscovite était surtout faite de rencontres, tantôt purement mondaines et prudentes, tantôt amicales où elle retrouvait des proches qui partageaient sa peur et son silence terrifié. Elle était logée comme à l'accoutumée, par la volonté de Staline, dans la belle résidence des hôtes du commissariat aux Affaires étrangères située en face du Kremlin. C'est là qu'elle reçut Dybenko, exilé dans un poste fort ingrat de commandement en Asie centrale, et venu à Moscou tout exprès pour la rencontrer. Il se répandit en propos amers, déplorant son sort. Mais le ton de la conversation resta prudent et leur propos limité aux affaires privées. Kollontaï y reçut aussi la visite de la journaliste américaine Louisa Strong. Cette communiste, enthousiaste de tout ce qu'elle voyait, ne lui inspirait guère confiance et les propos qu'elle lui tint étaient fort convenus, inattaquables. Louisa Strong les rapporta à qui de droit avec satisfaction. Kollontaï revit Staline avant son départ. Il lui répéta avec insistance qu'elle devait surveiller le Parti norvégien et le tenir informé de ses moindres écarts à l'égard de la ligne officielle.

Alexandra repartit pour Oslo en passant par Berlin, où elle devait retrouver Body. Ils avaient arrangé à l'avance un séjour à Lillehammer, près d'Oslo, où elle prétendait prendre un indispensable repos après les journées tendues de Moscou. Durant trois semaines, ils partagèrent une vie commune, travaillant côte à côte, et surtout échangeant des propos angoissés. En 1928, nombre de responsables du Parti, de diplomates songeaient à fuir l'URSS s'ils le pouvaient, pressentant le déchaînement des purges à venir. Body, on le sait, était cette fois tenté de proposer cette solution à Alexandra. Son séjour norvégien était d'ailleurs quasi clandestin, il ne l'avait annoncé à personne. Mais en 1928, il n'était plus temps pour Kollontaï de fuir. Elle était, comme la plupart de ses semblables, paralysée par la peur d'encourir la colère de Staline. Elle ne pouvait abandonner Micha et les siens en Russie, les offrir en otage à Staline.

Après ce bref moment de bonheur et de peur partagés, ce fut l'heure de la séparation. Body se rendit – ouvertement cette fois – à Oslo pour y rejoindre sa femme et sa fille et quitter avec elles la Norvège. Seule désormais, Kollontaï reprit son poste. Mais dans des conditions particulièrement défavorables. L'URSS avait mauvaise presse en cette fin d'année 1928. À Paris, le pouvoir soviétique avait fait kidnapper un général de l'armée blanche, Koutepov, qui ne fut jamais retrouvé. Le scandale fut immense et la « main de Moscou » partout dénoncée. À Oslo, l'effet de cet enlèvement poussait tous les Norvégiens qui la croisaient à lui manifester leur indignation, l'obligeant du même coup à défendre une cause perdue. Elle dut adapter ses comportements au durcissement de Moscou. C'est ainsi que lorsque la grande danseuse russe exilée, Anna Pavlova, vint se produire à Oslo, Kollontaï, probablement parce qu'elle se pensait surveillée, protesta auprès du ministère des Affaires étrangères contre l'accueil fait à « une femme qui avait trahi la Russie ». L'image de Kollontaï dans l'opinion se dégradait.

Il était temps pour elle de quitter la Norvège, et la chance voulut que l'ambassadeur des Soviets à Stockholm, Viktor Kopp, fût mourant. Certes, un obstacle existait à la nomination de Kollontaï en Suède, qu'elle souhaitait vivement. Depuis 1915, elle y était *persona non grata*. Elle se livra à une véritable enquête sur ses chances d'y être acceptée et put écrire à Litvinov que sa nomination serait agréée. En octobre 1930, elle arriva à Stockholm. Quelques semaines plus tard, elle présenta ses lettres de créance au roi, et quinze jours plus tard l'interdit qui lui était opposé depuis 1915 fut levé.

Tout n'était pourtant pas aisé dans cette nouvelle désignation. Les relations de la Suède avec l'URSS étaient détestables, la Suède ayant pris l'initiative de proposer à tous les pays scandinaves de se lier par un pacte antisoviétique. Au début de son séjour, peu de Suédois se risquaient à répondre à ses invitations. Certes, elle y avait déjà quelques amis, dont les enfants de l'ancien responsable du Parti socialiste suédois, Hialmar Branting, avec qui elle avait été très liée, mais il était mort en 1926, et le parti suédois la tint d'abord à distance.

Pourtant, les questions qu'elle devait traiter n'étaient pas négligeables. La méfiance des Suédois à l'égard de l'URSS et de sa politique ne pouvait être vaincue qu'avec le temps, en traitant auparavant des problèmes concrets plus aisés à résoudre. En tête de son agenda figurait la question d'un accord de crédit à long terme que l'URSS voulait obtenir de la Suède pour développer les échanges avec ce pays. Mais aussi, à ce même chapitre, Kollontaï avait pour mission de récupérer l'or que Kerenski avait déposé lorsqu'il était au gouvernement dans diverses banques suédoises. Après une longue négociation, Alexandra Kollontaï obtint en 1933 que cet or fût restitué à son pays.

L'année suivante elle réussit à conclure un accord économique avec la Suède. En échange d'un prêt suédois important, la Russie allait importer des équipements industriels. Cet accord, jugé d'abord favorable aux deux parties, souleva par la suite une vive hostilité au sein du gouvernement suédois. Kollontaï, mesurant les conséquences politiques de cette réaction, revint sur les engagements pris qui furent abandonnés. Mais cet abandon fut compensé par un autre accord non moins favorable, qui rassemblait l'URSS, la Suède et la Finlande dans un projet commun d'exportation de cuivre.

En 1934 encore, Alexandra Kollontaï, toujours plus convaincue de l'importance des relations culturelles pour faciliter la compréhension entre les peuples, réussit à mettre sur pied une Société russo-suédoise pour la culture, qui servit de cadre à de nombreuses visites d'écrivains et d'artistes. L'ambassade des Soviets, un moment boudée par la société suédoise, devint alors un lieu où il importait d'être invité. Entendre

David Oïstrakh, rencontrer et débattre avec des écrivains tels qu'Ehrenbourg ou Cholokhov représentaient pour les habitants de Stockholm des moments privilégiés. Et Kollontaï, toujours élégante, recevant admirablement, sut faire de son ambassade un des lieux les plus recherchés de Stockholm. Elle était toujours aussi séduisante, mais son vieil ami Ivan Maïski, ambassadeur à Londres lorsqu'il lui rendit visite en 1932, releva un changement chez elle : « Elle semblait toujours aussi jeune, écrit-il, mais intérieurement elle était devenue beaucoup plus sérieuse, plus profonde. » Il n'était pas seul à remarquer son air souvent inquiet et l'extrême prudence de ses propos, ce qui est le sens sous-jacent des notes de Maïski.

Les charges assumées à Stockholm n'empêchèrent pas Kollontaï d'accepter un élargissement de sa fonction. En 1934, la Russie entrait à la SDN, que l'Allemagne avait quittée l'année précédente. Alexandra Kollontaï fut intégrée alors à la délégation soviétique, et elle prit une part très active aux travaux de la commission chargée des droits des femmes, mais aussi à celle qui s'occupait du trafic de l'opium.

Elle dut se rendre à Genève plusieurs fois par an et elle prit d'autant plus de plaisir à ces sessions qu'elle se lia alors avec un certain nombre de déléguées, passionnées comme elle par la cause des femmes. Elles étaient suédoises, anglaises, françaises, américaines, toutes des féministes qui permirent à Kollontaï de revenir à une cause qui n'avait cessé de lui tenir à cœur. Cela lui importait d'autant plus que, dans son pays, ce qui avait été acquis en ce domaine, grâce à ses efforts, avait été pratiquement rayé de la carte. Le Jenotdel n'existait plus. Déjà, lors du XVIe Congrès du Parti en 1930, Kaganovitch avait exposé que la résistance des femmes à la collectivisation témoignait d'un état d'esprit arriéré. Pour briser cet état d'esprit, il fallait, disait-il, les éduquer politiquement au lieu de discuter indéfiniment de leurs droits et de leurs conditions d'existence. Une pierre dans le jardin d'Alexandra Kollontaï et de toutes celles qui avaient œuvré à renforcer le Jenotdel. Les sections du Parti consacrées aux femmes furent alors incorporées dans les sections de propagande et d'agitation, et cela particulièrement à la campagne. Les femmes devaient participer totalement à l'effort requis par le plan quinquennal, et non ergoter sur leurs problèmes spécifiques. Plus personne n'osa soulever la question du Jenotdel. Le mariage était restauré. Les femmes étaient toujours fêtées chaque année le 8 mars, mais c'est tout ce qui restait du combat mené si passionnément par Alexandra Kollontaï depuis le début de sa vie politique.

D'une certaine façon, son ambassade commandait ses choix. Elle y était à l'écart, préservée des turbulences intérieures soviétiques. Micha avait réussi à obtenir un poste à l'étranger, et il confia son fils à Alexandra. La famille Kollontaï semblait donc à l'abri, à condition évidemment que Staline soit toujours convaincu de sa fidélité.

À partir des années de Stockholm, le choix d'Alexandra est sans ambiguïté à cet égard. En 1927 déjà, elle avait contribué à discréditer Zinoviev et Kamenev. Lorsqu'en novembre 1929 le Parti obligea la « droite », Boukharine, Rykov et Tomski, à se livrer à une humiliante autocritique, à s'accuser de « fractionnisme », elle se joignit au chœur de ceux qui les attaquaient. Angelica Balabanova déplora dans ses Mémoires son attitude conciliante et Victor Serge conclut : « La femme de l'opposition s'est conformée à la ligne. »

Kollontaï eut par la suite plusieurs occasions de confirmer son ralliement total à Staline par des paroles et aussi par des actes. Déjà lors de son ambassade en Norvège. Trotski avait voulu s'y exiler, il sollicita un visa et l'aide de sa compatriote, qui la lui refusa. Par la suite, il adressa la même demande à la Suède et en appela une fois encore à Kollontaï, qui y représentait alors l'URSS. Pour la seconde fois, il reçut d'elle une réponse hostile. Il constata amèrement qu'après avoir été « gauchiste » face à Lénine et à lui elle avait basculé du côté de Staline.

Le choix de Kollontaï est stratégique et aisé à comprendre. Depuis 1927, la puissance de Staline et ses conséquences, l'élimination des vieux bolcheviks, constituent la réalité première du paysage politique de l'URSS. Les purges commencées dès le début des années 1920 n'avaient cessé d'élargir leur champ et de changer de nature. Les rivaux – ceux que Staline tenait pour tels – avaient d'abord été politiquement brisés et contraints d'avouer leurs « crimes », puis totalement défaits. Ce fut le destin de la gauche en 1927, puis celui de la droite en 1929. En 1933, une vaste purge avait frappé le Parti à tous les niveaux, éliminant les indésirables. En 1934, l'assassinat de Kirov à Leningrad avait ouvert le temps de la terreur, qui emporta par vagues successives toutes sortes de catégories humaines, officiers blancs, membres ordinaires du Parti, responsables de niveaux divers, que le sort allait conduire vers le Goulag, désormais parfaitement organisé, ou vers la mort, car la peine de mort avait été rétablie, ce dont Alexandra Kollontaï ne se scandalisait plus, du moins publiquement. Enfin, à partir de 1936, les procès à grand spectacle menèrent à la mort tous les compagnons de Lénine, contraints de surcroît de s'accuser eux-mêmes des plus invraisemblables crimes, allant du sabotage de l'économie ou de tentatives d'assassinat de fidèles de Staline à la trahison. Hitler, ayant entre-temps accédé au pouvoir en Allemagne, était en général présenté comme l'instigateur ou le bénéficiaire de ces trahisons. Et par-dessus toutes les têtes de ceux que l'on purgeait, planait l'ennemi de la révolution et du socialisme, Trotski. L'armée soviétique n'échappa pas à la fureur de Staline, et Kollontaï vit disparaître dans cette tourmente ceux qui avaient partagé un temps sa vie. Chliapnikov fut contraint de se « confesser » en 1930 ; arrêté et torturé en 1935, il mourut en prison, très vraisemblablement assassiné. Dybenko, qui sembla d'abord épargné puisqu'il fit partie des juges qui envoyèrent à la mort Toukhatchevski et d'autres grands chefs militaires, fut ensuite arrêté et fusillé.

Kollontaï n'ignorait rien de cela, mais aucun commentaire ne lui échappa. Pas plus que ne lui échappa un constat significatif : en 1938, seuls deux compagnons de Lénine étaient encore en vie, préservés de cette tempête : Staline et elle. En 1936, discutant avec Marcel Body au cours d'une promenade en forêt proche de Stockholm, à l'écart donc d'oreilles dévouées à Staline, elle fit ce commentaire : « Nous devons nous contenter d'exécuter ce qu'on nous dicte. Entre mes collaborateurs et moi il n'y a ni camaraderie ni amitié. Nos rapports sont froids et la méfiance est partout. » Et elle ajouta : « J'ai compris que la Russie ne pouvait passer de l'obscurantisme à la liberté en quelques années. La dictature de Staline, ou d'un autre qui aurait pu s'appeler Trotski, était inévitable. Cette dictature fait couler beaucoup de sang. Mais sous Lénine, beaucoup de sang, et sans doute beaucoup de sang innocent, coulait déjà. »

Au cours de cette promenade, Kollontaï fit à Body une confidence qui le fit bondir. N'était-ce pas un terrible secret d'État dont elle le rendait dépositaire ? Elle lui raconta que David Kandelaki, responsable de la délégation commerciale à Stockholm, qu'elle savait proche de Staline, avait été chargé par celui-ci de porter un message à Hitler pour négocier un traité de commerce avec l'Allemagne. Il voulait éviter toute confrontation avec l'Allemagne et l'assurait de sa volonté de paix à l'égard de son pays. Devant l'effarement de Body, Kollontaï insista : « Staline, lui dit-elle, craint plus que tout la guerre avec Hitler et cherche à détourner son attention sur les Occidentaux, pour cela il est prêt à traiter avec lui. » Body, tout en s'engageant à ne pas ébruiter cette confidence, décida, et probablement en accord avec Kollontaï, d'en informer à son retour Léon Blum. Celui-ci refusa de le croire tant il était convaincu que Staline ne pouvait chercher de contact avec Hitler. « Tout les oppose et les opposera toujours », objecta Blum.

Cet épisode n'est pas anodin. Il témoigne de la lucidité de Kollontaï. Certes, elle se sent contrainte – pour assurer sa survie – d'adhérer pleinement et de manière ostentatoire, dans ces années 1936-1939 si tragiques, à la « ligne » de Staline. Mais, confrontée à une information dont elle comprend l'importance pour l'avenir, elle tente de la faire parvenir aux responsables occidentaux, et cela au péril de sa vie. Elle le constatera peu après son entretien avec Body, car lors d'un de ses voyages en URSS en 1938 – elle y sera convoquée deux fois cette année-là –, Iejov la convie à un entretien et l'interroge longuement sur Body, sur la teneur de leurs conversations récentes, et qualifie Body de « traître ». Kollontaï sortit de cette rencontre convaincue que la répression allait s'abattre sur elle. Ses inquiétudes étaient vaines, elle put retourner à Stockholm.

Il est vrai qu'à cette époque elle donna à Staline un incomparable gage de fidélité. Alors que toute la vieille garde bolchevique est liquidée ou en voie de l'être, elle va publier deux textes, un article dans les *Izvestia* et une version amendée d'un essai, datant de 1927, consacré aux femmes héroïnes de la révolution. L'article des *Izvestia* revenait sur une publication de 1919, qui relatait la journée décisive où le coup d'Octobre fut décidé dans l'appartement du menchevik Soukhanov. Dans l'article de 1919, elle avait noté les réserves de Kamenev et de Zinoviev au projet de coup d'État immédiat de Lénine, mais elle traitait les deux opposants et leurs propos avec sympathie, les replaçant dans l'atmosphère de « camaraderie communiste » qui caractérisait le débat. En 1937, elle dresse d'eux un portrait tout différent, celui de « traîtres à Lénine et au Parti » dominés par la peur de l'action. De même, en 1919, elle saluait la ferveur révolutionnaire du camarade Trotski, qui devient en 1937 « le Judas Trotski, traître et agent futur de la Gestapo ». Et dernière surprise, Staline, absent de la version de 1919, est devenu en 1937 « l'interprète le plus sûr et le plus décidé de la politique de Lénine et du Parti », qui sut démasquer dès 1917 « la bande de traîtres à la révolution, Trotski, Zinoviev et Kamenev ».

Quant à l'essai sur « Les femmes en 1917 », qui dans sa version première mettait en avant des personnalités révolutionnaires, telle que Kroupskaïa et les sœurs de Lénine, il devient en 1937 une ode aux blanchisseuses en grève, aux anonymes rassemblées pour la première conférence des ouvrières de Petrograd. Les femmes qui s'illustrèrent alors et qu'elle avait glorifiées sont remplacées par des foules et dominées par le « génial Staline » et Lénine...

Ayant ainsi démontré sa fidélité à Staline, Kollontaï, dont certains journaux en Europe annonçaient déjà l'arrestation imminente, put s'en retourner sans dommage à Stockholm.

Son attention se tourne alors vers un nouvel espoir révolutionnaire dont l'Espagne va être le centre. L'Espagne, qui réveille les ardeurs de Kollontaï, a envoyé comme ambassadeur à Stockholm une femme qui, comme elle, est la preuve vivante que la diplomatie communiste est ouverte au sexe dit « faible ». Cette femme, Isabel de Palencia, sera accueillie à bras ouverts par Kollontaï. Elles se lient d'amitié et œuvrent à soutenir la révolution. Kollontaï organise dans son ambassade des concerts et des soirées mondaines pour récolter des fonds à l'intention des républicains. Elle a même demandé aux collaborateurs de l'ambassade de prélever une certaine somme sur leurs salaires pour aider les enfants et les femmes de la jeune république à vivre. À Genève, à la SDN, elle va s'allier aux délégués scandinaves qui, avec elle, au nom de l'URSS, plaident pour un soutien au camp républicain. Isabel de Palencia a écrit une biographie de Kollontaï fondée avant tout sur ses souvenirs, précieux témoignage de leurs enthousiasmes, de leurs efforts communs et de la terrible déception qu'elles éprouveront ensuite devant l'effondrement de la république.

Mais l'Espagne fut loin d'être le seul désastre que contemplent les deux diplomates. Tandis que Franco anéantit la république, Hitler réussit à s'emparer de la Tchécoslovaquie, reniant tous les engagements pris à Munich avec ses interlocuteurs occidentaux, Chamberlain et Daladier.

Alexandra Kollontaï partage ses angoisses avec le docteur Ada Nilsson, qui la soigne, et qui lui est vite devenue une amie très proche. Après le départ d'Isabel de Palencia de Stockholm, après celui combien plus douloureux de Zoia Chadourskaia, qui y exerça longtemps une fonction à la délégation commerciale, Ada Nilsson est la seule amie avec qui elle puisse parler à cœur ouvert sans crainte. Lors d'une de ses convocations à Moscou en 1938, elle lui a confié sa peur et le soin, si elle n'en revenait pas, de récupérer ses papiers, de les mettre à l'abri, pour qu'un jour sa contribution à la vérité historique puisse éclairer les esprits.

C'est vers elle qu'elle va se tourner en août 1939, lorsque l'événement dont elle avait confié l'éventualité en grand secret à Body, trois ans plus tôt, éclate, le pacte germano-soviétique. Elle n'en est pas surprise, mais elle est atterrée. Et en même temps elle ne peut se désolidariser de son pays. Elle le montre dans sa manière d'en parler avec sa confidente de l'heure. Ada Nilsson soutiendra par la suite que le pacte germano-soviétique fut une totale surprise pour Kollontaï, alors que Body a témoigné du contraire. Kollontaï lui avait non seulement raconté la mission Kandelaki, mais avait ajouté qu'elle soupçonnait Staline d'être capable de conclure un tel pacte. Au vrai, Boukharine à la même époque nourrissait aussi ce soupçon. Aussitôt qu'en vertu des clauses secrètes du pacte Hitler eut envahi la Pologne au début de septembre, Kollontaï écrivit une longue lettre à Ada Nilsson pour tenter d'expliquer – de justifier même – le pacte et la politique de Staline. Comment l'URSS était-elle passée de la recherche de sécurité collective, telle que l'avait incarnée Litvinov, à l'alliance avec Hitler ? La réponse de Kollontaï était que l'URSS était engagée dans un effort désespéré pour assurer la paix, pour la faire triompher par la force de la négociation et non par celle des armes et que, pour y parvenir, elle poussait les États vers un mode de relations internationales plus avancé, plus marqué par le progrès. Elle ajoutait qu'ainsi – avec ce pacte – l'URSS était en accord avec les objectifs de la Société des Nations. Cette lettre étonnante est pathétique. Comment comprendre que Kollontaï, politique avisée et compétente, n'ait pas recouru à des arguments plus plausibles, la faiblesse des démocraties occidentales face à Hitler – Munich en témoigne –, la nécessité pour Staline de gagner du temps alors qu'il n'arrivait pas à conclure un accord avec la France et l'Angleterre pour se préparer à la confrontation inéluctable avec Hitler ? En effet, Hitler n'avait jamais dissimulé ses ambitions territoriales à l'Est. Il tenait l'Ukraine riche en blé, le Caucase et son pétrole, voire la Sibérie, pour les zones naturelles de l'expansion allemande pour son espace vital, son *Lebensraum*. Avoir oublié ces arguments plaidables pour dire qu'en traitant avec Hitler Staline poussait le monde en avant est peu conforme à l'esprit subtil de Kollontaï, mais traduit plutôt son immense désarroi. Et sa défense du pacte germano-soviétique trouvera un accueil attentif chez son amie Isabel de Palencia, mutée alors au Mexique, et qui écrit dans sa biographie de Kollontaï : « Pourquoi les gens s'indignent-ils tant de ce pacte ? En Angleterre Lord Vansittart a durant des années orienté la politique anglaise sur une ligne qui faisait de Hitler un rempart contre la Russie. »

Pourtant c'est au même moment, après les articles sur la révolution, corrigés conformément aux exigences de l'époque stalinienne, alors qu'elle justifie de manière si pathétique le pacte avec Hitler, que Kollontaï va redevenir la combattante exigeante et lucide qu'elle fut si longtemps. 1939 est le moment d'une rupture, dans son esprit et dans son comportement. La Kollontaï, installée dans son statut d'ambassadeur dévoué à Staline, dans le cadre protecteur de la Suède, menant cahin-caha son activité de diplomate et, en effet, quelques actions utiles à son pays, devient une véritable actrice de la politique étrangère de l'URSS, jouant un rôle important pour la défense de ses intérêts dans le monde scandinave, mais aussi s'attachant à protéger ce monde des exigences de Staline. C'est une véritable diplomatie personnelle en même temps que celle de son pays que Kollontaï va conduire durant cinq ans. Certes, Staline comprend à ce moment-là qu'elle lui est utile non plus pour le flatter et lui apporter sa caution, mais qu'elle peut être au service de son pays et, par son prestige et son habilité, l'aider à faire triompher ses intérêts. Kollontaï ne va pas bénéficier dans ces années d'une liberté miraculeuse. Le NKVD sera plus présent que jamais à ses côtés, dans son ombre, au cœur de l'ambassade. Les agents de cette sinistre administration continueront à l'espionner, à la suivre partout, à fouiller ses papiers qu'ils photographient et envoient à Moscou sans discontinuer. Néanmoins, elle va agir à sa manière, souvent de son propre chef et nul n'interviendra. Si l'on se souvient que dans ces années tout le corps diplomatique a été purgé, éliminé, remplacé par de pâles et dociles apparatchiks, on peut s'étonner encore une fois du sort réservé à Kollontaï. Il est vrai qu'en septembre 1939 Staline constate que l'expérience scandinave de Kollontaï lui est fort utile dans une région située aux abords de son pays, et où il est confronté à une situation critique. Il est probable que les gages donnés par Kollontaï entre 1935 et 1939 ont contribué à le convaincre qu'il pouvait l'utiliser sans risque.

CHAPITRE XII

La « diplomatie secrète »

C'est la Finlande de son enfance – pays de Kuusa, la propriété familiale où se passaient les vacances heureuses – qui va, à partir du terrible automne 1939, mobiliser Alexandra Kollontaï et lui offrir l'occasion de jouer un véritable rôle diplomatique.

La Finlande, si proche de Leningrad, avait de longue date préoccupé la diplomatie soviétique. Dès l'arrivée de Hitler au pouvoir, Kollontaï reçut pour instruction de surveiller attentivement les relations entre la Finlande, l'Allemagne et les pays scandinaves. Dans la seconde moitié des années 1930, la Finlande n'avait cessé d'affirmer sa volonté de neutralité, à l'image du monde scandinave. Mais à Moscou, on craignait qu'au contraire, sous la pression de Berlin, la Finlande n'opte pour une orientation proallemande et n'incite ses voisines, Suède et Norvège, à s'unir dans une alliance proallemande et antisoviétique.

Moscou multiplia donc les avances envers Helsinki, suggérant qu'une alliance finno-soviétique protégerait la Finlande de l'Allemagne. Ces avances furent repoussées, Helsinki répondit que sa neutralité n'était pas négociable.

Après un automne de discussions stériles, le 1er décembre 1939, Moscou déclara reconnaître pour légitime un gouvernement finlandais dirigé par le communiste Otto Kuusinen, qui s'en était autoproclamé le chef, et lança un assaut militaire contre la Finlande. Assaut mal préparé où, à la surprise générale, les troupes finlandaises tinrent l'armée soviétique en échec durant quatre mois. Si la Finlande fut soutenue par un petit détachement international, comportant notamment des Suédois, aucune grande puissance ne vint à son secours, tout en affirmant admirer l'héroïsme de ce petit pays face au géant soviétique. La SDN expulsa l'URSS de ses rangs, pour sanctionner l'agression, mais comme elle était déjà en voie de disparition, cette décision fut sans conséquence et n'impressionna personne.

Alexandra Kollontaï, observant le conflit, prit l'initiative d'intervenir auprès du gouvernement suédois qui, à défaut d'aide en combattants, fournissait des équipements à la Finlande. Elle mit en garde le ministre suédois des Affaires étrangères contre tout abandon de la neutralité suédoise, soulignant que la Suède courait le risque, en soutenant la Finlande, d'entrer en conflit avec Moscou. Au moment où les troupes soviétiques étaient à la peine devant celles de Finlande, l'initiative de Kollontaï fut saluée au Kremlin, ce qui l'encouragea à poursuivre ses efforts. Deux mois plus tard, la situation des troupes soviétiques s'étant redressée, les Finlandais comprirent qu'il était temps de négocier s'ils voulaient bénéficier de leur avancée en territoire russe et consolider quelques acquis. Mais négocier avec Moscou posait un problème politique complexe, puisque Moscou ne reconnaissait pour gouvernement que celui du communiste Kuusinen, alors que le gouvernement finlandais, dirigé par le Premier ministre Ryti, dont le ministre des Affaires étrangères était Vaino Tanner, était encore en place. Qui pouvait négocier avec Moscou ?

Kollontaï prit la situation en main et facilita la négociation en faisant appel à la Suède, dont la médiation permettrait d'ouvrir un dialogue entre Moscou et Helsinki. Elle soumit ce projet au nouveau ministre soviétique des Affaires étrangères, Molotov, qui voulait – et Staline en premier le voulait – tout à la fois mettre fin à la guerre en Carélie et reprendre aux Finlandais les territoires russes où ils s'étaient avancés.

Pressé d'agir par Kollontaï, le ministre des Affaires étrangères de Suède posa des conditions à une intervention diplomatique de son pays. La Suède demandait que Moscou renonce à soutenir le gouvernement de Kuusinen et traite avec le gouvernement légitime. En contrepartie, les Finlandais se retireraient de Carélie et accepteraient de louer ou de céder à l'URSS des territoires dans les îles de la Baltique, où Moscou voulait construire des bases militaires. Sur un point précis cependant, Helsinki était intransigeante : jamais la Finlande ne céderait Hangö réclamé par Moscou. Cette péninsule commandait l'entrée du golfe de Finlande et protégeait Helsinki. Hangö fut la pierre d'achoppement de toute la négociation, Moscou refusant de céder. Des pourparlers confus durèrent deux mois, Moscou s'était dans l'intervalle débarrassé de l'encombrant gouvernement Kuusinen pour camper résolument sur ses exigences territoriales. Le 28 février enfin, l'URSS adressa un ultimatum aux Finlandais, exigeant d'eux qu'ils cèdent dans les quarante-huit heures, et l'on arriva ainsi à signer un traité de paix le 12 mars. La Finlande y perdait un dixième de son territoire – les terres situées aux abords de Leningrad, l'isthme de Carélie, Hangö –, une partie notoire de son industrie du cuivre et des terres agricoles de grande qualité. L'URSS estimait avoir été relativement modérée dans ses exigences, mais craignant une intervention allemande ou alliée aux côtés des Finlandais, elle avait préféré le traité à la poursuite de la guerre. Alexandra Kollontaï pouvait se féliciter de l'activité qu'elle avait déployée aux côtés des Finlandais. Certes, la paix leur était coûteuse, mais passé leurs premiers succès, leurs difficultés militaires et le manque de soutiens extérieurs les condamnaient à une défaite qui eût pu être encore plus contraire à leurs intérêts.

Le traité signé, Kollontaï s'employa à resserrer les liens soviéto-suédois, que l'arrogance de Molotov avait mis à mal. Son rôle de pacificatrice était loin d'être terminé car la situation dans le monde scandinave connut alors des changements rapides. Hitler s'empressa d'occuper la Norvège – l'Angleterre ne put s'y opposer – et le Danemark ; puis la « drôle de guerre » à l'ouest de l'Europe prit fin, la Belgique, la Hollande et la France furent occupées par les troupes allemandes. Hitler exigeait que le territoire finlandais fût ouvert au passage de ses troupes et de ses armements. Qui pouvait s'y opposer ? Certainement pas son allié soviétique. Et pas non plus la Suède. Les relations soviéto-suédoises s'envenimant, Kollontaï s'activa pour maintenir des liens entre les deux pays.

La rupture de l'alliance germano-soviétique avec l'opération Barbarossa, lancée le 2 juin 1941, donnera un nouvel élan à la mission de Kollontaï. Elle est une fois encore chargée d'entretenir la neutralité de la Suède, car Moscou craignait que le monde scandinave, impressionné par l'avancée spectaculaire de la Wehrmacht en territoire soviétique à l'été 1941, ne bascule vers l'Allemagne. Ce soupçon était conforté par l'attitude de la Finlande, qui rouvrit les hostilités contre l'URSS, comptant, à la faveur de l'expansion allemande, reprendre les territoires perdus lors du traité de paix. Le gouvernement finlandais proclama que la guerre menée par ses troupes contre celles de l'URSS était indépendante de celle de l'Allemagne et n'avait d'autre but que de reprendre les territoires perdus, ce qui fut réalisé en six mois. Puis la Finlande, ayant constaté après les défaites initiales les capacités de résistance des armées soviétiques, se montra moins désireuse de continuer une guerre qui ne pouvait plus rien lui apporter. Alexandra Kollontaï s'employa durant cette période à maintenir des contacts en Finlande. Et quand la certitude de la victoire allemande commença à faiblir, elle tenta de pousser Helsinki à traiter avec l'URSS. Mais la pression allemande sur tout l'espace scandinave – Hitler décida même de bombarder le nord de la Suède pour la convaincre de renoncer à sa neutralité, en vain ! – condamnait toute négociation à l'échec. À Moscou, les efforts de Kollontaï furent salués par l'attribution d'une haute décoration en 1942 et surtout par sa promotion, l'année suivante, au rang d'ambassadeur suprême. Encore un exploit unique pour une femme. Mais Kollontaï avait, jugeaient Staline et Molotov, montré son efficacité.

À son bilan, Staline pouvait aussi inscrire le fait que malgré ses inquiétudes, la Suède, loin de suivre l'exemple finlandais et de soutenir les Allemands dans la guerre, s'en tint fermement à son statut d'État neutre.

Les mérites ainsi reconnus d'Alexandra Kollontaï ne suffirent pas à lui épargner un accident de santé qui faillit lui être fatal. Épuisée par ses démarches incessantes, par l'anxiété, trouvant à peine le temps de dormir, Kollontaï avait fait la confidence à son amie Isabel de Palencia, dans une lettre datée du 16 juin 1942, de l'effondrement de son système nerveux. L'intraitable, la vaillante Alexandra qui ne se plaignait jamais avouait à une amie très proche qu'elle était à bout de résistance. Son médecin personnel ne cessait de s'en inquiéter, mais ne parvenait pas à lui imposer des moments de repos. Les conséquences s'en firent sentir en août 1942 : Alexandra s'effondra. Un accident vasculaire, la tension artérielle montée à un niveau redoutable eurent raison d'elle. On la crut perdue. Pourtant, à Noël, elle réapparut après une hospitalisation de plusieurs mois. Elle était sauvée, mais en quel état ! Elle avait recouvré l'usage de la parole, même si elle était lente, récupéré en partie l'usage de sa main droite si indispensable à celle qui ne pouvait vivre sans écrire ; en revanche, ses jambes l'avaient abandonnée, et jusqu'à la fin de ses jours elle fut désormais dépendante d'une chaise roulante. Le côté gauche de son corps, son bras gauche restaient paralysés, et un temps encore son visage peina à retrouver sa mobilité. Kollontaï avait alors soixante-dix ans, pourtant son énergie démentait un âge qui en ce temps était tenu pour un très grand âge. Durant sa convalescence qu'elle passa à Saltsjöbaden, en compagnie d'abord de Micha accouru à son chevet, elle fut tout à la fois suppléée et – les usages du NKVD ne changeant pas – surveillée par un jeune fonctionnaire envoyé par Moscou, Vladimir Petrov. En même temps que lui, le NKVD, soucieux de placer l'ambassade et l'ambassadeur sous une plus stricte surveillance, avait décidé de remplacer le chauffeur et la secrétaire de Kollontaï, c'est-à-dire ses collaborateurs les plus proches. La situation militaire de l'URSS s'étant redressée et Kollontaï étant affaiblie, on avait décidé à Moscou que la liberté d'action qui lui avait été accordée dans l'urgence ne pouvait durer. La nouvelle équipe, Petrov et la secrétaire entreprirent une fouille méticuleuse de ses papiers, dont la copie fut envoyée une fois encore à Moscou. Mais l'intéressée, vigilante en dépit de son état de faiblesse et habituée aux procédés policiers de son pays, s'organisa à sa manière. Elle décréta qu'elle garderait sa secrétaire en la payant sur ses fonds propres et que l'envoyée de Moscou se consacrerait à des tâches secondaires.

Dans les tiroirs de Kollontaï, Petrov avait trouvé parmi une masse de documents son journal, qui retint particulièrement son attention. Pourtant, il lui fut difficile d'y trouver des propos politiques compromettants, sinon que Kollontaï s'y indignait du sort fait à Dybenko, de l'injustice du Parti à l'égard de celui qui l'avait si fidèlement servi. On sait que des millions de Soviétiques avaient été envoyés au Goulag ou exécutés pour des propos combien plus bénins que ceux-là. Mais les documents expédiés à Moscou n'y provoquèrent aucune réaction. Kollontaï put continuer à se reposer dans sa retraite suédoise. Certes, elle était connue dans le monde entier, et à ce titre quelque peu protégée. Mais l'explication la plus plausible à l'impunité dont elle jouit alors tient à son influence dans le monde nordique et au rôle qu'elle joue, et qu'elle pourra encore jouer dans les relations russo-finlandaises.

Au printemps 1943, alors qu'elle est à peine rétablie, Kollontaï s'inquiète pour sa chère Finlande. Elle sait que les Alliés ont décidé d'un commun accord d'imposer à l'Allemagne, à la fin de la guerre, une capitulation « sans conditions ». Vont-ils être aussi exigeants avec la Finlande ?

La situation de ce pays auquel elle est depuis toujours attachée est alors très délicate. Les Finlandais sont, comme tous les alliés de l'Allemagne, conscients depuis la défaite de la Wehrmacht à Stalingrad que Hitler a perdu la guerre et qu'il leur faut se dégager de l'alliance allemande au plus vite pour n'être pas entraînés à sa suite dans la catastrophe qui se dessine. Mais Hitler n'est pas disposé à accepter qu'un de ses alliés le quitte ; ses troupes campées en territoire finlandais pourraient, si la Finlande s'écarte de l'Axe, s'y livrer à de terribles représailles.

Pour sa part, Kollontaï pense, et elle le dit, que l'alliance germano-finlandaise étant relativement imprécise, une marge de négociation existe. Pour aider les Finlandais à ouvrir un dialogue avec Moscou, c'est sur la Suède qu'elle entend une fois encore s'appuyer. Elle trouve là-bas l'intermédiaire indispensable à ce projet, Marcus Wallenberg. C'est un banquier suédois, membre d'une puissante dynastie financière, qui a investi lourdement en Finlande. Kollontaï le convainc de l'intérêt d'intervenir auprès du président finlandais Ryti pour protéger ses capitaux. Et c'est sous les auspices de Wallenberg, sensible à ses arguments, que Kollontaï va engager dans l'hôtel du banquier des entretiens secrets avec Juho Kusti Paasikivi, son homologue finlandais en Suède, dont la réputation de libéral lui était bien connue. Kollontaï et Paasikivi étaient d'accord pour pousser le président Ryti à demander au plus vite à Moscou à quelles conditions la paix pouvait être conclue.

Mais, à l'été 1943, leurs tractations furent interrompues par une attaque brutale des troupes soviétiques sur l'isthme de Carélie qui brisa les défenses finlandaises. À Berlin, l'inquiétude fut telle que Ribbentrop s'envola aussitôt pour Helsinki afin de convaincre le président Ryti que l'Allemagne était en mesure de résister, et qu'il ne devait pas changer de camp. Le président finlandais fut si impressionné par Ribbentrop qu'il accepta de se conformer à ses exigences et adressa sur-le-champ une lettre à Hitler s'engageant à ce que son pays ne conclût aucun accord avec l'URSS, sauf si l'Allemagne y agréait. Cette clause est aisée à déchiffrer. Depuis Stalingrad, la rumeur courait d'une « grande trahison », c'est-à-dire d'une réconciliation soviéto-allemande. Hitler rendit aussitôt publique la lettre du président finlandais, dont l'engagement souleva l'indignation de son gouvernement au point que celui-ci le chassa de son poste. Le président Ryti fut remplacé par le maréchal Mannerheim, qui fit aussitôt savoir à Moscou, toujours par l'intermédiaire de l'ambassadeur soviétique à Stockholm, Kollontaï, son souhait d'envoyer une délégation pour s'enquérir des conditions de paix et ouvrir le plus tôt possible une négociation.

Les efforts de Kollontaï, la diplomatie secrète qu'elle poursuivait sans relâche finirent par aboutir. Les négociations de Moscou déboucheront sur un armistice, et en septembre 1944 sur l'accord de paix. Durant ces négociations, Molotov s'était montré beaucoup plus exigeant que les propos de Kollontaï ne l'avaient laissé espérer aux Finlandais, mais ils durent s'incliner et accepter ce qu'ils avaient longtemps refusé. Molotov avait imposé à la Finlande le retour aux frontières de 1940, condition à laquelle il tenait plus encore qu'aux réparations. De surcroît, l'URSS revendiqua la péninsule de Porkkala près d'Helsinki, abandonnant pour cela l'idée d'occuper Hangö. La fureur allemande fut sans limites. Elle se traduisit par une nouvelle guerre où les Finlandais affrontèrent les restes de la Wehrmacht. Ce fut une guerre d'usure effroyablement cruelle qui dura jusqu'en avril 1945.

Les Suédois saluèrent le rôle de Kollontaï dans la pacification de cette région, assurant que ses suggestions, ses manœuvres dilatoires, même si elle avait souvent sous-estimé la volonté de Molotov d'arracher le maximum de concessions à la Finlande, avaient contribué à pousser les Finlandais à négocier et leur avaient probablement épargné le sort qu'allaient connaître la Roumanie et la Hongrie, autres pays que Hitler avait tenus sous sa coupe. Certes, Churchill s'était lui aussi employé à plaider auprès de Staline la cause finlandaise, mais on ne peut sous-estimer le rôle de Kollontaï dans la préservation de la souveraineté de ce pays. Le statut international privilégié dont bénéficiera la Finlande au temps de la guerre froide – la finlandisation –, statut qui contraste fortement avec la domination totale imposée par l'URSS à tout l'est de l'Europe, date en effet de 1944, et Kollontaï aura joué dans son élaboration un rôle incontestable. Ce rôle sera reconnu par le Comité Nobel qui proposa en 1946 – mais la proposition n'aboutit pas – de lui décerner le prix Nobel de la paix pour son activité de médiatrice dans la guerre de Finlande.

Au lendemain de cette paix qui devait tant à ses efforts, Kollontaï se consacra à nouveau à sa mission en Suède, s'efforçant de renforcer les relations soviéto-suédoises qu'elle avait quelque peu délaissées pendant les années de guerre. Son ambassade est plus que jamais un lieu de rencontres et de réceptions recherché. Elle multiplie les invitations, les réceptions, et la société suédoise s'y presse. Kollontaï a alors le statut de doyen du corps diplomatique à Stockholm, ce qui contribue encore à sa popularité. Mais les années passant, sa santé était toujours plus délabrée. Les conversations secrètes, les allées et venues, l'anxiété y avaient contribué. Les accidents cardiaques se succédaient, et en dépit de son énergie, elle devra laisser son collaborateur, Semionov, qui avait assuré son intérim durant les mois où elle avait été aux portes de la mort, la suppléer dans de nombreuses démarches et représentations.

En avril 1945, Molotov l'invita à se rendre à Moscou « pour consultation ». Quelle était exactement la nature de cette convocation ? Consultation ? Ou rappel ? Ce n'était pas précisé. Mais elle était en poste à Stockholm depuis tant d'années que l'hypothèse du rappel n'était pas inimaginable. Cela explique peut-être qu'avant son départ une grande réception ait été donnée en son honneur dans la capitale suédoise, à laquelle elle assista en chaise roulante, toujours souriante et élégante en dépit de son épuisement.

Un avion militaire soviétique fut mis à sa disposition pour la ramener à Moscou en compagnie de son médecin et de deux infirmières. Mais l'arrivée fut gâchée par des circonstances climatiques exceptionnelles. La température était tombée à moins trente, les personnes chargées d'accueillir l'ambassadeur Kollontaï ne purent atteindre à temps l'aéroport, où personne donc ne l'attendait. Ce contretemps fut bref et Kollontaï put constater qu'il ne contredisait en rien les intentions aimables de son gouvernement. Elle fut installée dans un appartement confortable de la rue de Kazan, qu'elle put décorer à sa guise et où elle put commencer à travailler, sa secrétaire l'ayant suivie pour partager son existence.

C'est alors que le ministère des Affaires étrangères lui exposa ses intentions. Elle était nommée conseiller du ministère des Affaires étrangères. Et un diplomate, Tchernychev, fut désigné ambassadeur à Stockholm pour la remplacer. Staline et Molotov, informés de ses multiples accidents de santé – dont une très sérieuse pneumonie en février 1945 –, avaient décidé de mettre fin à sa mission, mais en y mettant toutes les formes, ce dont témoignent les conditions matérielles de son retour. Et les honneurs allaient continuer à donner la preuve de son statut privilégié. Elle reçut alors, pour la deuxième fois*, l'ordre de Lénine et l'ordre du Travail, tandis que le Mexique lui décernera l'ordre

* Elle l'avait reçu en 1934.

de l'Aigle aztèque. Si le Nobel de la paix lui échappa en dernier ressort, la nomination était glorieuse et elle en fut très heureuse. Le roi de Suède lui fit parvenir la même année son portrait dans un cadre précieux. Elle était entourée de sa famille car Micha et les siens vivaient non loin d'elle et de sa fidèle secrétaire. Elle comptait aussi de nombreux amis à Moscou, dont Ivan Maïski et Elena Stasova, et surtout « l'amie de la jeunesse et du grand âge », Zoia.

Ainsi commença pour Alexandra Kollontaï une nouvelle vie, moins agitée, moins officielle – le ministère des Affaires étrangères ne recourut pas souvent à ses conseils –, mais aussi une vie matériellement aisée et riche de rencontres personnelles. La vie de Kollontaï était par force paisible – l'âge et la paralysie partielle, la chaise roulante indispensable l'y condamnaient ; mais c'était aussi, car Kollontaï ne changeait pas, une vie de travail. Elle consacra d'abord du temps à défendre ses intérêts et ceux de Micha. Alexandra Kollontaï avait droit à une pension, mais elle revendiqua le droit à une pension dite spéciale attribuée aux vieux bolcheviks jouissant d'une ancienneté particulière, c'est-à-dire antérieure à la révolution. Elle réussit, après maints efforts, à démontrer qu'elle avait adhéré au Parti en 1915 et non en 1917, lors de son élection au Comité central. La pension spéciale acquise, elle se consacra à Micha pour qui elle demanda une pension « de l'URSS », c'est-à-dire du niveau le plus élevé. Micha ne fut en effet pas plus favorisé par la nature que sa mère ; à cinquante ans, à la suite de plusieurs accidents cardiaques, il était devenu un véritable invalide. C'est à Staline en personne que Kollontaï adressa une demande en sa faveur. Durant ses années moscovites, Kollontaï ne se privait d'ailleurs pas de lui écrire, pour lui demander des avantages personnels, pour lui en demander pour son fils et son petit-fils – un autre Vladimir Kollontaï –, mais aussi pour l'assurer de la fidélité de ses sentiments ou pour le féliciter de décisions qu'il avait prises, même si elle pouvait douter de leur sérieux. C'est ainsi qu'en 1947, lorsque Staline abolit la peine de mort – décision très provisoire et sans conséquences pratiques –, Kollontaï lui adressa un courrier dithyrambique rappelant ses propres combats contre la peine de mort, critiquant au passage le cynisme de Lénine sur le sujet, et rappelant ses phrases favorites : « On ne fait pas d'omelette sans casser des œufs », « On ne fait pas la révolution en gants blancs ».

Staline ne répondait jamais à ses courriers, pas plus qu'il ne réagissait aux corrections que Kollontaï apportait alors à certains de ses anciens écrits et dont la finalité était toujours de mettre en avant le rôle de Staline dans la révolution. Le silence de Staline n'empêcha pas Kollontaï de voir souvent satisfaites les demandes qu'elle lui adressait. Elle recevait aussi des « bons » lui permettant en été de profiter des confortables maisons de repos destinées aux hauts responsables du Parti. Ainsi, même si elle se plaignait de sa santé défaillante qui la privait d'une vie active, Kollontaï put jouir durant les années qui suivirent son retour à Moscou d'une situation matérielle confortable et politiquement exceptionnelle. Or ces années étaient terribles pour son pays.

Dès 1947, les signaux annonçant un retour des purges se multiplient. Ce furent d'abord les procès politiques dans l'Est européen, la dénonciation des déviations titistes – après la rupture avec Tito – et du « cosmopolitisme ». En URSS, la science fut mise sous contrôle, et les conceptions de Lyssenko imposées à tous, tandis que Jdanov purgeait le monde intellectuel et artistique. Le pays vivait dans l'épouvante, pressentant le retour de la terreur.

Alexandra Kollontaï était témoin de cette dégradation politique, mais elle resta silencieuse et ne confia ses inquiétudes qu'à de très rares amis. Est-ce le sentiment d'une fin prochaine qui l'explique ?

En janvier 1950, elle écrit à un ami : « Je ne suis pas dans ma meilleure forme cette année, mais j'espère qu'avec la chaleur mes forces reviendront. En Suède, on considère que la vieillesse commence seulement à quatre-vingt-dix ans, et George Bernard Shaw, quand il atteignit cet âge, demandait qu'on lui épargne les félicitations : "Je suis seulement presque vieux", disait-il. » Lorsque Kollontaï écrit ces lignes, elle a soixante-dix-huit ans ; elle pense encore à l'avenir, même si périodiquement elle déplore « [s]on invalidité, [s]a dépendance à l'aide d'autrui ».

En février 1952, elle écrit à la sœur de son amie Zoia : « Mon cœur est en piètre état, mais comme je n'ai pas encore achevé ma tâche sur cette planète, je n'ai pas l'intention de disparaître dans l'espace comme un petit atome. »

Pourtant la mort était plus proche d'elle qu'elle ne l'imaginait, ni surtout ne le souhaitait.

Le 8 mars 1952, à quelques jours de son quatre-vingtième anniversaire, et – remarquable coïncidence – du quarante et unième anniversaire de la création de la Journée mondiale des femmes, Kollontaï ressentit une douleur terrible dans la poitrine. À l'aube du jour suivant, elle mourait. Vichynski fit part à sa famille des dispositions prises pour son enterrement et du choix du lieu où elle reposerait. Sur ses instructions, une petite cérémonie fut organisée au ministère des Affaires étrangères. Semionov, qui avait assuré son intérim à Stockholm lorsqu'elle était malade, fut chargé de prononcer son éloge. Il salua « la diplomate » et omit d'évoquer la révolutionnaire, la bolchevik si engagée dans le Parti depuis 1915 et plus généralement la femme politique et ses activités. Ce discours, le choix de celui qui le prononça – un diplomate médiocre – indiquaient la place que Staline entendait reconnaître à Kollontaï dans l'histoire du pays.

Kollontaï fut enterrée au cimetière de Novodievitchi où reposent tant de gloires russes et soviétiques. Sa tombe était située dans « l'allée des diplomates », proche des deux ministres qu'elle avait servis, Tchitcherine et Litvinov. Le voisinage était certes heureux, mais pour une bolchevik de si longue tradition n'était-ce pas le mur du Kremlin qui était d'usage comme dernière demeure ?

Tout confirme que cette reconnaissance de son passé bolchevique fut refusée à Kollontaï, et d'abord la manière dont sa mort fut annoncée.

L'usage était – et Alexandra Kollontaï y avait toujours accordé beaucoup d'importance – que la mort d'un communiste notoire soit saluée par la *Pravda* dans une nécrologie officielle, signée d'un membre important dans la hiérarchie du Parti. C'était là une reconnaissance de son rôle historique. Et pourtant la *Pravda* passa la mort de Kollontaï sous silence. Marcel Body écrit à ce sujet : « Depuis la mort d'Alexandra

Kollontaï, j'ai ouvert chaque jour la *Pravda* pour y trouver une nécrologie et peut-être un article consacré à la mémoire de cette grande figure de la révolution que Lénine tenait en haute estime et que Staline a jugé opportun de ménager. La *Pravda*, si prolixe lorsqu'il s'agit de faire l'éloge posthume d'un quelconque représentant de l'appareil, n'a pas consacré une ligne à Alexandra Kollontaï. Elle n'a annoncé ni sa mort, ni ses obsèques. Cette ingratitude envers une vieille camarade qui, quelles qu'aient été ses réserves, a servi de toute son âme le pays de la révolution, juge un Parti et un régime. »

Au lieu d'une annonce de la *Pravda*, ce furent les *Izvestia*, organe du gouvernement, qui publieront une brève nécrologie. Ce n'était pas non plus un hommage officiel, puisque le texte n'était signé que par « un groupe d'amis et de collaborateurs ». Ce n'était pas davantage la reconnaissance du passé bolchevique de Kollontaï. La nécrologie saluait « la première femme ambassadeur » et une carrière diplomatique.

Son petit-fils se chargea de réparer l'injure et de compléter la biographie si réduite. Il fit graver sur la stèle dominant la tombe : « Alexandra Mikhaïlovna Kollontaï, 1872-1952, Révolutionnaire, Tribun, Diplomate », ce qui était un excellent résumé de cette vie si remplie.

Moins d'un an après sa mort, Staline mourait. Alexandra Kollontaï avait réussi un exploit presque unique dans l'histoire tourmentée du pays de la révolution. Elle aura été la seule, ou presque, parmi tous les acteurs de la révolution, à échapper à la furie exterminatrice de Staline sans jamais rompre avec son pays. Elle aura vécu, à quelques mois près, aussi longtemps que lui. Enfin, alors que Staline, avant sa mort, avait plongé à nouveau son pays et son Parti dans la terreur – l'affaire des médecins juifs venait d'éclater –, Alexandra Kollontaï avait achevé ses jours paisiblement en apparence, sans partager la peur de la société, sans jamais non plus la commenter, sauf dans des conversations très secrètes. Cela témoigne avant tout d'une personnalité hors du commun, qu'on ne peut comprendre sans la replacer dans l'histoire longue de la Russie et dans celle plus brève de l'URSS, car elle appartient aux deux et en est à bien des égards le reflet.

Conclusion

Qui fut vraiment Alexandra Kollontaï ?

La vie si riche d'Alexandra Kollontaï soulève bien des interrogations, et la plus importante est celle qui se rapporte à Staline. Comment expliquer ce destin si exceptionnel, en particulier dans la relation avec Staline ? Qu'a été cette relation ? Ce qui conduit à une dernière et très délicate question : Qui était en réalité Kollontaï ? Une révolutionnaire ? Une stalinienne ? Une opportuniste, apte à s'adapter à tous les tournants de l'histoire ?

S'agissant de la révolutionnaire, sa biographie témoigne d'un engagement et d'un dévouement total et durable à la cause de la révolution. Alexandra Kollontaï a été comme beaucoup de femmes de son milieu, l'aristocratie, tout à la fois hantée par la réalité de son pays – le retard, la misère de la société –, indignée par les privilèges détenus par une petite minorité et marquée par la réflexion que cette réalité a inspirée aux élites. Le « gentilhomme repentant » décrit par Tourgueniev, incarné par Kropotkine, a aussi un visage féminin. C'est celui de Véra Zassoulitch, et surtout celui d'Alexandra Kollontaï. Comment est-on dès lors passé du « gentilhomme repentant » à la réconciliation avec Staline ? Réconciliation dont on voit des signes très tôt, puisque dès le milieu des années 1920, lorsque Staline progresse vers un pouvoir total, qu'apparaît le conflit principal de son ascension, celui qui l'oppose à Trotski, Kollontaï semble se ranger à son côté. En 1924, en effet, elle déposait à l'Institut Marx Engels les lettres de Lénine qui, critiquant Trotski, vont servir Staline dans son duel avec celui-ci. En 1926, alors qu'il n'est plus possible de mettre en doute l'ambition et la personnalité brutale de Staline, elle oppose un refus sans nuance aux avances de Trotski, qui l'appelle à rejoindre l'Opposition. Par la suite, elle ne commentera guère les purges où vont disparaître des hommes qu'elle apprécie peu – tel Zinoviev –, mais aussi ceux dont elle fut proche, dans l'Opposition ouvrière, Boukharine, et surtout ceux qui ont partagé sa vie, Dybenko et Chliapnikov. Tous ont été broyés par la machine terroriste de Staline. Durant les années de purges, Kollontaï, imperturbable, se consacre à sa mission d'ambassadeur et paraît ignorer les arrestations, les chantiers meurtriers, où disparaissent de vrais esclaves qui étaient peu auparavant de simples citoyens ou des membres respectables du Parti, et le Goulag qui se met alors en place. Enfin, durant ses années moscovites où Staline lui assure une paisible retraite, en même temps que s'annonce une nouvelle époque de terreur, Kollontaï envoie à Staline des messages complaisants et salue son action.

A-t-elle payé sa tranquillité et son salut d'un ralliement à celui qui a broyé tous ses proches – à l'exception de sa famille, qui sera comme elle, et probablement grâce à elle, préservée de la fureur stalinienne ?

Rien ne permet pourtant de soutenir l'hypothèse d'une Kollontaï complaisante au stalinisme pour assurer sa sécurité et celle des siens. Elle ne pouvait ignorer qu'aucun bolchevik n'avait réussi à échapper à la terreur stalinienne par un ralliement. Les vieux bolcheviks ont soutenu Staline pour assurer leur survie, en s'accusant mutuellement, en évinçant un adversaire commun – ce fut d'abord la gauche unie contre Boukharine, puis les rescapés de cette purge unis contre Trotski – mais tous ont été en définitive, et malgré leur soumission à Staline, éliminés. Elle n'ignorait pas davantage que lorsque Staline ménageait quelques rares bolcheviks, il le leur faisait payer en s'attaquant à leurs proches. L'exemple de Molotov en témoigne. Alors qu'il était au faîte de sa puissance, sa femme Polina Jemtchoujina fut arrêtée au prétexte d'un complot, puis envoyée au Goulag où elle croupit de 1945 à 1953, tandis que Molotov siégeait aux côtés de Staline et participait à ses joyeuses soirées décrites par Djilas.

Kollontaï resta toujours lucide devant ces événements. Marcel Body, qui lui fut un confident très proche, a rapporté les propos qu'elle lui tint en 1936, alors qu'il évoquait le nom d'amis liquidés par Staline. En réponse au tragique catalogue de victimes énumérées par Body, Kollontaï conclut que dans l'état de la Russie « la dictature était inévitable » ; « qu'elle avait d'ailleurs commencé par des bains de sang sous Lénine, et que quel fût l'homme qui dirigerait l'URSS, il ne pourrait en être autrement ».

Ce constat ressemble fort à une justification de Staline, mais à considérer la vie et les écrits de Kollontaï, c'était tout simplement un bilan de son expérience politique qui remontait au début du XXe siècle. Elle en tirait les conséquences. La première, et toute sa vie en témoigne, a été sa volonté de rester dans son pays, de ne jamais l'abandonner. Litvinov, un jour où ils parlaient tous les deux de Staline et de son système, lui avait avoué la peur qui le dominait et son souhait de fuir ce pays désespérant. Pour Kollontaï, sauver sa vie par l'exil n'était pas pensable. De surcroît, elle resta toujours passionnément attachée à la cause révolutionnaire. Elle reconnaissait que la révolution s'était heurtée au retard russe et avait été dévoyée. Mais pour autant, elle ne partageait pas l'accusation portée par Trotski de trahison de la révolution. Elle était acharnée à prendre sa part de l'œuvre qui s'accomplissait si durement après la révolution, la transformation de son pays. Staline étant au pouvoir, elle pensait, et elle le dit à Marcel Body, que « Staline [était] un homme d'État ». De même, en 1936, elle était convaincue que la guerre avec Hitler était inévitable, que s'allier à lui pour détourner la menace sur d'autres pays était la seule solution pour sauver l'URSS, et que Staline seul pouvait le faire. Cela explique aussi le soutien – relatif – qu'elle apporta à Staline à cette époque, et une certaine indulgence à son égard après la guerre. Staline avait su tout à la fois retarder la menace par le pacte avec Hitler et conduire le pays à la victoire. Sans doute n'évoque-t-elle jamais la destruction de l'armée soviétique par Staline, qui fit tuer tous ses chefs en 1938 et, jouant au stratège, livra un pays désarmé à l'invasion en 1941. Mais une fois encore, ce qui explique plus que tout cette modération du jugement chez Kollontaï, c'est une volonté farouche de ne pas se séparer de son pays, ni d'en être exclue.

Lorsqu'en 1923 elle avait été l'objet d'une étrange manœuvre de la *Pravda*, publiant des articles sur ses sujets favoris signés A.M.K., ce qui la plaçait en position à la fois ridicule et périlleuse, c'est vers Staline qu'elle s'était tournée pour requérir son aide contre une entreprise qui la déshonorait. Et il la soutint. En 1925, elle rappellera cet épisode à Marcel Body, insistant sur la reconnaissance qu'elle devait à Staline. Cette péripétie éclaire aussi ce qui, dans les incertitudes politiques du temps, l'inquiétait le plus. Ce n'est pas la peur d'être arrêtée ou torturée qu'elle reconnaît dans les confidences faites à Body. Elle lui écrit : « Comment se défendre contre l'injure ? » On voit ainsi que pour Kollontaï, comme pour beaucoup de vieux bolcheviks, la peur d'être rejetée par le Parti, d'être séparée de lui, joue un rôle très important. Mais aussi elle craint d'être diffamée devant le peuple, devant son peuple. Sa réputation en Russie a, pour elle, une importance considérable. Elle ne sait pas encore qu'au milieu des années 1930 les vieux bolcheviks seront contraints, par la torture, d'avouer publiquement les forfaits les plus invraisemblables, et par là même de se condamner à être méprisés et rejetés par le peuple. Même si Kollontaï n'imagine pas ce processus qui permettra à Staline de se poser un jour en seul successeur du Père de la révolution, elle voit très tôt en Staline celui qui est apte à revendiquer ce statut et dont, par conséquent, on ne peut mettre en question l'autorité. En 1934, lors d'un plénum du Comité central auquel elle assiste à l'occasion d'un congé, elle note dans ses carnets : « Jamais je n'ai ressenti avec une telle évidence la puissance créatrice de notre Parti dans la construction du socialisme... J'ai été frappée de la passion avec laquelle l'assistance a écouté Staline et réagi à chacun de ses gestes. Il émane de lui comme un magnétisme. L'ascendant exercé par sa personnalité, le sentiment de confiance sans bornes dans sa force morale, en son inflexible volonté et la clarté de sa pensée. Quand Staline est là, il est plus facile de vivre. On fait face à l'avenir avec davantage d'assurance et l'âme déborde de joie. »

Ces propos étonnants n'étaient pas destinés à être lus par des censeurs, même si Kollontaï se savait surveillée. Ils sont, comme bien d'autres cités ici, révélateurs d'une personnalité difficile à déchiffrer. Mais ils attestent aussi de la volonté de Kollontaï de rester partie prenante du destin postrévolutionnaire de son pays. Certes, son enthousiasme prostalinien – qu'elle ne partageait probablement pas avec ses proches – peut prêter à sourire ou à s'affliger pour ses excès. Mais il contribue à expliquer son destin exceptionnel, la capacité à vivre toute l'histoire de son pays sous Staline, et aussi, car cela a énormément compté pour elle, à rester utile à son pays. Staline, conscient de ce qu'elle lui apportait – son action, sa réputation dans le monde, mais aussi la caution d'une bolchevik authentique alors qu'il avait supprimé et délégitimé presque tous les compagnons de Lénine –, reconnut cette contribution à son autorité morale en évitant à Kollontaï les épreuves qu'il imposait à ses semblables. Mais à la fin de cette aventure commune, Staline ne put s'empêcher de rompre le pacte implicite qui les avait liés si longtemps, et il expulsa, par les instructions données à sa mort, Kollontaï de l'histoire du Parti. Le temps a vengé Kollontaï. La déstalinisation a condamné Staline, tandis que Kollontaï survit. Ses écrits, son activité révolutionnaire, politique puis diplomatique sont gravés dans le marbre de la connaissance historique, avec leurs faiblesses et leurs renoncements, mais sans affecter la puissance de cette personnalité. Toujours fidèle à son projet d'être avec le peuple – ce fut sa ligne de vie –, Kollontaï a rejoint dans l'histoire des héros incontestés du mouvement communiste, ses héros, les Lafargue, Liebknecht et Rosa Luxemburg. Et pour l'histoire, l'image de Kollontaï restera avant tout celle que tous ceux qui l'ont connue ont admirée, la combattante au service de toutes les causes, la Walkyrie de la révolution.

Orientation bibliographique

I – Archives

Les archives d'Alexandra Kollontaï sont conservées aux archives du Parti communiste, désormais désignées « Archives de l'histoire politique et sociale de Russie ». Particulièrement les sections suivantes :

Fonds n° 134

134.1 : Documents personnels officiels répartis de la manière suivante :

(1 à 28) : Mandats. Nominations.

(32-33 : 55 + 35 feuillets) : Notes autobiographiques.

134.2

(1 à 61) : Extraits de presse, articles d'Alexandra Kollontaï à partir de 1900 (articles sur la Finlande) et articles sur Alexandra Kollontaï jusqu'à la commémoration de son centenaire.

134.3

(1 à 79) : Documents et notes autobiographiques présentant vingt-trois ans de vie diplomatique. 1922-1940 ; en particulier 56 à 71 sur la Suède, la Finlande, la neutralité des pays nordiques et la guerre froide.

(34 à 37) : Documents liés à l'activité de Kollontaï au sein du Parti et du gouvernement. Documents traitant de l'Opposition ouvrière et des relations avec Lénine et Zinoviev.

(76) : Texte de Kollontaï, 58 feuillets faisant le bilan de soixante années d'activité révolutionnaire, politique et diplomatique.

134.4 : Notes pour le journal et Correspondances.

(1 à 31) : Correspondance avec ses proches (Kollontaï, Maslov, Chliapnikov, Dybenko) ; le n° 15 évoque le mariage avec Dybenko. La plupart des documents sont manuscrits ; le tout est classé « secret ».

I bis – Bibliographie

Lenczyk (H.), *Alexandra Kollontaï*, Essai bibliographique, Upsal, 1972.

II – Autobiographies d'Alexandra Kollontaï

Kollontaï (A.), *Iz moei jizni i raboty* (Sur ma vie et mon activité), Odessa, 1921.

Autoportrait dans *Entsiklopeditcheskii Slovar'*, Granat, t. 41, p. 194 à 201 ; traduit en français et complété dans Haupt (G.) Marie (J.-J.), *Les Bolcheviks par eux-mêmes*, Paris, 1969.

Kollontaï (A.M.), *Otryvki iz dnevnika 1914 goda* (Extraits du journal de l'année 1914), Moscou, 1924.

Kollontaï (A.M.), *Amerikanskie dnevniki 1915-1916* (Journaux des années américaines), 1915-1916, republiés dans *Istoritcheskii Arhiv*, janvier 1962, p. 128-159.

Kollontaï (A.M.), *Iz moei jizni : i raboty. Vospominaniia i dnevniki* (Sur ma vie et mon activité. Souvenirs et journaux), Moscou, 1974.

KOLLONTAÏ (A.M.), *Autobiographie* (suivi de *Les Abeilles travailleuses*), Paris, 1976.

KOLLONTAÏ (A.M.), *Otryvki iz dnevnika 1914 goda* (Fragments du journal de l'année 1914), Moscou, 1924.

KOLLONTAÏ (A.M.), *Autobiography of a Sexually Emancipated Woman*, édité par Fetcher (I.), Londres, 1972.

III – Œuvres de Kollontaï consacrées aux problèmes des femmes

KOLLONTAÏ (A.M.), *Marxisme et révolution sexuelle*, traduit du russe, Paris, 2001.

KOLLONTAÏ (A.M.), *Conférences sur la libération des femmes*, traduit de l'allemand, Paris, 1978. Textes des conférences prononcées en 1921 à l'Université Sverdlov.

KOLLONTAÏ (A.M.), *La Famille et l'État communiste*, Bruxelles, 1921.

KOLLONTAÏ (A.M.), *La Femme nouvelle et la classe ouvrière*, Paris, 1932.

KOLLONTAÏ (A.M.), *Sotsialnye osnovy jenskogo voprosa* (Les bases sociales de la question des femmes), Saint-Pétersbourg, 1900.

KOLLONTAÏ (A.M.), *Obchtchestvo i materinstvo. Gosudarstvennoe strahovanie materinstva* (La société et la maternité – l'assurance de la maternité par l'État), Petrograd, 1916.

KOLLONTAÏ (A.M.), *Novaia moral' i rabotchii klass* (La nouvelle morale et la classe ouvrière), Moscou, 1918.

KOLLONTAÏ (A.M.), « Obchtchii kotel i individualnye alimenty » (Le chaudron commun et les repas individuels) dans *Brak i semia* (voir ci-dessous).

KOLLONTAÏ (A.M.), *Brak i semia. Sbornik statei I materialov po semeinomu pravu* (Le mariage et la famille. Recueil d'articles et de textes sur le droit de la famille), Moscou, 1926.

L'ouvrage a été critiqué par :
LAVROV (E.), « Polovoi vopros i molodej. O nekotoryh itogah i novyh otkroveniiah A. Kollontaï » (La question sexuelle et la jeunesse. Sur quelques conclusions et révélations de la camarade Kollontaï), *Molodaia Gvardia*, mars 1926, p. 136-149.
Voir également à ce sujet :
BAILES (K.E.), « Alexandra Kollontaï et la Nouvelle Morale », *Cahier du monde russe et soviétique*, VI (4), 1965, p. 471-497.
KOLLONTAÏ (A.M.), « Krest materinstva » (La croix de la maternité), *Sovremennyi mir*, janvier 1914, p. 42-54.
KOLLONTAÏ (A.M.), *Polojenie jentchinyi i evoliutsiia hoziaistva*, Moscou, 1921, réédité en 1923 sous le titre *Trud jenchtchinyi i evoliutsiia hoziaistva* (ce qui en 1921 était *La Situation de la femme et l'évolution de l'économie* devient deux ans plus tard *Le Travail de la femme et l'évolution de l'économie*).

On lira la violente critique des positions de Kollontaï sur ce sujet par : VINOGRADSKAIA (P.), « Voprosy morali pola i byta u t. Kollontaï » (Questions de morale, de sexe et de norme de vie chez la camarade Kollontaï), *Krasnaia Nov'*, juin 1923, p. 179-214 et VINOGRADSKAIA (P.), « Voprosy byta » (Questions de normes de vie), *Pravda*, 20 juillet 1923.

IV – Ouvrages politiques

KOLLONTAÏ (A.M.), *Jizn'finlandskih rabotchih* (La vie des ouvriers finlandais), Saint-Pétersbourg, 1903.
KOLLONTAÏ (A.M.), *Finlandia i sotsializm* (La Finlande et le socialisme), Saint-Pétersbourg, 1906.
KOLLONTAÏ (A.M.), *Po rabotchei evrope* (À travers l'Europe ouvrière), Saint-Pétersbourg, 1912.

KOLLONTAÏ (A.M.), *Komu nujna vojna ?* (Qui a besoin de la guerre ?), Berne, 1916, éd. française *Qui veut la guerre ?* (imprimé en Suède clandestinement).

KOLLONTAÏ (A.M.), *Rabotchaia oppozitsiia* (L'Opposition ouvrière), Moscou, 1921, texte français dans *Socialisme et barbarie*, juin 1964, p. 57-107.

KOLLONTAÏ (A.M.), *Rabotnitsa i krestianka v sovetskoi Rossii* (L'ouvrière et la paysanne dans la Russie des soviets), Petrograd, éd. du Komintern, 1921.

KOLLONTAÏ (A.M.), *V Tiurme Kerenskogo* (Dans la prison de Kerenski), Moscou, 1928.

KOLLONTAÏ (A.M.), *Lenin v Smolnom : utro novogo mira. Sbornik vospominanii I dokumentov o II vserosiiskom s'ezde sovetov* (Lénine à Smolny : le matin d'un nouveau monde. Recueil de souvenirs et documents sur le IIe Congrès panrusse des soviets), Moscou, 1962.

KOLLONTAÏ (A.M.), *Vospominanie ob Ilitche*, Moscou, 1959 (Souvenirs sur Lénine).

V – Fictions

KOLLONTAÏ (A.M.), *Lioubov ptchol troudovyh* (Les amours des abeilles travailleuses. Récit), Petrograd, 1923. l'ouvrage contient trois récits : « L'amour des trois générations », « Les sœurs » et « Vassilisa Malyguina ».

KOLLONTAÏ (A.M.), mais publié sous le nom d'A. Domontovitch, *Jenchtchina na perelome. Psihologitcheskie etioudy* (La femme à l'époque d'une rupture. Études psychologiques), Moscou, Petrograd, 1923. Cet ouvrage est composé de deux nouvelles et d'un court roman intitulé *Bol'chaia Lioubov'* (Un grand amour).

VI – Sur Lénine

Lénine (V.I.), Pis'ma V. I. Lenina A. G. Chliapnikovu i A. M. Kollontaï (1914-1917) (Lettres de Lénine à A. G. Chliapnikov et A. M. Kollontaï), éd. Kamenev, Leningrad, 1925.

VII – Sur Alexandra Kollontaï

Alilueva (S.), *Only One Year*, New York, 1969.
Armand (I.), *Stat'i, retchi, pisma* (Articles, discours, lettres), Moscou, 1975.
Atkinson (D.) Dallin (A.), Lapidus (G.W.) (dir.), *Women in Russia*, Standford, 1977.
Body (M.), « Alexandra Kollontaï. Mémoires », *Preuves*, avril 1952, p. 12-24.
Clements (B.), *Bolshevik Feminist: the Life of Alexandra Kollontaï*, Londres, Indiana University Press, 1979, XIII.
Egge (A.), « Alexandra Kollontaï et Marcel Body : deux âmes sœurs dans une période difficile », *Revue d'histoire nordique*, Presses universitaires du Midi, 2017, p. 181-191.
Fainsworth (B.), *Alexandra Kollontaï. Socialism, Feminism and the Bolshevik Revolution*, Standford University Press, 1980.
Fetcher (I.), éd., *A. Kollontaï*, Munich, 1970.
Itkina (A.M.), *Revoliutsionner, tribun, diplomat. Zaris jyzni Aleksandry Mihailovny Kollontaï* (Révolutionnaire, tribun, diplomate. Croquis de la vie d'A. M. Kollontaï), Moscou, 1964.
Le Gac (V.), Virgili (F.) (dir.), *L'Europe des femmes* XVIIIe-XXIe *siècle. Recueil pour une histoire du genre*, Paris, 2017.
Palencia (I. de), *Alexandra Kollontay. Ambassadress from Russia*, New York, 1947 (traduit de l'édition originale suédoise).

PORTER (C.), *Alexandra Kollontaï: a Biography*, Londres, 1980.
SANDOR STORA (J.), *Alexandra Kollontaï, marxisme et révolution* sexuelle, Paris, 1979.
VAKSBERG (A.), *Alexandra Kollontaï*, traduit du russe, Paris, 1996.
VALH (A.), *Biographie d'Alexandra Kollontaï*, Paris, 1974.
ZAITSEV (P.M.), « V Kronstadte » (À Kronstadt), *Novyi Mir*, juillet 1957, p. 167-176.

VIII – Témoignages sur Alexandra Kollontaï

« La première femme ambassadeur », *L'Illustration*, n° 6255, 20 septembre 1924.
Slavnye bolcheviki (Les Bolcheviks célèbres), Moscou, 1958, chapitre consacré à Alexandra Kollontaï, p. 193-210.
DULLIN (S.), *Des hommes d'influence. Les ambassadeurs de Staline en Europe 1930-1939*, Paris, 2001.
FISCHER (R.), *Stalin and German Communism*, Cambridge (Mass.), 1948, p. 159-160 (rencontre avec Kollontaï).
MAÏSKI (I.), *Journal 1942-1943*, Paris, 2017. Version abrégée de *The Complete Maïski Diaries* publié par Yale University en trois tomes.
MAÏSKI (I.), « A. M. Kollontaï », *Oktiabr'*, juillet 1962, p. 107-112.
MAÏSKI (I.), *Vospominania Sovetskogo posla* (Mémoires d'un ambassadeur soviétique), Moscou, 1964.
MINDLIN (E.L.), *Neobyknovenye dobesedniki. Kniga vospominanii* (Des interlocuteurs inhabituels. Mémoires), Moscou, 1958, 490 p.
MINDLIN (E.L.), *Ne dom no mir. Povest o A. Kollontaï* (Le monde est son domaine. Récit de la vie d'A. Kollontaï), Moscou, 1969.
PETROV (V.), *Empire of Fear*, Londres, 1956.
PODLYASHNIK (P.), *Tovarichtch Inessa ; Dokumental'naia povest'* (Camarade Inessa. Une histoire. Documents), Moscou, 1965, 2e éd..

IX – Articles d'Alexandra Kollontaï

BONTCH-BRONEVITCH (V.D.), VOROVSKI (V.V.), KALININE (M.I.), KIROV (S.N.), KOLLONTAÏ (A.M.), KROUPSKAÏA (N.), LOUNATCHARSKI (A.V.), *Deiateli Oktiabria o religii i tserkvi* (Les acteurs de la révolution d'Octobre [s'expriment] sur la religion et l'Église), Moscou, 1968.

KOLLONTAÏ (A.M.), « Na starouiou temou » (À propos d'un vieux thème), *Novaia Jizn'*, 1911, p. 174-185 (Compte rendu de *Die Sexuelle Krise* de Grete Meissel-Hesse).

KOLLONTAÏ (A.M.), « Polovaia moral'i sotsialnaia bor'ba » (Morale sexuelle et lutte sociale), *Novaia Jizn'*, septembre 1911, p. 155-182.

KOLLONTAÏ (A.M.), « Soiuz zachtchity materinstva i reforma sexualn'y morali » (L'association pour la protection de la maternité et la morale sexuelle), *Novaia Jizn'*, novembre 1912, p. 239-254.

KOLLONTAÏ (A.M.), « Pisma k trudiachtcheisia molodeji » (Lettres à la jeunesse laborieuse), quatre lettres dont la troisième est consacrée à Anna Akhmatova, *Molodaia gvardia*, n° 1, février 1922 et février-mars 1923. Cette troisième lettre fut critiquée par Lelevitch (G.), « Anna Akhmatova », *Na postu* 2 mars 1923, p. 178-202.

KOLLONTAÏ (A.M.), « Profsoiouzy i rabotnitsy », *Pravda*, 22 mai 1921.

KOLLONTAÏ (A.M.), « Ruka Istorii » (La main de l'histoire), *Izvestia*, 24 octobre 1937, p. 3 (article révisé de celui qu'elle avait publié sur le même sujet en 1919).

Index des noms

Crédits photographiques

Les éditions Fayard remercient pour leur aimable autorisation à reproduire les illustrations présentes dans cet ouvrage :

© *L'Illustration* : p. 11.

Cahier photo :
© SPUTNIK/Alamy Banque d'images : p. 1, p. 3 en haut à gauche, p. 4 en bas, p. 5.
© DR : p. 2 en haut, p. 6 en haut à gauche.
© akg-images : p. 2 en bas.
© Tobie Mathew/Bridgeman Images : p. 3 en haut à droite et en bas.
© akg-images/SNA : p. 4 en haut.
© CCI/Bridgeman Images : p. 6 en haut à droite.
© Pictures from History/Woodbury & Page/Bridgeman Images : p. 6 en bas.
© Enger, Eiving/Oslo Museum, OB. YO975 : p. 7 en haut.
© SZ Photo/Knorr+Hirth/Bridgeman Images : p. 7 en bas.
© Ullstein bild Dtl./Contributeur : p. 8 en haut.
© Sovfoto/UIG/Bridgeman Images : p. 8 en bas.

Table des matières

Composition et mise en pages
Nord Compo à Villeneuve-d'Ascq

Cet ouvrage a été imprimé en France par
CPI Bussière
Z.I. rue Pelletier Doisy
18200 Saint-Amand-Montrond (France)

pour le compte des Éditions Fayard
en décembre 2021

PAPIER À BASE DE FIBRES CERTIFIÉES

Fayard s'engage pour l'environnement en réduisant l'empreinte carbone de ses livres. Celle de cet exemplaire est de :
1,000 kg éq. CO_2
Rendez-vous sur www.fayard-durable.fr

N° d'édition : 77-5745-6/03 - N° d'impression : 2062341